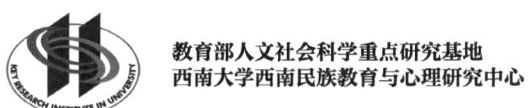

教育部人文社会科学重点研究基地
西南大学西南民族教育与心理研究中心

教育学一流学科建设学术文库

铸牢中华民族共同体意识下 字源识字教学研究

张健 张艳 著

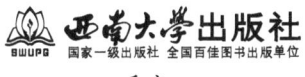

国家一级出版社 全国百佳图书出版单位

·重庆·

图书在版编目(CIP)数据

铸牢中华民族共同体意识下字源识字教学研究 / 张健, 张艳著. -- 重庆 : 西南大学出版社, 2025.6.
("铸牢中华民族共同体意识"教育系列丛书). -- ISBN 978-7-5697-2794-4

Ⅰ. G613.2

中国国家版本馆CIP数据核字第20253DX394号

铸牢中华民族共同体意识下字源识字教学研究
ZHULAO ZHONGHUA MINZU GONGTONGTI YISHI XIA ZIYUAN SHIZI JIAOXUE YANJIU

张 健 张 艳 著

责任编辑｜陈铎夫
责任校对｜文佳馨
装帧设计｜殳十堂_未氓
排　　版｜王 兴
出版发行｜西南大学出版社(原西南师范大学出版社)
　　　　　地　　址｜重庆市北碚区天生路2号
　　　　　邮　　编｜400715
印　　刷｜重庆新生代彩印技术有限公司
成品尺寸｜170 mm × 240 mm
印　　张｜17.5
字　　数｜286千字
版　　次｜2025年6月第1版
印　　次｜2025年6月第1次印刷
书　　号｜ISBN 978-7-5697-2794-4
定　　价｜88.00元

序言

公元前221年,秦始皇统一天下。当时统一的六国,实际上每一国都不是单一民族。从族群而论,秦始皇所统一的民族数量到现在也没有详尽的统计,因为针对当时的"民族"并没有严格的划分标准,所以也不知道数量究竟有多少,但可以肯定的是,几十个及至上百个普遍意义上所谓的"民族"是有的。统一之后,在秦始皇推行的几件事情当中,其中有一个很重要的,便是"书同文"。这个"文",跟多民族统一以后形成的中华民族,有什么关系?研究这一问题意义非凡。

从公元前221年到现在,已有2000多年,回顾中国历史,从那时到现在,分裂的时间有多少,统一的时间又有多少?毫无疑问,分裂的时间只是个零头;再看那时的欧洲,即从同时期的古罗马开始,到古罗马分崩离析之后,欧洲形成了上百个民族。现在看欧洲,从古到今,统一的时间多?还是分裂的时间多?毫无疑问,统一的时间极少,分裂的时间占了绝大多数。因此可以说,中国在大多数时候都是大一统的状态;而在欧洲,却是分裂的时间占了绝大多数。这是为什么呢?这两个例子又跟文化、文字有什么关系?毫无疑问,这里面有极大的关系。

秦统一之后的"同文",从来没有统一音,事实上也统一不了音。南腔北调,地域使然。从古到今,尤其到近现代,虽然大力推广普通话,但是香港、澳门、广东人仍然使用粤语。而且大江南北之不同腔调,仍然非常普遍,故而,"大一统"亦统不了"音"。那么"文"呢?却是同的,即汉字书写相同。尽管汉字经历了"简化"的过程,但香港、台湾等地的人,仍然使用繁体字。简体与繁体看似有别,但是实际上两者之形是通的,从视觉上看还是"文同"的,无需读音就明白它的意思,能"望文生义",形、意决定了交流的可能,更重要的是在"形"的基础上,又奠定了族群趋同的认知方式与心理基础。

　　语言、文字是思维存在的物质形式,当我们看到相同的文字,并以它来作为思维的工具时,我们的心理认知基础便是趋同的。无论你表达什么思想或意识,使用的文字是同的,那就是超越思想意识、更深一层的心理趋同,而这个趋同,奠定了中国2000多年"大一统"的基础。我们再看使用拼音文字为主的欧洲众国,拼音拼的是音,只要发音不同,就可以把不同的音拼出来,从而再形成拼音文字,这就形成了英文、德文、法文、匈牙利文、葡萄牙文、西班牙文等诸多的拼音文字系统。音所拼的文不同,证明其所携带的文化传承有异,而看不同的拼音文,又使得心理认知基础相异,这就形成了欧洲深层次的分裂的心理认知基础。所以欧洲到现在也几乎没有统一过,统一的时间极少。书同文奠定的基础,即是通过汉字的使用所奠定的这个心理认同的基础,这才是"大一统"的关键。

　　要形成中华民族共同体,从本质上讲还是要夯实由汉字引发的民族心理基础,即从古到今正式的、具有文字的趋同性而形成的心理认知基础。我们曾简单地、粗暴地推行拼音,甚至有的人要以它来取代汉字,这是错误的。它取代汉字的一个很简单粗暴的理由便是拼音先进,比如英文只有26个字母,而汉字那么多笔画,每个字都不同。但是,这个比较的基础是错的,汉字的笔画实际上也就30多个。汉字的笔画是构成千千万万汉字的基础,而这个汉字笔画的基础,就相当于英文的拼音字母的基础。只不过英文是用字母来组成的音节,继而是单词,而每一个音需要不同的组合,所以西文的字母组合远远超过汉字的数量。而对学习者来说,汉字远比用字母拼出来的拼音文学起来更简洁更方便,我们发展到现在也就不过3000个左右常用字。当我们出现新的名称时,都是在汉字常用字的基础上完成新的组合,并没有增加字的量,却又有了新的意义。比如网红、刷屏、黑客、网暴等等,所有这些现在流通的字,都是原来就有的。"网""红",我们以前都有,只不过组合成"网红",整个意义跟以前的渔网、蜘蛛网的"网"大不相同,这里的网指现在网络的网。虽然变成网络的网,意义变了,但它这种四通八达、包罗万象的特性,跟蜘蛛网、渔网仍然有密切的内在关系;"红"也是这样,红色、红日、红光,这些红的用法,表达的都是一种刺眼的形容,引申为很火。那么,"网红"重新组合就变成了新的词。"黑客"也是如此。这种例子比比皆是,一个"黑",一个"客",以前都是有的,可是组成了"黑客"以后它的意思就变了,它在原有的认知基础上产生了新的意思,在认知心理学上,这便是皮亚杰的图式。而英文就不同了,出现一个新词"黑客",它要重新发明创造一个新的单词。所以,汉字的这种适应性、发展性是非常独特而强大的。

那么,这个认知基础现在怎么教、怎么学?张健、张艳合著的这本书,有"如何学""怎样教"的小学的实验。小学现在怎样整合资源来重新认识汉字、学习汉字,而不再走简单的拼音的道路?这些实验、教学上的问题是客观存在的,而通过做实验总结出它们的道理,并进一步推广,探讨它们的进一步发展,便相当重要。在这个网络时代,在这个智能化的时代,汉字怎么样根据它的字形进一步演化发展,非常重要。汉字以前通过象形、会意,再形声做分类体系,这几个环节是局限于以前古人造字以及纸质媒体的原因,故而被分裂开来。而现在的多媒体、人工智能完全可以打通这些环节,从象形变成楷书再到现在的文字,一以贯通,汉字的发展前景不可限量。这本书在这个基础上,研究汉字源生初期跟中华民族共同体的形成发展之相互关系,于当今意义重大。只要有汉字,有汉字字源,有多媒体技术的转换,我们的中华民族共同体的巩固发展,便顺理成章,并必将发扬光大。这本书便是把整个这些环节全都探讨了,系统地整理了,可以说做了一件好事。当然靠一本书要回答、解决这么多的问题还很有限,甚或后续需解决的问题还会更多,相信在这个基础上,笔者还会进一步辛勤耕耘,进一步深化研究,还会拿出更多的新东西。

张诗亚

前言

汉字在从原生到次生及其各个层级的源生过程中都有着深刻的文化心理意义。石虎先生在其《论字思维》中写道:"汉字有道,以道生象,象生音义,象象并置,万物寓于其间。"[1]汉字源生的过程是中华民族的心灵注入与自然界"物化"的过程。这种"物化"而来的汉字作为记录中华民族的历史文化信息的语言符号系统,最简洁地表现出自然万物的特点,包含着自然万物的鲜明特征并使自然万物"相别异"。汉字在其象形、象意、拟诸形容之中,包含着汉民族深刻的思维意义和得天独厚的文化基因。在世界各民族文字的嬗变过程中,只有汉字在运行了几千年之后仍然保留着初始时期的独特个性,成为以形表意的独特文字,在此基础上形成的汉字思维,兼物化形态的民族思维模式并融人文风情与自然风貌为一体,形成了独特的民族文化心理场。中华民族认同感之所以能长期不断生长,与汉字的思维意义(汉字之道)不无关系。

东汉许慎在其《说文解字序》中讲道:"盖文字者,经艺之本,王政之始,前人所以垂后,后人所以识古。故曰:'本立而道生',知天下之至赜而不可乱也。"汉字以其强大的包容性显示了其独特的教化功能,正如法国汉学家莱恩·汪德尔迈(Léon Vandermeersch)曾指出,汉字文化圈是在汉语言文字的基础上形成的,汉字存有内在的精神动力。"符号是人创造的,反过来符号又创造了人性。"[2]中华民族是一个由众多民族构成的古老民族,汉语存在地域差别,长期以来形成了北方

---

[1] 石虎.论字思维[J].诗探索,1996(2):10.
[2] 卡西尔.人论[M].甘阳译.上海:上海译文出版社,1985:9.

方言、吴方言、湘方言、赣方言、客家方言、闽方言、粤方言等七大方言区,可是,汉语言文字书写却是基本相同的,自秦始皇"书同文"至今,虽经历时空变换,读音几经变更,但是方块字的统一使用,使得汉字起到了贯通古今、连接南北的一统功能。自文字统一以后,汉字以其独特的基因,构筑了中华民族独有的思维方式和价值取向,形成了中华民族内部认同的心理基础。

本书以文化人类学的阐释为线索,在大量田野考察基础上,深入分析小学阶段学生的心理语言特点,把汉字研究成果中常用汉字形义相关的字源知识与小学生的日常生活相联系。在字源情境的运用过程中,一方面注意利用学生已有的生活经验,另一方面利用多媒体等辅助手段适当补充学生没有经历过的生活经验,包括现在学生能看到的生活经验和不能见到的历史上的经验。本研究的创新点在于发现了学生生活的地方性情境能作为字源产生的原生语境,提出字源识字教学实现的目标是以汉字的偏旁的字源建构汉字形义体系,以准确识别同音字的字形和字义;并提出合体象形字的字源与地方情境结合后,学生在准确认知汉字字形以及引申义的同时,可以逐渐学会建构其个体所处的社会生活,从而能在知识的变迁中不断建构新的意义并具备适应新环境的能力。同时,本研究还可以充分发挥人工智能、大数据时代的Chat GPT、DeepSeek等工具的聚合作用,让汉字教育一改传统的学习思路,走出一条全新的汉字学习道路。

汉字是迄今为止计算机上输入最快的文字,亦是语音输入识别率最高的文字。汉字能触类旁通,哪怕是遇到新词,也能轻松明白它的类属。今天DeepSeek的成功模式,在于用完全的中国人的思维方式创造出了一个方块字的人工智能,而不是拉丁字的人工智能,它用的芯片少、算力少、素材少,但速度快。当西方AI还在暴力计算的泥潭中挣扎时,中文模型早已悟透"四两拨千斤"的东方智慧,这种文化基因的传承让参数调整变成了哲学思辨,也在这场静默的革命中重塑AI的版图。本世纪20年代西方用字母代码堆砌通天塔时,中国人早已掌握了象形文字的密码,打开了智能进化的"天门"。

《中庸》讲"天地位焉,万物育焉",教育要基于特定的生境。汉字教育不仅要立足文化生境,促成符号与思想的共生,也要观照社会生境,确认语言密码与身份认同,还要遵从认知生境,探索脑科学与学习心理,同时发掘技术生境,走向数字化与工具革新。汉字教育的生命力在于其与多重生态的互动。只有理解并适应其特定生境,才能构建可持续的汉字传承体系,使其在全球化时代既保持文化根性,又能跨越语言边界。

目录

第一章　汉字文化构筑了中华文化认同的心理场 ·········001
    第一节　考古发掘中的文化符号 ·········001
    第二节　汉字的天地共生思维 ·········009
    第三节　汉字原型与中华文化认同的心理意义 ·········014

第二章　汉字思维促成中华民族共同体意识 ·········025
    第一节　汉字与中华文化 ·········026
    第二节　汉字的深层思维结构 ·········038
    第三节　"书同文"与"大一统"的形构 ·········053

第三章　提升铸牢中华民族共同体意识的字源学习意义 ·········073
    第一节　汉字字源的文化育人功能 ·········073
    第二节　汉字字源运用于小学识字教学的适切性 ·········079

第四章　字源识字教学研究 ·········096
    第一节　各阶段语文课程标准(教学大纲)识字教学目标的分析 ·········096
    第二节　字源识字教学相关研究 ·········107
    第三节　小学字源识字教学中的问题 ·········127
    第四节　小学字源识字教学中的应然目标 ·········140

第五章　字源识字教学提升小学生语素意识的研究 ……………146
第一节　汉字语素是分析汉字字义的基本单位 ……………146
第二节　以字源提高学生汉字同形语素构词能力的被试内准实验　151
第三节　提高学生汉字同形语素构词能力的单组前测-后测准实验
……………160
第四节　以字源提高学生汉字同形语素构词能力的组间比较准实验
……………165
第五节　同化和顺应：基于研究试验的字源识字教学讨论 …………172

第六章　字源在小学语文教学中的转化运用 ……………175
第一节　字源发挥整合作用的基础 ……………175
第二节　以字源整合不同文本，全面认知中华文化内核 …………180
第三节　以字源整合同主题文本，深化认知中华文化内核 ………192

第七章　字源识字教学的实践路径 ……………198
第一节　全面的识字教学：字源知识与规范汉字知识相结合 ………199
第二节　由近及远：字源识字教学内容选择的原则 ……………214
第三节　寻求与思索：字源识字教学中的教师执"中" ……………223

第八章　"互联网+"背景下字源识字平台开发 ……………233

参考文献 ……………243

汉字文化构筑了中华文化认同的心理场

语言学家S-Y.Wang在其著作《语言涌现:发展与演化》中指出,汉语沿用至今已有3500多年的历史,是世界上最古老,也是使用人口最多的语言,其特点是书写复杂,而基本结构却异常简单,但是汉语字形和字意的直接关系比英文更加丰富。汉语悠久的历史促使国内外的学者们从不同的角度对其进行研究,如汉字思维角度、语言学角度、文化功能角度、符号学角度、计算机应用角度以及近年来比较流行的认知心理学角度等。

第一节　考古发掘中的文化符号

一、游牧、农耕符号系统的形成

中华文明可以分为农耕文明、游牧文明、山地文明等。其中农耕文明形成时间较早,约为8000至10000年前。得益于季风气候的影响,华夏大地的南方有水稻业,北方有成熟的旱作农业。而游牧文明最早可追溯至公元前1000年左右。游牧时期,社会生活最显著的特点是以牧畜的放养为生,生活地点随着地理特点的变化而不断变迁。在历史上,游牧文明与农耕文明往往是并存的,但是在经济、地理、社会分工等方面的不同,导致两者在语言与文字上有所不同。

中国最早的文字大约产生在新石器时代,成熟于夏商周时期。游牧部落建立的夏商周王朝,在农业上有极大发展,形成了"井田制"。农民耕种,所得仍归奴隶主。农业经济在夏商社会中占有很大的比重,稻、麦、豆、桑、麻等大范围种植,生产工具则是木头、贝类以及少量青铜器等。生产方式的进步客观上要求文字的产生。在文字产生之前,各个游牧部落多用结绳记事。目前学界也认为"结绳记事"是文字的雏形,用简易的绳子扎结来传达信息,不同粗细、不同颜色、不同的扎结方式,具有不同的含义。正如《尚书序》记载:"古者伏牺氏之王天下也,始画八卦,造书契,以代结绳之政,由是文籍生焉。"结绳记载的信息虽容易保存,但表达的意义单一且操作繁琐,所以系统性文字的出现符合夏商周时期的发展要求。目前学界对夏商周以前的文字调查较少,但夏商周时期存在文字已是客观事实。目前从二里头遗址出土的文物包括陶符龟甲上的甲骨文等,皆是文字存在的证明。

夏商周的文字有刻写在陶器上的陶符,刻在龟甲上的甲骨文,以及在案牍上书写的墨书。它们大多是描绘一个客观事物的轮廓,通过形状的表现来满足人们的精神和物质追求。甲骨文的众多构形是固定的,这些构形的总和,便构成了甲骨文文字系统。如"豕"——勾勒的是一只侧躺着的大腹便便的猪的形态,"日"——勾勒出的是一个圆圆的太阳形态①。夏商周所用的文字具有千丝万缕的关系,都属于仓颉一脉,而仓颉造字的主要方法就是抓外物的形象。据《说文解字序》:"黄帝之史仓颉,见鸟兽蹄迒之迹,知分理之可相别异也,初造书契。"象形文字可以算是中国出现最早的且覆盖范最广的一种文字。商周时期出现了金文,是将文字刻画在鼎上。从出土文物大盂鼎来看,金文比甲骨文更加方正,字形更简单,笔画也更加简洁。但不管是金文还是甲骨文,从字源构造方法来看主要是用象形字,比如甲骨文中的"于"字,丂,左侧部分是直体,右侧部分多弯,并略向下延伸出一撇。《说文解字》对此字注释"於也。象气之舒亏。从丂,从一;一者,其

---

① 尹一婷.基于字根字源的对外汉字文化教学研究[D].西南科技大学,2022:9.

气平之也。凡亏之属皆从亏。"此字一般都是当介词使用,含义为"在""对于""以"等。再如"网"字的甲骨文,笔画较多,文字形象根据绳子相互扎结而成,表示"法律""渔网"等含义。

秦灭六国,结束了长期的动荡。秦朝为了加强统治,制定了严格的律法,还实行"车同轨""书同文"政策,统一了中国的文化。丞相李斯提出废除六国文字,在保留大篆的基础上创造了小篆字体。小篆字体是对夏商周时期文字的一种继承。正如学者李学勤所说:"西周晚期以后的文字发展,根据王国维先生的研究和发现,分成了西土和东土两大系统。西土就是秦人,这是在西周(宗周)基础上继续发展而来的。东土文字虽然也是在周的基础上发展的,但是它是在周的文字后继续发展起来的,逐渐形成了战国时期文字的面貌。秦的文字究竟是从什么地方来的?我看就是从宣王而来的。"[1]但小篆与甲骨文又有所不同。第一,甲骨文是用刀刻画在骨头上,小篆则是用毛笔写在案牍上;第二,甲骨文笔画较多,小篆笔画较少;第三,相对于甲骨文来说,小篆更加具有现代汉字的雏形,从"龟"字不难看出,甲骨文中的"龟"字更似描其形,类似于将乌龟给画了下来,轮廓类似五角星,中央有不同的线段代表龟壳的花纹,而小篆的"龟"字有明确的笔画,笔法更加饱满。小篆字体的问世,破除了各民族之间的交流障碍。

从结绳记事,到甲骨文,再到秦朝的小篆体,无不反映出古人造字时往往都是依形而定。古人没有标准的造字法作为参考,所以将自然界中的物品形状描绘下来作为文字。

二、原始生产生活实践中的造字方法

文字从来都不是凭空诞生的,正如霍布斯所著的《利维坦》一书中所言:"我们所想象的任何事物都是有限的。因此,没有任何事物的观念或概念是可以称之为无限的。任何人的心中都不可能具有无限大的映像,也不可能想象出无限的速度、无限的时间、无限的外力、无限的力量。"[2]由此可知,在远古时造字也不

---

[1] 李学勤.眉县青铜器、里耶秦简的内容及其文字学价值[J].中国书画,2003(05):68-74+132-136.
[2] 霍布斯.利维坦[M].黎思复,黎廷弼,译.北京:商务印书馆,2009:17.

是单凭想象就能完成的，而是要通过客观的存在，再由脑内的认知加工而形成汉字。东汉时期，许慎在《说文解字》中提到造字六法，分别为象形、指事、会意、形声、转注、假借。其中象形为六书之首，所谓象形指的就是将外部客观存在的事物的形状勾勒出来，如"艸"字，指的就是草，也意指草的郁郁葱葱。马克思认为存在决定意识，凡是客观存在的事物都是不以人的意志为转移的。在汉字没有形成之前，人们的交流主要依靠身体姿势，而后才依靠刻画等方式形成文字并进行交流。从身体姿势到系统性文字的出现，有一段无口音到有口音的时期，如吕思勉的《中国通史》中所说，图画及象形文字，则不能为无限地增加，且其所能增加之数极为有限；而凡意思皆用语言表示，业已成为习惯；于是又改用文字代表语言。文字既改为代表语言，自可用表示声音之法造成，而不必专于象形，文字就造得多了。[①]从出土的文物上看，两河流域的苏美尔部落出土的泥版书，和中国安阳殷墟出土的甲骨文，都可以反映出古代的文字大多都是对自然界的模仿。

关于文字的产生，学界有渐变说和突创说。突创说认为文字是突然创造的；渐变说则认为文字是逐渐演变的。文字的产生不是一个人的功劳，而是集体智慧的结晶。关于汉字的起源，有仓颉造字说、绘画说、结绳记事说、八卦说、契刻说等。

仓颉造字说在《荀子》《吕氏春秋》《淮南子》中均有记载。《荀子》中记载"好书者众矣，而仓颉独传者，壹也"。《吕氏春秋》中记载"奚仲作车，仓颉作书"。《淮南子》则更为夸张，"昔者苍颉作书，而天雨粟，鬼夜哭"。这些著作都证实了仓颉造字，但未对仓颉如何造字进行讨论，因此可信度并不高。《说文解字序》中记载"黄帝之史仓颉，见鸟兽蹄迒之迹，知分理之可相别异也，初造书契"，这就对仓颉如何造字有了一定的讨论。原文意思为：黄帝的大臣仓颉，见鸟兽之足迹，辨别其差异从而造字。这句话符合我们对于古人的认识。古人造字是对自然界的模仿，以出土的甲骨文为例，如"丘"字，在甲骨文中这个字的形状如两个小山堆靠着，所以它往往指山丘。

---

① 吕思勉.中国通史[M].北京:群言出版社,2019:200.

绘画说认为汉字起源于图画。梁东汉在《汉字的结构及其流变》中说:"图画是文字唯一源泉,余者皆非。"[①]唐兰也认为文字起源于图画。石器时代的智人已经会用原始工具打猎,石器和骨器的发展使绘画的产生成为可能。从形式上看,甲骨文与绘画基本一致,都是对外界的模仿,功能上也大致相仿,都是保留与传达信息的手段,唯一不同的是图画比文字更加形象。山西省出土的刻有各类鸟兽图画的骨片上已经包含了文字的信息(距今约3万年),但这些图画并不是文字,只是文字的源头。它没有语音,所以还不能以文字论处,这从一定程度上可以说图画比文字更早。但是,将甲骨文与更早期的图画相比,又可以发现甲骨文其实是这些图画的缩影,且甲骨文更加形象。比如具茨山岩画,较为抽象,笔画构成并不如甲骨文明确。

结绳记事也是汉字起源的一种假设。它是将绳子扎结作为传达信息的手段。据《春秋左传集解》记载:"古者无文字,其有约誓之事,事大大其绳,事小小其绳,结之多少,随扬众寡,各执以相考,亦足以相治也。"结绳记事不只是在我们国家出现,在国外亦有发现。马克思也提到过,印第安人也使用结绳记事。印第安人用绳子串起不同的贝类,以此来代表不同的事件。不同材质、不同颜色、不同粗细的绳子所表示的内容完全不一样。结绳记事的缺点是:第一,如果表达内容繁琐,则很难将整个事件完全表达出来;第二,结绳记事易于表达客观事实,但如果较为抽象则不适用;第三,结绳记事对人员有较高要求,需要其记住各种绳子的颜色和材质,不然容易在转述过程中出错。

学界也有人认为八卦是汉字的起源之一。八卦有坎(☵)、乾(☰)、艮(☶)、震(☳)、离(☲)、巽(☴)、坤(☷)、兑(☱)八种不同的卦象,是古代用来趋吉避凶的工具。宋代郑樵就明确提出"文字起源于八卦"的观点。其中巽字指风、乾字指天、坎字指水、艮字指土、震字指雷、坤字指地、离字指火、兑字指金。古人认为世间信息都可以暗含在八卦之中,不同的组合可以指示不同信息。一般认为,八卦与汉字的关系有以下几点。一是卦象代表的概念有记录思维、语言的功能,这就使人们对符号有了共同的认识,使八卦符号与文字产生了共性。二是客观世

---

① 转引自李土生.汉字与汉字文化[M].北京:中央文献出版社,2009:4.

界的分类极广,物种极多,性质差别极大,但都能用八卦的理论找到相对应的关系。用八卦符号来记录语言,表达客观世界,无疑启发了人们用相应的文字符号来记录同类别的事物。三是无论是《周易》的八卦,还是《连山》和《归藏》的八卦,都是由线条构成,与汉字主要以线条来表示有共同的特征。①

  契刻说认为契刻是汉字的源头之一。契刻就是将文字刻写进木头或者石板里,出土的竹简、陶符等都属于契刻文字。契刻产生于未有文字的时代,在泥版里做记号来记录事情。它们最初始的目的只是帮助人记忆数目,不属于严格意义上的文字。契刻在很多遗迹都有出土。汉朝刘熙在《释名·释书契》中说:"契,刻也,刻识其数也。"表明契刻是帮人分清数字的。契刻是流传较久的方法,古时人们没有纸张,只有用泥土、木头、骨头等进行刻写,这种方法在夏商周时期都有所体现。

三、汉字字源存留的古老民俗

  古文字与现代文字有着千丝万缕的联系。一是有不少现代文字保留着古文字的特点;二是研究古文字能清晰地显示出现代文字的发展脉络;三是加强古文字的学习又能增进对现代文字意义的理解。从教育角度来说,加强古文字的学习有利于提升学习者的人文素养,学习者可以通过查找、思考、比较古文字资料来提高科学素养。学习古文字还有利于锻炼学习者的抽象思维能力,如"明"由"日"和"月"组成,太阳和月亮都是有光亮的天体,所以含义是明亮等。学习者对字形、字义追根溯源,有利于增强其对汉字的理解,做到灵活运用、举一反三。下面举例阐述部分古文字的形、义。

  如"口"字,甲骨文字形是"ᗜ"(J0298),金文字形是"ᗠ"(B01191),《说文解字》里面字形是"ᗠ"(S00868),《六书通》里面的字形是"ᗠ"。属于象形字,类似张开的嘴巴,常常表达与嘴相关的事物。

---

① 张悦.巫史文化与汉字起源说[C]//国家教师科研基金管理办公室.国家教师科研专项基金科研成果(二).重庆三峡学院文学院,2016:760.

"步"字,甲骨文字形是"✲"(J03032),金文字形是"✲"(B01847),《六书通》里的字形是"步"(L20603),《说文解字》中字形是"步"(S01195)。属于会意字,其形类似人的脚印,常常引申为行走的意思。

"车"字,甲骨文字形是"✲"(J29285),金文字形是"✲"(B19532),《说文解字》里字形是"車"(S10685),《六书通》里字形是"車"(L08938),繁体字为"車"。属于象形字,其形似古代马车的车轮,往往指的是运输工具,在古代也指行军打仗所使用的一种工具。

"桑"字,甲骨文字形是"✲"(J14576),《说文解字》里字形是"✲"(S04433),《六书通》里字形是"✲"(L09953)。属于象形字,其形类似桑树,常指桑树,也指桑叶。

"牛"字,甲骨文字形是"✲"(J01546),金文字形是"✲"(B01145),《说文解字》里字形是"✲"(S00814),《六书通》里字形是"✲"(L11638)。属于象形字,其形类似牛头,本义指的是牛类生物,也有性格"坚忍不拔""勤劳"等含义。

"年"字,甲骨文字形是"✲"(J17117),金文字形是"✲"(B11000),《说文解字》里字形是"✲"(S05073),《六书通》里字形是"✲"(L06760)。属于会意兼形声字,上部类似成熟的农作物,下部类似人耕种。本义为五谷丰登,也有成熟之意。

"宫"字,甲骨文字形是"✲"(J17868),金文字形是"✲"(B11865),《六书通》里字形是"✲"(L00813),《说文解字》未收录。象形字,其形取自房屋。本义指的是人居住的屋子。

"白"字,甲骨文字形是"✲"(J18568),金文字形是"✲"(B12071),《说文解字》里字形是"✲"(S05630),《六书通》里字形是"✲"(L19280)。其形类似太阳。关于白的解释有以下几种:一是认为"白"是旭日,二是认为"白"是烛火,三是认为"白"是米。

"宰"字,甲骨文字形是"✲"(J17540),金文字形是"✲"(B11633),《说文解字》里字形是"✲"(S05253),《六书通》里字形是"✲"(L15198)。属于会意字,形状类似一个居住在房子里面的人。此字本义指的是罪人。

"司"字，甲骨文字形是"🔣"（J21070），金文字形是"🔣"（B13961），《说文解字》里字形是"🔣"（S06549），《六书通》里字形是"🔣"（L01275）。属于会意字，其形类似人持戈，往往代表的是掌握、掌管等意思。

"祝"字，甲骨文字形是"🔣"（J00462），金文字形是"🔣"（B00290），《说文解字》里字形是"🔣"（S00062），《六书通》里字形是"🔣"（L25434）。属于会意字，其形像一个蹲在地上的人。其本义代表一种祭祀活动。

"鱼"字，甲骨文字形是"🔣"（J25143），金文字形是"🔣"（B15925），《说文解字》里字形是"🔣"（S08534），《六书通》里字形是"🔣"（L02556），繁体字为"魚"。属于象形字，其形类似鱼的侧面。其本义指的是鱼这类生物。

"川"字，甲骨文字形是"🔣"（J24629），金文字形是"🔣"（B15656），《六书通》里字形是"🔣"（L07303），《说文解字》未收录。属于象形字，其形类似河流，指的是川流不息的水。

"农"字，甲骨文字形是"🔣"（J05271），金文字形是"🔣"（B03506），《说文解字》里字形是"🔣"（L00869），《六书通》里字形是"🔣"（L00869），繁体字为"農"。属于会意字，其形类似锄头在稻田里面。其本义指的是耕种，也带有劳苦、勤奋、本分的意思。

"习"字，甲骨文字形是"🔣"（J08301），《说文解字》里字形是"🔣"（S02556），《六书通》里字形是"🔣"（L29013），繁体字为"習"。其形状像幼鸟展翅。本义指的是练习。

从以上例子中，我们不难看出古汉字与现代汉字在形状上还是有较大的差异。现代汉字笔画更加简单清晰易懂，脱离了事物的原型。汉字的发展都有其规律，从以上例子中不难看出，汉字都包含着寓意，如"习"在甲骨文中是"羽"字加上"白"字，从字形来看如雏鸟展翅，但其下又有"白"，意味着如旭日之阳光。大部分汉字从古代发展到现代，其意义都有了一些变化，如"宰"字，上"宀"下"辛"，今义往往与杀生有关，但古义却因象取义，上部像房屋，下部又像个人，代表奴隶或有罪之人，也可引申为寄人篱下之意。学习古汉字有利于给予学习者思维上的启发，也有利于增强其对中国传统文化的理解，因为汉字蕴含着古人对世界的理解。

第二节　汉字的天地共生思维

一、东西思维的差异

在中国传统的农业社会中，人们祈求"风调雨顺""国泰民安"，所以，在处理人与自然的关系时，"天人合一"的思维对象主要是人自身，这是中华民族千百年来重视反省内修和心灵向善的原因所在。这造就了中华民族倾向整体性思维、重视伦理的性格特征。地理环境在一定程度上也影响了思维的形成，广阔的平原土地肥沃，人与自然和谐统一，形成了中华民族博大的胸怀和坚毅宽容的性格特点。而西方属于海洋文明，他们在手工业、商业和航海业等方面较为发达，对天文、气象、几何、物理和数学等学科有浓厚兴趣。这就造就了西方人重视自然与实证、强调解析思维的偏理性的思维特征。自然环境变幻莫测，又造就了西方人对自然奥秘的探索与追求欲望，以及倾向于开拓与征服的性格特点，整体上具有一种外向型的思维特征。

不同的语言折射出不同的民族性格特征。汉字与西方拼音文字所带来的思维方式各有所长，二者在社会生活实践中可以互相借鉴。例如，在科学研究上可以多借鉴西方严谨求实的方法，在处理人与自然、人与社会的关系时可以参考东方的整体思维。两种思维优势互补，可以造福人类。

语言文化的转换，最大的阻力是思维方式。语言产生了思维与文化，而文化的认同需要思维的转变。"思维方式是主体在反映客体的思维过程中，定型化了的思维形式、思维方法和思维程序的综合和统一。"[1]思维方式有直觉的、比类的、

---

[1] 荣开明,赖传祥,李明华,等.现代思维方式探略[M].武汉:华中理工大学出版社,1989:30.

想象的和感性的形式,也有分析、判断和推理的逻辑思维形式。常见的思维方法有演绎法、类比法、归纳法等。东西方思维方式差异主要有如下几点(如表1-2-1)。

表1-2-1 东西方思维差异表

东方	西方
倾向象化(image)思维	倾向量化(quantity)思维
重直觉(intuition)	重实证(evidence)
重形象思维(figurative thinking)	重逻辑思维(logical thinking)
重整体(integrity)	重个体(individuality)
重综合性(synthetic)思维	重分析性(analytic)思维
重伦理(ethics)	重认知(cognition)
倾向于逆向(reversed)思维	倾向于顺向(forward)思维
重统一(unity)	重对立(contradiction)

从性质上看,东方思维偏重人文文化,西方思维偏重科学文化。在心理文化上,东方思维以道德为本位,重视人文修养,轻器物;在思维上重统合、轻解析;重意会、轻理性;重视集体意识、强调同一性;崇尚人与自然的和谐一致。西方思维重物质,轻人文关系;价值取向上以功利为本位;思维习惯上偏向解析,轻统合,重概念;个人至上的价值观引发人对自然的索取,客观上导致人与自然的对立。

但是,东方的整体思维对西方的单向思维产生了深远的影响。整体思维注重事物的和合联系并从事物整体把握其本质;"西方的单向思维则注重事物的分析解剖和个体研究"[①]。东方人与自然和谐统一的思维方式善于从具象思维出发,并通过类比联想,找出事物的普遍联系,从而能够把握事物的整体属性,并在解决问题时把握全局,从长远利弊着手解决问题。西方的解析思维能明确区分人与自然、现象与本质,从理性出发,从已知推导未知,用实证的方式推导出合乎逻辑的结论,这种严密而精确的分析通常可以在科学研究中弥补东方思维的不足。

---

① 敬南菲.浅析中西思维方式的差异及其成因[J].安徽工业大学学报(社会科学版),2006,23(2):31-32+70.

此外，东方思维注重礼义修养。含蓄、谦虚和宽容的东方性格以及处理事情时的和合思维，为西方因追求个人价值所带来的重物质追求的心理偏向提供了解决之道。所以，把东西方思维结合起来并取得最佳的平衡，人的发展才能与自然和社会和谐一致。

二、汉字思维的包容性与创生性

汉字具有非凡的语义表现力。无论各方言区的语音如何变化，以形构义的汉字都可以使人们超越语音的差异，进行思想与感情的交流和沟通。汉字这种超越方言的统一性，深刻地影响了中华民族的思维方式和中华传统文化。文字的统一带来了思维的一致性和文化的共享。这也是历史上形成汉字文化圈的原因所在。

汉字具有蕴化外来词的涵化功能。在拼音文字中，字母是最基本的构词元素，通常以多音节词形成表意单位；而汉字系统中，每个汉字字符都是最基本的表意单位。每一个汉字都能直达事物性质。由于字与词的一致性，汉字在组词时能够以不同方式相互组合。汉字的意向性特征使汉字可以包罗万象。

汉语合成词具有能够分解词意的特性，一般单字宛如部件，通过排列组合很容易产生新词。汉字虽然繁多，但常用字却很集中，掌握了常用字，也就掌握了汉语的基本词汇。也正因为汉字与词的一致性，几千年来常用汉字总是能够与语言同步发展。

"在古代汉民族圈内，文字的社会功能，不是口头语言而是书面语言。"[①]汉字具有相对的独立性，通过符号功能来完成文化认同。汉字以义构形，体现了人们对事物的观察与描述，承载了深刻的文化内涵。汉字形体构件的多样化和表意的多义性，使其具有强大的文化功能。古代汉字传到周边国家，对这些国家的传统文化和思想意识产生了深刻的影响。

汉字的超时空独立性，使其自身以义构形、以形表意，并且不因语音演变而使意义有所改变。这使得汉字能够自成系统，按照一定的逻辑演进，不受时空的

---

① 陈雪虎.从"文字文化"到"识字的用途"：试谈中国文学的"文字性"问题[J].中国图书评论.2011(11):75.

限制，衍生出深刻而广泛的文化价值。汉字不同于拼音文字，汉字有形有意有音，自产生初始就"独体为文"，"合体为字"，形成了以象形、指事、会意和形声为主的符号系统，"形里有意，形声有音"。很多学者认为，世界上最高级的文字是象形文字，如厕所门上画的"✦"与"✦"，一眼就可以辨认出哪个是男厕，哪个是女厕。世界上各个国家的机场路标几乎都是"✦"。类似的例子不胜枚举：✦，✦，✦……这种象形的符号，根本不需要读出来，就能使人的思维直达事物本身或事物之间的联系，大大缩短了人认识事物的时间，提高了认识事物的效率。汉字从产生以来，一直保持着其象形性质。此外，汉字的意蕴是任何拼音文字所不能及的。这集中表现在中国的诗词歌赋上，如刘禹锡的《竹枝词》："杨柳青青江水平，闻郎江上踏歌声，东边日出西边雨，道是无晴却有晴？"诗歌通过描写三峡地区的景物来衬托"人"，然后调转方向又写"天"，不断进行着"物我的转换"。尤其是最后两句"东边日出西边雨，道是无晴却有晴？"是任何拼音文字都不能准确表达的。汉字"象象并置，万物寓于其中"，这种独特的文化基因必然会反哺人性。

在中西交汇、"文明冲突"之际，语言不仅仅是沟通的工具，更是一种文化力量和价值认同，蕴含着一个族群的思维、性灵与情感。只有在母语思维中，才能体会到心灵的放任与自由，才能找到文化身份的归属，同时从中感受温暖和安宁。种种对汉字的诠释和批判，使我们更加清楚地看到汉字的魅力与活力——从不因个人意志或群体意愿的改变而改变，也不随时代的变迁而泯灭，这就是汉字基因的魅力：生生不息，代代相传。

三、汉字形构文化认同的心理基础

汉字是形音义的结合体，不仅能够以音表意，更为重要的是可以以形表意。汉字这种"双轨道"的运行方式，使其区别于任何拼音文字，具有超时空的特性。几千年来，无论汉字读音如何变化，其字形始终承载着事物的根本特征并通过其形体变化体现出不同时代的文化，这就是中华文化的基因。汉字的感性形式符合事物发展的规律,更易于记录文化信息,因此,汉字不仅记录了汉语的词汇和语音,而且在构形中饱含中华民族的文化心理,在浩如烟海的文化现象中,映照着先民的智慧,并在深层的文化积淀中折射出中华民族特有的文化品质和价值取向。汉字是中华民族的祖先在一定社会历史时期,特定的地理人文环境中,在进行生产和生活的社会实践时逐渐产生的。汉字的产生合目的、合规律,高度体现了人与自然的和谐一致。汉字是中华民族重要的交流工具和思维工具,因此,人们必然把认识世界的成果通过文字巩固、保存下来,并传播开来,形成了独具一格的中华文化。人们在习得汉字的过程中所获得的具象思维、比类思维和自反思维方式,无不规范着他们的语言、思想、行为和价值观。如图1-2-1所示。

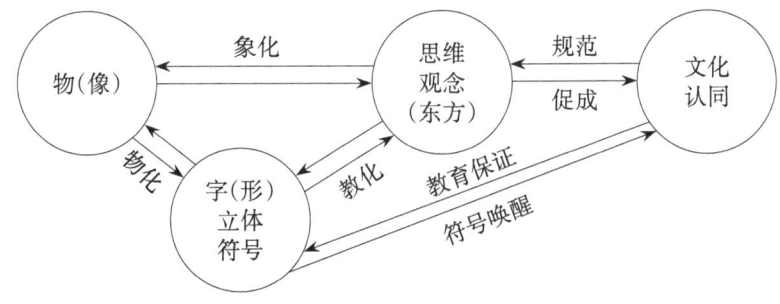

图 1-2-1　汉字思维与文化认同原理

汉字蕴含的深厚的道德因素深深扎根于中华文化中。在传统教育中,幼童在诵读《三字经》《弟子规》《百家姓》《千字文》等儒家经典时,也许幼小的心灵还不足以理解作品中的全部内容,但是那些简短的字句、优美的音韵,无不体现着汉字的意象特征,在背诵的基础上,潜移默化地规范着他们的心灵、指导着他们的行为。儒学著作很多是规范和矫正人性的,可以从小就纠正孩子的不良习性。这些看似粗浅的理论与生活结合起来,可以逐步培养孩子幼小心灵中的道德文化,使孩子从小就注重道德实践。

这就是萨丕尔所说的"语言的背后是有东西的"。帕默尔也说,语言的历史和文化的历史是相辅而行的,它们可以互相协助和启发。语言是人类创造的重要文化成果,是民族文化的重要标志。

第三节　汉字原型与中华文化认同的心理意义

一、汉字原型的内涵

所有文字的起源都包含着原始人类心灵的注入,包含着深刻的原型心理意义和丰厚的文化心理内涵。"原型"是瑞士心理学家荣格根据分析心理学中的"潜意识"而提出的概念。分析心理学派认为,人的潜意识包括两个层面,一是个体潜意识,主要来自具体的生活体验;二是集体无意识,包含着全人类族系发展的心理内容。荣格的"原型"就是这种集体无意识的主要构成要素。荣格说,集体无意识是通过某种形式的继承或进化而来,是由原型这种先在的形式所构成,原型赋予某些心理内容以独特的形式。申荷永认为,在汉字的认知和学习过程中,同样会产生类似的原型认知效应。[1]

汉字是中华先民在生产和生活的实践过程中,仰观天文,俯察地理,近取诸身,远取诸物,对自然物进行具象和抽象而形成的。汉字从一开始就具有具象的特征,因为在造字时注入了中华先民具象和比类的心理思维,因而它包含着自然物的原型意义和原始特征。汉字所包含的原始观念、原始象形和象征都源于原始自然物的形态和事物的联系。汉字的象形、指事和会意基本来源于事物的原型,形声字的形旁包含着这种原型意义。因此,在汉字习得的过程中,这种原型的心理意义启发人的思维和想象,使人的认识直达事物本身或事物之间的联系,并产生一种具有创造性的积极的心理活动,使得事物原型与事物本身统一于概念当中,从而升华了认识。

---

[1] 申荷永.中国文化心理学心要[M].北京:人民出版社,2001:31.

二、汉字的原型心理意义

李玲璞等学者在《古汉字与中国文化源》一书中,将汉字的构成描绘成"物化"和"物化回归"的心理流程,并将这种心理流程作为汉字立体结构的理据。[①] 申荷永在《中国文化心理学心要》这本书中,用了一章的内容阐述汉字和心理的关系,结合心理学的思想,提出了自己对中国汉字与心理之间关系的独到见解。在他看来,心理学与中国文化有着内在的联系,同时也有着丰富的内涵。心理学与中国文化有着双重的内涵,有着双向的作用,从心理学的角度,能够帮助我们增加对于中国文化的本质性理解。他认为所有文字的起源,都包含着一种心灵的注入;所有文字现象,也都是一种心理文化现象。汉字中包含得天独厚的心理学的智慧,以及别具一格的文化心理学体系。他提出,在汉字的认知和学习过程中会产生类似的原型认知效应,包括原始观念、原始象形和象征等。他通过分析汉字的象形、象事、象意和象声、会意,详细说明了汉字所特有的抽象与概括的原型作用。汉字本身就是文化心理学体系,不仅是中国文化的典型象征,而且是常用的语言符号系统,更是一种包含历史文化信息的文化符号系统,所以,他从"汉字与心理思维""汉字心部的意义""汉字与文化心理"等几个方面,阐述了汉字与心理文化以及汉字与中国文化的关系。申荷永还将汉字的原型心理效应分为"汉字直观心理效应""汉字会意心理效应"以及"汉字原型教学效应",并通过大量的实验验证了这一分类的可行性。[②]在他写的文章《汉字中的心理学》中,他认为在汉字形成之时,就产生了一种具有文化与民族特色的"心理学",在汉字的结构与构成中,人把自己心灵的作用覆盖于其上,包融了人类的心智劳动,种种自然的道理和后世的科学与哲学,也包含着中华民族对人之心理与行为的认识与理解。[③]樊明亚从符号学的角度对当前的汉字研究提出了不同的意见,他在语形学、语义学、语用学的基础上指出了汉字的优越,提出汉字不能走拼音化道路的

---

① 李玲璞,臧克和,刘志基.古汉字与中国文化源[M].贵阳:贵州人民出版社,1997:5.
② 申荷永.中国文化心理学心要[M].北京:人民出版社,2001:37.
③ 申荷永.汉字中的心理学[J].心理科学,1993(6):369-370.

结论。①林国灿认为汉字是文物,是中华民族数千年来共同创造、不断发展的"文化文物",他认为象形文字无法对精神、心理和社会复杂现象进行表达,而作为表意文字的汉字则解决了这一问题。他从汉字的致思功能出发,对中华民族关于心理现象及其规律的认识和理解进行了初步的探索。②

以具象和表意为主要特征的汉字,生动地表现了自然万物的鲜明特征和独特之处,从抽象到概括,无不包含着自然物的原型意义。东汉许慎在其《说文解字序》中提出了六书:象形、指事、会意、形声、转注和假借。象形、指事(象事)、会意(象意)、形声(象声)是造字法,转注和假借是用字法,这就是汉字的"四象两用"之说。许慎指出,象形者,画成其物,随体诘诎,日月是也;指事者,视而可识,察而可见,上下是也;会意者,比类合谊,以见指㧑,武信是也;形声者,以事为名,取譬相成,江河是也。可见,象形、象意、象事和象声,或是人对自然物直观的表达,或是将无形化为象征,融汇自然与心灵,达到有形与无形的升华。清代文字学家王筠在《文字蒙求·卷二》中说,有形者,物也;无形者,事也。物有形,故可象;事无形,则圣人创意以指之而已。③而形声字不但有意符,还有声象,更加突出了事物和事物之间相互联系的原型意义。例如,"教",甲骨文和篆文形式分别是"𣁟"和"𣁦","㐅"表示《易经》中的卦象,意为知识与学问。下面的"子"表示小孩。"攵"表示用手执鞭,对受教育者进行鞭笞,使其奋力学习、努力思考。许慎在《说文解字》中说,"教,上所施,下所效也;育,养子使作善也。"

此外,通过"比类合意"而形成的会意字,包含着深刻的心理特征。独体象形字源于对物体视觉意象的临摹,而会意字则是在这些视觉意象符号的基础上进行心理操作。汉字这种潜在的原型心理意义,来源于人在生活实践中的观察和体验,因此也必然规范着人的思维。

---

① 樊明亚.从符号学看汉字特征[J].上饶师专学报,1994,14(1):48-55.
② 林国灿.汉字的心理学智慧[J].心理科学,1999(3):261-262.
③ 詹鄞鑫.汉字说略[M].沈阳:辽宁教育出版社,1991:154.

三、文字、文化及文化认同

国际交流的增强使人们对文化差异的认识也在逐渐提高，因此，语言与文化关系的研究受到了前所未有的重视，出现了多学科研究的繁荣景象。刘小娟和赵瑞林认为语言属于文化的一部分。语言作为文化的组成部分，是人们学习文化的主要工具，只有拥有良好的语言基础，才能更加深刻地理解文化，而良好的文化修养和文化知识又能促进语言的学习。[1]贺显斌则从语言与文化的空间关系、语言与文化的影响制约关系、语言的结构层次与文化、语言类型与文化类型的分布以及语言与文化的多学科研究这五个方面，探讨了语言与文化的关系，在对这些方法的侧重点和特点一一做出分析之后，提出借鉴国外的研究成果、拓宽研究的思路是我国研究语言和文化关系的重要手段。[2]他还对文化语言学这门研究语言与文化关系的学科进行了评判，认为该学科需要突破片面追求个性研究和中国特色的倾向，积极借鉴国外的最新研究成果。文字作为语言的书面符号，记录了语言的内容，承载了语言的思想，并将语言作为一种文化遗产一代一代地传承下去。汉字是文字的一种，中华民族正是通过汉字这种拥有悠久历史的媒介，了解了几千年来的传统与文化。汉字与文化之间必定存在着密不可分的关系。李玲璞等人在《古汉字与中国文化源》一书中就提出，汉字是一种文化现象，将汉字与文化之间的内在规律寻释出来，就形成了汉字文化学系统。他们认为，汉字的立方体结构特点为蕴含丰富的思想文化信息提供了现实可能性，并根据汉字承载文化这一关系，提出可以凭借古代汉字的取象构字去探究中国古代文化源头，这是一种文化考古的新视角。[3]周有光在区分了传统文化与现代文化、总结归纳了汉字发展演变过程的基础之上，提出了自己对于汉字与文化关系以及汉字文化学学科建设问题的初步思考，认为汉字与文化之间的关系密切，只有汉字文化学这一专门学科才能更加系统准确地研究这一关系，汉字文化学的

---

[1] 刘小娟,赵瑞林.语言与文化的关系及了解文化的策略[J].边疆经济与文化,2005(01):65-66.
[2] 贺显斌.语言与文化关系的多视角研究[J].西安外国语学院学报,2002,10(3):22-26.
[3] 李玲璞,臧克和,刘志基.古汉字与中国文化源[M].贵阳:贵州人民出版社,1997:8.

建立势在必行。[1]何盈九、胡双宝和张猛在汉字与文化的关系问题上,提出汉字是人类文化的重要产物。作为一种自源文字体系,汉字在两千多年间不间断地、周到缜密地记录下了中华民族的发展历程。汉字与文化之间存在一种既对立又统一的关系,可以从历史、群众和科学的角度研究这一关系。[2]从这些对文化认同的研究中,我们可以得知,现代化以及全球化的到来使得文化危机问题日益凸显,促使文化领域中的认同问题逐渐受到人们的关注。

　　文字对文化的承载具有促进作用,这使得部分学者思考文字与文化认同的关系,即文字在文化认同中是否也发挥着促进或阻碍的作用。巫达以中国四川凉山两个彝族村子为研究对象,通过对他们的语言和文字状况的考察,探究他们的语言态度、汉化程度与文化认同的关系,得出的结论是:彝族的族群成员都热爱自己传统的语言文字,对用以表达和记录本族群思想的语言和文字情有独钟,对于本族文字,彝族人民表达出了强烈的文化认同感,进而促进了他们的族群认同。从研究中,我们可以看出文字对文化认同有一定的促进作用,如果一个民族热爱本族的文字,那么他们就会表现出强烈的文化认同和民族认同。汉字是中国的传统文字,从甲骨文到现代的简化汉字,汉字的演化过程形象生动地向我们呈现了中华几千年的文明发展史,那么汉字思维对于中华民族的文化认同又起着怎样的作用呢?针对这一问题,殷寄明在其文章《汉字在文化认同中的作用》中总结出汉字对文化认同的三个重要作用:第一,汉字符号系统可以驱动人们对中华文化历史悠久性的认同,因为汉字历史的悠久性是中华文化历史悠久性最直接最有力的佐证;第二,汉字是了解中华文化丰富内涵的重要媒介,无论是一般社会人士还是专业研究人士,对中华悠久历史的了解都离不开对有关语言材料的接触、感受与分析。只有通过汉字这种书面符号,人们才能更加直观具体地了解中华文明;第三,汉字符号系统本身可以折射出种种文化信息。这一点是由汉字独特的构造决定的,在世界各民族文字的嬗变过程中,只有汉字在运行了几千年之后仍然保留着初始时期的特性,成为以形表意的独

---

① 周有光.汉字和文化问题[M].沈阳:辽宁人民出版社,2000:66-71.
② 何盈九,胡双宝,张猛.中国汉字文化大观[M].北京:北京大学出版社,1995:55.

特文字,正是这种表意性将中华民族悠久的历史形象地呈现在现代人的面前。①无论是正面肯定,还是反面论证,汉字在文化认同中发挥的促进作用是毋庸置疑的。

　　王明珂认为,一个民族认同的共同语言和文化,是该人群中部分人的主观想象和创造,这种文化不一定符合语言学者、考古学者和民族学者的语言文化分类系统,但是文化的相似性却在一定程度上促进了族群的形成和族群中人们的文化认同感。②美国的著名学者本尼迪克特·安德森将民族以及与它相关的民族主义、民族属性与文化联系在一起,认为民族和民族属性是"特殊的文化的人造物",这种"人造物"如果被人们创造出来,就会变得十分"模式化",它可以"吸纳"也可以"被吸纳"。他将民族称为"想象的共同体",即一种社会心理学上的"社会事实"。这种共同体最初主要是通过文字(阅读)来想象的,语言是其重要的媒介物。在此基础上,他提出将民族主义和一些大的文化体系联系在一起来加以理解,只有这样才能更好地理解民族主义。③倪胜利、张诗亚在《"全球化背景下的多元文化教育国际论坛"综述》中进行了四个方面的阐述,包括全球化与民族文化认同、多元文化与教育、民族人口与少数民族基础教育、民族文化资源保护开发与区域经济发展。④张诗亚在谈到民族教育价值的取向问题的时候,指出汉字是具有民族精神和文化内涵的,不能人为地简化和抽象化。⑤他还对人与人的关系、文化与文化的关系、人群与人群的关系进行阐释,指出了每个人都是在自己文化基础上发展的,并最终将形成共荣共生的发展局面。⑥从安德森和张诗亚的论述中我们可以看出,他们是从文化的角度研究民族的产生、维系以及民族主义的,中华民族的形成或许也可以用文化体系来加以解释和证实。国家与民族意识越是发展,民族认同与国家认同就越呈现出一致性,中华族群就会更加趋于稳

---

① 殷寄明.汉字在文化认同中的作用[J].科技文萃,1999(10):1-2.
② 王明珂.华夏边缘:历史记忆与族群认同[M].上海:上海人民出版社,2000:32.
③ 安德森.想象的共同体:民族主义的起源与散布[M].吴叡人,译.上海:上海人民出版社,2015:4-12.
④ 倪胜利,张诗亚."全球化背景下的多元文化教育国际论坛"综述[J].比较教育研究,2006(7):90-92.
⑤ 张诗亚.多元文化与民族教育价值取向问题[J].西北师大学报(社会科学版),2005(6):97.
⑥ 张诗亚.文化、民族、教育漫谈[J].当代教育与文化,2010,2(06):12-14.

定和坚固。①中华民族作为一个群体,历史悠久,丰富多彩的文化和灿烂辉煌的文明潜移默化地影响了中华民族数千年,使得他们的文化认同趋于一致。但是,发达便利的交通和全球化时代的来临,使得越来越多的中国人选择去国外发展。他们或者到国外工作,或者选择移民定居在那里,东方文明与西方文明发生了激烈的碰撞。虽然美国著名汉学家史景迁认为不同文化间的互相联系对人类历史是非常有意义的,中国的魅力在这种碰撞中趋于明显,但存在于中华子民中的那种趋于一致的文化认同是否还存在,已经引起了国内不少学者的担心。张诗亚通过对比汉译英而来的"适应"和中国古代固有的词语"中和位育",提出"位育"的方法,即用中华民族固有的文化主题的确定性、特征、长处、特色跟他文化相互交往。②在另一篇文章《中华民族认同的教育思考》中,张诗亚提出礼教在完成其从事神到为仁、到独尊、再到科举制、最后到"吃人"的嬗变过程后,在前所未有的现代西方文化的面前,再难担负起民族认同的中轴作用,于是作为一种群体心理特质的中华民族认同感之所以能不断生长,关键在于存在着一种能适应其不断生长的基质。他指出,以汉字为物化形态的民族思维模式和融人文风情与自然风貌为一体的民族文化心理场是这种基质的构成要素,需要重新树立。③笔者从该文中提到的"以汉字为物化形态的民族思维模式和民族文化心理场"中受到启发,联系前文中提到的国内外学者对汉字、文化认同的研究,试图从认知心理学、符号学、语言学等角度,来探索物化的汉字在源生过程中表征了什么样的思维方式,它又是如何影响人的文化认同的,从而提出汉字之韵是延伸中华民族族群认同之根。

四、汉字原型与文化认同

汉字源生的过程是中华民族的心灵注入与自然界"物化"的过程。这种"物化"而来的汉字,作为记录中华民族的历史文化信息的语言符号系统,包含着中

---

① 李禹阶.华夏民族与国家认同意识的演变[J].历史研究,2011(03):14.
② 张诗亚."位育"之道:全球化中的华人教育路向[J].西南师范大学学报(人文社会科学版),2006,32(6):53.
③ 张诗亚.华夏民族认同的教育思考[J].北京大学教育评论,2003,1(2):99-103.

华民族深刻的原型思维意义和得天独厚的文化基因。[1]在世界各民族文字的嬗变过程中,只有汉字在运行了几千年之后仍然保留着原型的独特个性,成为以形表意的独特文字,在此基础上形成的思维方式,至少包括三个层面:不离具象的直觉思维,内含隐喻的比类思维,解构的自反思维。[2]兼物化形态的民族思维模式并融人文风情与自然风貌为一体,形成了独特的民族文化心理场。[3]中华民族认同感之所以生生不息传承至今,与汉字这种原型心理意义有直接的关系。

石虎说:"汉字有道,以道生象,象生音义,象象并置,万物寓于其间。"汉字建立在亚文字图示符号(对世界万物构成的最根本抽象)基础上,与宇宙万物框架图式相对应,刻印着事物万象的原型,是对自然万物的第二次抽象,蕴含着中华民族超象性里的原型心理思维模式,包含着直觉与理性相统一的思维特质。这使得汉字成为一个"小宇宙",载负着巨大的哲学与文化内涵。汉字有别于仅仅表音的拼音文字,它既表音又表意,使得时间和空间双重凝聚。汉字的空间功能揭示了自然、社会与人的种种复杂关系,表征了中华民族丰富的感性经验,又容纳了坚实的理性精神。这直接导致中西方思维形式相异,以及受此影响而形成的不同的文化认同模式(如图1-3-1)。拼音文字所表达的概念与所指对象之间是按照一定的规则约定而来,形成了西方人重解析的理性思维。相对于东方的象化思维,西方思维是量化思维。在文字与文化认同的关系上,物化了的汉字承载着万物的原型,规范、教化了中华子民,使其形成独特的东方思维模式、价值观念和行为表现。西方一样有着强烈的文化认同,但是这种认同心理是建立在民主约定的基础之上,长期以来形成了重器物偏物质理性的价值取向,和轻物物关系的文化认同模式。语言文字不同,在此基础上形成的思维方式也不同,文化认同模式自然相异。

---

[1] 殷寄明.汉字在文化认同中的作用[J].科技文萃,1999(10):1-2.
[2] 孟泽.论汉字所表征的思维方式及其"诗性智慧":兼论汉语的现代转型[J].诗探索,2003(1-2):32.
[3] 张诗亚.华夏民族认同的教育思考[J].北京大学教育评论,2003,1(2):101.

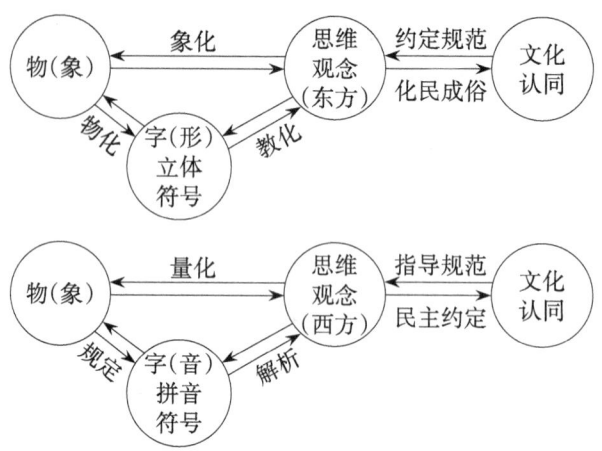

图1-3-1　中西文字习得与文化认同差异

"文化",比较公认的定义,是指文化群体成员之间共同拥有的一整套社会行为方式和价值理念系统。它反映在文化群体中成员的日常生活、习俗、宗教、艺术、教育、社会经济、政治等制度安排之中,体现了文化群体对文化价值的选择。"认同",译自英文"identity"。从语义学上看,词典中的"identity"有两种基本含义:一是认同,二是身份。认同作为一个术语,其明确的起源可追溯至心理学家弗洛伊德,他将其定义为个人在情感与心理上与他人、群体或所模仿的对象趋于一致的过程。斯图亚特·霍尔认为,认同从根本上说是主体在特定社会、文化关系中的一种关系定位和自我确认,一种有关自我主体性的建构与追问。

文化认同是人类对于文化的倾向性共识与认可。[1]它界定了同边陲相对立的中心的特征,是时间性或空间性的,并展示了更"原初"的特征。[2]郑晓云认为,人类文化认同源于三个方面,即劳动实践、自身发展的族体归属、自然崇拜为核心的原始宗教。[3]本研究中的文化认同,是指一种文化身份,拥有同一种文化身份的人会使用相同的文化符号,遵守共同的文化理念,秉承共有的思维模式和行为规范。汉字本来就是中华文化的一部分,是中华民族共同使用的文化符号。[4]

---

[1] 郑晓云.文化认同与文化变迁[M].北京:中国社会科学出版社,1992:4.
[2] 弗里德曼.文化认同与全球性过程[M].郭建如,译.北京:商务印书馆,2003:121.
[3] 郑晓云.文化认同与文化变迁[M].北京:中国社会科学出版社,1992:10.
[4] 杨宜音.文化认同的独立性和动力性:以马来西亚华人文化认同的演进与创新为例[C]//张存武,汤熙勇.海外华族研究论集第三卷:文化、教育与认同.台北:华侨协会总会,2022:407-414.

在汉字习得的过程中,形成的象化思维方式携带着深刻的原型心理意义,在中华文化认同中显示出非凡的意义。

随着全球化时代的到来,中国与世界的接轨使得文化认同问题不可避免。国内外的学者们从不同的角度对它进行了研究。加拿大学者查尔斯·泰勒在其著作《自我的根源:现代认同的形成》一书中,从道德的角度对认同进行了论述,从三个侧面对认同的来源进行了阐述,即现代的内在性,由现代早期发展而来的对日常生活的肯定,以及作为内在道德根源的表现主义本性概念。泰勒标明了自我感和道德世界之间以及认同与善之间的联系,进而得出现代认同根源于道德,其丰富性是想象不到的。因此,对于现代认同的这种拯救活动的任务就是要将被淹没的这种丰富性解救出来,使现代认同在这个社会中发挥出它应有的作用。[1]曼纽尔·卡斯特认为,认同来源于人们的日常生活意义与经验,它不仅是行动者意义的来源,而且也是由行动者经由个别化的过程而建构的。他认为,认同建立意义,角色建立功能。他将认同划分为三种形式,即合法性的认同、拒斥性的认同以及计划性的认同。通过对认同的来源、意义及其改变的论述,他得出结论:认同在社会结构的某些地方扣牢权利,使人觉得稳定。在信息抗争中,它们抵抗或者攻击关于建造行为的文化符码以及因此建造的新制度,这便是认同的力量所在。[2]萨缪尔·亨廷顿在《文明的冲突与世界秩序的重建》一书中,认为文化和文化认同形成了冷战后世界上的结合、分裂和冲突模式,从全球政治的多极性和文明性、文明之间势力的变化、世界秩序的出现与变化、西方国家的普世主义以及对西方的认同是美国人赖以生存的基础五个方面论述了这一命题,从政治的角度对文化认同进行了研究与分析。[3]崔新建在全面分析文化认同的根源后,提出文化认同是对人与人之间或个人同群体之间共同文化的确认,即"使用相同的文化符号、遵循共同的文化理念、秉承共有的思维模式和行为规范"是人们文化认同的主要依据。他在意识到现代性及其引发的文化危机促使文化认同

---

[1] 泰勒.自我的根源:现代认同的形成[M].韩震,等译.南京:译林出版社,2001:3.
[2] 卡斯特.认同的力量[M].2版.曹荣湘,译.北京:社会科学文献出版社,2006:6-7+141.
[3] 亨廷顿.文明的冲突与世界秩序的重建(修订版)[M].周琪,等译.北京:新华出版社,2009:23.

出现的基础之上,提出现代性是文化认同的真正根源。[①]周述波认为,西方的现代性引发了文化认同现象的发生,这种现象在西方后现代性影响下日益突出,以至于在世界范围内出现多次文化认同危机。他提出文化认同总是与特定的文化模式相联系的,而这种认同的建构又必须借助文学作品中话语的运作才能实现,当今文化认同的指向就在于破除文化中心主义,鼓励开放性文化认同,提倡文化的跨越和间性。[②]季中扬从哲学的角度出发,认为文化领域中的认同应该建立在内在统一感基础之上,这种内在统一感不是绝对统一,而是包含着矛盾的"具体的同一"。这种认同与对"他者"差异性的想象密切相关。在这种认同实践中,不仅隐藏着复杂的权利关系,还掩藏着害怕他者成为"他我"的恐惧。在他看来,复杂的权利关系始终存在于文化领域的认同中。[③]杨玉玲和林伟健都从国家政治的角度研究了文化认同。杨玉玲将文化的作用归纳为塑造认同心理,培育统一意识和凝聚民族精神,并以中国为例,说明了文化认同是历代政治家实现和维护国家统一的战略主题,强调了文化认同在促进国家统一中无法取代的作用。[④]林伟健认为文化认同是民族认同的基础,文化认同促进民族认同,进而产生民族凝聚力。民族凝聚力的提升会促进国家凝聚力的增强,而政治认同是国家凝聚力的基础,因此从民族凝聚力到国家凝聚力的提升,就是一个从文化认同发展到政治认同的过程。文化认同在这些环节中起到了基础性的作用。[⑤]

[①] 崔新建.文化认同及其根源[J].北京师范大学学报(社会科学版),2004(4):102-104+107.
[②] 周述波.文化认同[J].长江师范学院学报,2009,25(6):26-29.
[③] 季中扬.论"文化研究"领域的认同概念[J].求索,2010(5):195-197.
[④] 杨玉玲.论文化认同与国家统一[J].中国军事科学,2005,18(3):57-60.
[⑤] 林伟健.国家凝聚力:从文化认同到政治认同[J].广东省社会主义学院学报,2009(3):5.

第二章

汉字思维促成中华民族共同体意识

汉字产生于人与自然相处的实践中。原始初民在日常活动中"仰则观象于天,俯则观法于地,观鸟兽之文与地之宜","近取诸身,远取诸物",根据自然和自身的特征,通过具象与抽象等方式,创造了汉字。对史前的人来说,他们周围的一切都是具象的,一块石头、一个山洞、无边无际的森林、碧绿清澈的溪水、天空的日月星辰、朝夕相处的同伴以及日夜追寻的禽兽,都是以其外部形象来体现自身特征的实体;每个具体事物留给他们的表象,几乎就是他们对这一事物的"基本概念";他们只是凭借对具体形象的感受、识别、判断、记忆等把握着每日每时所接触到的各种对象。文化人类学的很多实例都告诉我们,原始初民具有超强的感官,华夏大地上的原始初民固有的文化心理特征,在其发明汉字的过程中规定了汉字的深层特质——具象与形象。汉字不仅是记录语言的工具,同时也是中华民族特有的认知工具,还是中华文化的主要载体。汉字产生与发展的过程是一个"自然的人化"和"人的对象化"的过程,所以说汉字既是民族文化的产物,也是民族文化的工具。

由于汉字与其文化传统的原初性保持高度一致,汉字的构形和读音与其所反映的文化信息有着鲜明的统一性,再加上文化传统处于不断的变革中,汉字显示出其作为语言符号和文化基因的强大增殖功能,极大地丰富了文化传统的内容。首先,汉字作为符号系统驱动人们对中华文化的认同。汉字形成完整的体系并且可以供书面语言交流之用,始于商代的甲骨文。在已发现的殷墟甲骨文里,出现的单字数量已达4000个左右。成熟的甲骨文文字,记录了中华民族原初文化与中华民族的血缘,是中华民族认同的根源。其次,汉字是中华文化的基因,规范着中华民族的族性。美国语言学家萨丕尔曾说,语言的背后是有东西的。而且语言不能离开文化而存在,所谓文化就是社会遗传下来的习惯和信仰的总和,它决定我们的生活组织。所以汉字作为中华民族的语言规定了中华民族的精神。最后,汉字符号系统折射出丰富的文化信息。这种"独体为文,合体为字"的符号在沿其独特的轨道运行几千年之后依旧保存着原初的特性,成为独特的以形表意的文字,富含中华文化信息。

汉字是中华民族在认知世界和改造世界的实践中创造出来的,是主体介入客体的媒介,是实践的产物。文化包含了人认识和改造世界的方式和结果,必然与汉字有着密切的联系。从文化意义上讲,汉字是中华文化的产物,也是民族文化认同的工具。汉字在特定的族群文化基础上产生,作为人的一种处理与自然关系的方式,必然影响着这一族群的实践及其所属的文化形态。汉字通过其强大的文化功能,推动着汉字文化族群内部成员的认同。

第一节　汉字与中华文化

文字既是记录语言的符号系统,又是文化的载体。而作为表意文字的汉字与拼音文字相比较,汉字与汉文化的关系比拼音文字与所属文化的关系更加密切。汉字表意性的文化功能使它不仅是记录汉语的符号,更是中华文化的载体。

汉字诞生以来,作为一种语言符号,直接记录了中华文化的发生和发展过程,浩如烟海的古籍文献记载了中华民族几千年的文明。汉文化典籍涉及天文、历法、农学、数学、地理、医学、军事、宗教、音乐等各个领域,无可辩驳地说明了中华文明的辉煌。世界上没有哪一种文字像汉字这样具有强大的功能。在世界众多其他文字发生了质性改变的背景下,汉字几千年来保持了其独特的表意功能,且从未间断地记录着中华民族走过的历程。所以说,汉字是中华文化的基因,在几千年的文化传承中,汉字发挥了其超群的文化功能。

一、汉字的源生

汉字的起源和形成一直是困扰我国学者的一个问题。不同领域的学者,如考古学家、民俗学家,都从自己学科的角度给予了解答。但是,从源流角度进行研究已经逐渐成为汉字学家研究汉字的主要方法之一。在何盈九等人编写的《汉字文化大观》一书中,他们提到了结绳记事和仓颉造字两个传说,认为它们对于推断汉字起源前后的状况和汉字起源的时间都有很大的价值。他们还从远古文物显示的蛛丝马迹中寻求汉字的起源,认为汉字起源于新石器时代。[1]陈五云在总结文献学、民俗学、考古学和语言学领域对于汉字起源这一问题研究成果的基础之上,提出了"语段文字"这一假设,即"语段文字"先于甲骨文,是汉字最原始的状态。

王显春提出了汉字发明说。他认为汉字起源于原始文化里的生殖崇拜,来源于太极文化,产生于结绳、契刻、绘画等。主要的造字方法有发明造字法、组合发明法、仿生发明法、特殊用途造字法以及夸张发明法。通过列举大量的考古材料,他向我们证实了汉字发源于大汶口文化早期,距今已有6300年以上的历史。[2]郑若葵在搜集整理了大量的文献和考古资料之后,在结绳记事和仓颉造字传说的基础之上增加了八卦起源说和契刻起源说,并将汉字从起源到发展成熟分为三个时期,即初源时期、始兴时期和定制时期,汉字就是在定制时期达到了成熟。[3]

《周易·系辞·上》中记载"古者包牺氏之王天下也,仰则观象于天,俯则观法于地,观鸟兽之文,与地之宜,近取诸身,远取诸物,于是始作八卦,以通神明之

---

[1] 何盈九,胡双宝,张猛.汉字文化大观[M].北京:人民教育出版社,2009:10.
[2] 王显春.汉字的起源[M].上海:学林出版社,2002:321.
[3] 郑若葵.解字说文:中国文字的起源[M].成都:四川人民出版社,2003:34+64-65.

德,以类万物之情。"笔者认为,汉字是先民在生产和生活实践中根据原始自然景观和人物特征,经过"具象""抽象"和"类属"而来的。这一过程大致经历了三个阶段。第一个阶段是形符阶段,是汉字发展的初级阶段。原始初民通过对物象的直观描写来构造文字形体。早期的甲骨文、金文大多采取这种构形方式。如"夫"字的甲骨文字形为"木",很明显是一个张开双臂、分开双脚站立在地上的人,上面一横表示簪子;金文字形为"木",字形没有发生太大的变化,只是在笔画上有些粗壮;到战国时,其字形演化为"夫",是一个头插簪子躬身而立的人的侧面形象;演化到小篆,其字形变为"夫",又回到头插簪子的正面人形。从演化过程看,具象的特征没有改变,基本上保持了其象形的特征。《说文解字》中收入的象形字有364个。随着原始初民抽象思维的发展,汉字演进过程中象形性渐渐淡化,出现了有意义信息的字符,这就由象形符号转化为第二个阶段,即形符意化阶段。在形符意化阶段,汉字由象形符号逐步演变为表意符号,这些意符不再通过直接描述自然物的形体来体现意义,而是借助意符的组合手段来构形,从而直接把意义信息携带进字形。指示和会意字一般是通过这种组合形式来构形。例如"葬"字,其金文字形是"葬",左边的部件是"爿",古文字中意为床,右边的部件"中"表示残骨之形,在《说文解字》中的字形是"卢",隶变后字形为"歹",表示人死后放在床上,表达寿终正寝之意。"葬"字演变成小篆后,其字形变为"葬",由"艹"和"茻"组合而成。"艹"表示稠密的草,"茻"由三个部件组合而成,左边是残骨,右边是人,下边一横表示席子之类的东西。所以"葬"的意思应该是人死后置于草席之上,再用草覆盖起来。《说文解字》里收入的这类字的数量多达1226个。第三个阶段是形声字阶段,汉字在演变过程中,其符形逐渐简化,但是为维护汉字的表意性,加强汉字的记录功能,先民在原有意符上增加意符或声符,就像段玉裁在《说文解字注》里写道:"形声即象声也。其字半主义、半主声。半主义者,取其义而形之;半主声者,取其声而形之。"于是大量的形声字出现了。例如"福"字,按照《说文解字》里的说法,"福"为形声字:从"示"表义,祈福的意思;从"畐"表音。福的甲骨文字形为"福",其构形由"示"、"酉"(酉)、"手"三部分组成,表示双手捧酒敬神、祭祖、祈福。金文字形演化为"福",与甲骨文字形基本相同。到了战国,其形状变为

"禧",省去了双手。"禧"是小篆字形,承战国文字字形,"酉"化为了"畐"。随着中华先民思维成熟到一定程度,文字便演化到形声字阶段,大量出现以"礻"为形旁的汉字,如礼、祥、禄、祯、禅、祊、禧、祎、祛、禊、祚、禶、禷、禴、禮、禰、祷、禬、禳、祢、禯、禃等等。文字的类化也在一定程度上反映了原始先民的比类思维特征。《说文解字》里收入的形声字多达7697个。形声字的出现,使得汉字走向了成熟。汉字的字形是中华文明发展的投影,汉字的产生构筑了中华文化的基因。每一个汉字的诞生,都凝结了先民的智慧。他们通过观察事物的外部特征来捕捉事物的本质,最终使他们感知的信息在文化传播中转变为大家共知的信息。同时,在生活和生产实践中,他们多次观察并修正字形,以达到最能表达事物本质的目的。所以,甲骨文中同一个字存在很多种写法,但是字形大体相同,不失事物的本质特征。比如,原始先民还没有发明镜子时,要看清自己形象必须到河边,于是就创造了"监"字,其甲骨文字形为"𦣻",意为人跪在盛有水的容器上方来观察自己的倒影;金文字形为"𥃲",意义上与甲骨文相仿。到了青铜器时代,人们发明了铜镜,于是就有了"鑒"("鉴")字。具有现代意义的"镜"字出现时,"镜子"就为人所接受并通用了。汉字的源生过程,不仅体现了中华民族的思维特征,也反映了文化的演进。汉字一经产生,即作为一种独特的符号开始反哺人性,逐步构筑了中华民族独有的思维方式和价值取向,丰厚了中华民族的文化底蕴。

二、汉字的独特性

汉字来源于主客体的统一,是主体(中华民族)介入客体(中华自然景观与人文风貌)的过程中,对民族所涉及的物质世界和精神世界的反映和记录。汉字不仅凝聚了中华原始初民对客观事物的认识,还折射出先民独特的民族感情和人文精神。所以,汉字不仅有地域特性和时代特征,还具有明显的中华民族的人文特征。从浩如烟海的文化典籍中,我们可以了解到中华民族的历史、文化、经济、政治、宗教、战争等所有事物及其发展轨迹。汉字不仅仅是一种记录中华民族历史文化的符号,其本身就是文化的一个部分。

语言学家索绪尔在《普通语言学教程》中把人类创造的文字分成两大体系：一是表意文字,二是表音文字(即拼音文字),并认为表意体系中,一词只用一个符号表示,而这个符号却与词赖以构成的声音无关。这个符号和整个词发生关系,因此也就间接地和它所表达的观念发生关系。这个体系的典范就是汉字。通常所说的表音体系,其目的是要把词中一连串的声音摹写出来,表音文字有时是音节的,有时是字母的,即以言语中不能再缩减的要素为基础。[1]汉字通过其表意特征,反映了中华民族在发展过程中产生的文化心理和社会意识。这也是先民在创造和使用文字时的一种哲理蕴含,是民族智慧的结晶。从形构的部件看,汉字以表意构件为主。"汉字构件的功能可以归纳为三种：即表意、示音和区别(通常称为记号)。其中表意性构件包括象形表意、象征表意、义符表意、词语表意、标志表意等细类,示音构件有时也兼表意。这三种功能在汉字结构中的地位是不平衡的,大致说来,表意是汉字构形的主体,同时兼用示音构件和区别性记号构件。"[2]汉字字形蕴含着丰富的中华文化。汉字字形与字义之间有着内在的逻辑联系,这种联系使汉字以一种独特而具体的形象表达出了中华先民亲身感知的自然世界。汉字一旦产生,作为一种独特的表意符号,显示了其相对稳定的性质。即便所反映的事物已经发生变化,代表该事物的文字仍然稳定地传播着信息,凝固在汉字字形中先民造字时的事物形象也基本没有改变。所以,汉字以其独特的表意性蕴含了中华文化,使中华文化代代相传,永不磨灭。

古罗马的拉丁文几经演变,在意大利半岛上形成了意大利文,在伊比利亚半岛则诞生了葡萄牙文和西班牙语。日耳曼语经历了同样的遭遇,在英格兰变成了英语,在德国变成了德文,在瑞典变成了瑞典文。可见,语言流行的地区不同,言语异声、文字异形通常会导致文化传统的裂变,形成文化相异的民族。历经岁月沧桑之后,这些古老国度的语言文化早已改变了往日的面目,其文明都曾在岁月长河中发生中断。只有中华文化仍保持着优秀的传统,几千年一直绵延不断,而且至今不泯,这与我们几千年来使用的独特的文化符号——汉字不无关系。汉字作为中华文明的基因,显示了其强大而独特的文化功能。

---

[1] 索绪尔.普通语言学教程[M].高名凯,译.北京:商务印书馆,1980:50-51.
[2] 李运富,张素凤.汉字性质综论[J].北京师范大学学报(社会科学版),2006(1):74.

三、汉字符号学意义

德国著名的哲学家和哲学史家恩斯特·卡西尔在《符号形式的哲学》一书中，提出了自己的"文化哲学"体系。在《人论》中，他简要地阐述了《符号形式的哲学》的基本思想，研究了"符号功能"这一极其重要的人类活动功能，认为人创造了符号，符号反过来也会改变人的本性。黄亚平和孟华共同编著的《汉字符号学》提出的汉字符号学的文化功能观，是从"汉字被文化创造的同时，反过来又如何创造了文化、影响了文化"的角度立论的。杨泽林把汉字当作一种符号，从祭祀和占卜的角度出发，说明汉字（如甲骨文）是出于祭祀与占卜的需要而产生的，很多汉字无论从其构形还是其所表达的语义来看，都与中国古代的祭祀、占卜活动有关。不同的汉字表示着中国历史上千姿百态、异彩纷呈的祭祀类型，这也为民俗学家研究古代的风俗提供了依据。马鹏程在《汉字笔迹心理学》中谈到汉字笔迹的特征时，指出汉字是记录语言的符号，每个字是独立的完整体，并且在外形上和谐、平衡、匀称、整齐。汉字书写就是中和之道，始终渗透着中国传统文化的思维模式，始终有道、理、法蕴含其中，最终谋求整体和谐。王微认为，汉字具有明显的表意性特征，作为"表意文字"，强化了书面语言的表达、交际功能，同时汉字具有严密的逻辑性和系统性的符号体系，体现着一种思维方式、思维成果和思维习惯。他指出，汉字是一种特殊的思维符号，也是一种特殊的历史文化符号，还是一种具有艺术特征的审美符号。孙湘明、王鑫在《视觉传达中汉字设计的符号学原理》中通过对汉字视觉符号特征以及视觉传达功能的再认识，利用符号的语义学、语构学、语用学的规则对视觉传达中的汉字设计做出了新的阐释，提出在对汉字进行视觉化设计的过程中应充分利用符号学原理，利用符号的赋义、赋值功能和视觉传达设计的方法体现汉字的民族文化特征和特定意象。

知识信息的发展和各学科之间的相互融合，使得汉字的研究不再局限于上文所提到的几种角度，许多学者已经开始尝试新的视角与方法。在汉字的文化内涵方面，周锦良和宋瑞等学者从构形演变视角对汉字进行了探析。他们认为，汉字主要是表意体系文字，但是汉字带有"表音"的属性。汉字从"形象阶段"发展到"意化阶段",集表意与表音于一体,是汉字据义构形不断发展与完善的演变史。方形作为汉字独特的构型,有一种特殊的修辞效应和形体效应,承载着中华民族几千年来丰富多彩的文化。在《中国汉字文化大观》一书中,何九盈、胡双宝、张猛对汉字进行了介绍,包括汉字的产生、历史及主要特点,也介绍了汉字的研究和应用,探讨了汉字与其他文化现象之间的关系,包括汉字在各个文化的、社会的领域里所处的地位、所起的作用及所受的影响。安希孟从语言哲学的角度研究汉字,根据汉字与英文的区别,认为汉字作为象形文字与对象有相似性和描摹性,而英文作为一种拼音文字是指能聆听的符号,因此西方重聆听,中国重目视。许慎的《说文解字》对汉字研究领域影响颇深,这本书本身也对汉字的字形字义进行了独到的分析。许慎认为,秦代规范了小篆、大篆和"古文",贮存了古代文献词义。他通过对成千上万个汉字的形体分析,确立了以形索义的词义分析方法,证实了汉字因义构形的特点,并通过独创的体例,总结出小篆构形的规律,描写出小篆构形的完整系统,这些内容在解释汉字的形义上一直具有很高的权威性。谢栋元在《<说文解字>与中国古代文化》中通过对春秋、秦汉时期的人的王权思想、玉文化与酒文化、殷商人的迷信与后世的糊弄鬼神、饮食文化、乐器文化、底层生灵、古代的发明与古人的重名思想这七个方面的阐述,讨论了许慎是如何构筑汉字所承载的文化学意义的。[1]王宁以《说文解字》为依托,以汉字为研究对象,研究了汉字形义学、汉字字源学和字用学,汉字构形学和汉字文化学等方面的内容,对历代汉字进行了新的测查,以说明汉字发展的演变规律,并对当前的汉字整理与规范工作提出了建议。[2]宋永培在《<说文解字>与文献词义学》中总结出了以下内容:先秦文献词义影响后代汉语词义发展的理论,单词词义系统中有关本义和引申的理论,词义的对应关系,揭示同源词的意义特点的方法,众多的词构成的词义大系统中形音义整体贯通的规律,词义系统表述历史文化事件的诸多方法。[3]对于今后的研究方向,王宁认为,今后汉字的研究将由以往侧重政治的和社会的,转向侧重科学的和本位的。我们可以运用辩证唯物主

---

[1] 谢栋元.《说文解字》与中国古代文化[M].郑州:河南人民出版社,1994:37.
[2] 王宁.《说文解字》与汉字学[M].郑州:河南出版社,1994:74.
[3] 宋永培.《说文解字》与文献词义学[M].郑州:河南人民出版社,1994:165.

义方法论研究汉字和汉字发展的历史重要性,汉字构形系统的描写及其总体演变规律的研究是可操作的。有了这种科学的研究,才有统一认识的可能,从而慎重、正确地确定汉字的命运。①

从符号学的角度来讲,不管是拼音文字还是表意文字,都来源于原始初民对当时客观世界的认识。世界上几乎所有民族的文字在其初始阶段,都有一段象形的道路。很显然,文字是根源于原始初民的视觉器官的。例如,美索不达米亚图画文字最初也是表意文字,并不是拼音文字,其字形和意义联系十分紧密,和汉字一样,并不附属于语言,而是独立存在的。而美索不达米亚字母在后来取代了图画文字,成为一种通用的记录语言的符号,这样就使得原先由视觉器官所产生的视觉系统转变为由听觉器官主导的声音系统。这就使文字变为单一的符号系统,以约定和规定的字母形式表达事物,完全脱离了文字的象形意义。这是人类文字史上的一次巨大变革,所以有学者称美索不达米亚字母是"一个只发生过一次的发明","这种字母很早就传播到埃及、印度、希伯来、阿拉伯,又经由西亚的腓尼基人带给克里特人,而为全希腊所接受。又通过希腊人的再创造,形成完备的拼音文字,再传播给整个欧洲。今日流行于世界的英文、法文、德文、俄文、希伯来文、阿拉伯文、梵文,尽管彼此多有歧异,但其字母都大体来自同一渊源。"②而汉字自诞生以来,一直保留着它的象形特征,既是视觉符号,又是听觉符号,所谓"汉字有道,以道生象,象生音义,象象并置,万物寓于其间"③。在世界各民族文字的嬗变过程中,只有汉字在运行了几千年后仍然保留着独特的意象特征,成为音形意高度统一的文字。在此基础上形成的中华思维,兼物化形态的民族思维模式并融人文风情与自然风貌为一体,形成了独特的民族文化心理场。汉字成为中华文化活的基因,充当了中华民族文化认同的精神动力。

---

① 王宁.二十世纪汉字问题的争论与跨世纪的汉字研究[J].中国社会科学,1997(1):153.
② 冯天瑜,何晓明,周积明.中华文化史[M].上海:上海人民出版社,1990:84.
③ 石虎.论字思维[J].诗探索,1996(2):10.

四、汉字的文化功能

(一)汉字与民俗文化

汉字在民俗文化中创造了特殊的文化价值。在西方市场经济和价值观冲击下,我国很多民俗文化渐渐淡化。

(1)字谜。汉字为字谜开辟了广阔的天地,是其他文字所不能及的。字谜中,字形、字音和字义相互联系,别具一格。

(2)诗歌。不管是古体诗还是近体诗,汉字在诗歌中发挥了巨大的作用。语音是语言的物质外壳,语义通过语音的形式来体现,这是人类语言的一般规律。"汉语利用单音词与双音词的组合,灵活运用而成为音句,再利用这种整齐的音句,巧为安排以成为义句,所以能在表达复杂思想之外,再感到音节铿锵之美。"[①]例如,孟浩然的《春晓》:

春眠不觉晓,

处处闻啼鸟。

夜来风雨声,

花落知多少?

如果把这首诗歌翻译成英语,意思大致为:

Oversleeping in spring;

Everywhere birds crying. (Birds are chirping evcrywhere)

Wind and rain come unexpectedly at night;

How many blossoms fall?

对比可见,汉字在诗境中所表达的意蕴在英文中荡然无存。汉字以无穷的魅力,丰富了人们的情感,大大促进了人们的思维和想象能力的发展。再如刘禹锡的《竹枝词》里的诗句:"东边日出西边雨,道是无晴却有晴?"笔者斟酌再三,却无以下笔翻译。由于汉字语音和语义的关联是双通道的,既是字形的通道,又是字音的通道。这种模式优越于拼音文字,可以充分揭示汉字字音所传播的语义

---

① 郭绍虞.汉语语法修辞新探[M].北京:商务印书馆,1979:260.

信息。现代歌曲中如《龙的传人》等,其歌词"黑眼睛黑头发黄皮肤,永永远远是龙的传人"承载了丰富的中华民族历史文化记忆,规范着华人的文化认同,激励着他们创造辉煌,并使民族文化世代相传。

(3)书法、对联。书法以独特的形式美化了汉字,汉字通过书法净化了人的心灵,丰富了人的涵养。对联更是深入社会各个层面,种类也多种多样,有春联、寿联、门联、婚联、挽联等等。

(4)名字。汉字形成了中华文化中独特的姓氏文化,姓、氏、名、字与地位、身份、职业、家族有着密切的联系。对于名字,很多华人都有字辈谱。字辈谱巩固了同宗的情感,使同宗的人找到了心灵的归属,一同感受着祖先的恩泽,同时也规范着同宗人的行为。

(5)谐音和避讳。对于不同方言区的华人来讲有不同的谐音和禁忌。例如:

柑、橙与桔

柑,广东话读/gam/,与"金"谐音。广东人过年时都会买柑来吃,以求金玉满堂、财运亨通。而不买橙,因为橙,广东话读音是 /can/,与"惨"谐音,过年时广东人祈求吉祥如意,所以也买盆栽的桔,"桔"广东话读作 /ji/,与"吉"谐音。

发菜与猪手

发菜与猪手都是发财之意。发菜,呈黑色,像头发,故得名,也叫地毛菜。发菜的谐音是"发财"。猪手是横财就手之意。

鱼与虾

鱼的谐音是年年有"余"。虾寄托着人们对新年之时家人团聚的祈求。

年糕与蒜头

年糕用糯米做成,寓年年"高"升之意。蒜有两层意思:一是谐音"算","算"是运财之方;二是福建话读作 /xun/,是福建"孙"音之谐音,蒜又多瓣,有多子多孙之意。

闽方言区的人在过年时还要购买甘蔗来拜天公。甘蔗用福建话讲叫 /gamxia/,是"感谢"之谐音,以表达对天公的感恩之心。此外,过年时还有很多禁忌,如新年礼物不可以送鞋子和手表。鞋子,广东话叫/haizi/,有"唉"之谐音,新年气象,不准唉声叹气。手表是钟表,送手表有"送终"谐音,故忌讳送手表。新年期间即使下雨也忌讳带伞到亲朋好友家,伞,广东话读作/ze/,与"借"谐音,过年时忌讳"借"东西,而且平时所借钱与物,一定要在新年之前还清。

(二)汉字的哲学内涵

汉字作为一种象形文字,产生于天地自然。古之汉字独体为"文",一字一文。"文"不仅包括天文、人文,还包括地文(地理),所反映的是天地间的自然产物和客观存在。万物皆有"文",《文心雕龙·原道》里说:"傍及万品,动植皆文。龙凤以藻绘呈瑞,虎豹以炳蔚凝姿。云霞雕色,有逾画工之妙;草木贲华,无待锦匠之奇。夫岂外饰,盖自然耳。"汉字的"文"与"字"都反映了先民造字时的思维特征和道德观念,所以汉字集自然道德风貌与人文道德品格于一体,不仅反映了原始先民的心理特征,也反映了原始社会的经济文化。所以说,汉字构形的内在机制与其外显方式都是原始先民价值观念的折射。汉字作为中华民族认知方式和思维模式的一种物化形式,通过构形的演变规律直接反映了原始先民对客观世界和主观思维的认识。从甲骨文字形看,每一个汉字都是人与自然及当时社会关系的真实写照,也同时体现了原始先民在观察、认知主客观世界过程中的思维立场。汉字字里行间都充满了丰富的哲学内涵。

汉字里包含的"天人合一"的观念,一直影响着中华民族的思维方式和价值选择。"阴阳两分"是传统哲学思想的重要体现,《周易·系辞·上》讲"一阴一阳之谓道"。"道",有的金文字形是" ",从整个字形看,中间和下面是人的头部,头上的两笔,象征与天相连接,四边的上下左右各用几笔,象征四通通达。可见,其含义是人通过头顶的气路感应自然界,与道相通,从而达到四通八达,旁通无滞,这就是道。而且这种道的影响力会向四周散发,使人明道。有的金文字形是" ",其中的" ",行,四通八达之意;" ",首,表示观察和思考;" ",止,行走的意思,表示在十字路口指导迷路的人。有的金文字形为" ",加了" "(又,手),表示为迷路者指路。还有的金文字形为" ",加了" "部和" "(口)部,表示一边指引一边讲述,为迷路者指明方向。小篆字形是"㴝",基本承续了金文"㴝"字形,只是省去了"㇏"和"凵"。要想步入正确的人生之道,就必须进行天人合一的实践。所以"道"字告诉人们如何领悟自然真理,掌握社会规律,穷究人生哲理,明白人生意义,从而建立起符合自然规律的人生观,步入"大道"的境界。隶书字形变为"道",将篆文的"辵"写成了"辶",将"𩠐"写成了"首"。繁体字形是"導",现在通用的"道"字,"首"是两点"丷"一横"一",代表八卦的阴爻和阳爻,下边再加一个"自",这就是象征自己处在阴阳与天地之间,意为寻找道统。这就是中华民族朴素的辩证思维——对立统一,反映在认识论上就是一分为二。这在汉字的造字中得到了充分的体现,也是汉字构形的一种基本思维方式。构形上的相辅相成且同构异形,充分体现了古人对立统一的哲学观。此外,《道德经》中"道生一,一生二,二生三,三生万物"体现了汉字发展过程中的整体性象化思维特征。"人法地,地法天,天法道,道法自然"体现了汉字的联系性思维。而拼音文字则不同,字形和事物之间没有必然的联系,仅仅是约定,文字习得过程中形成的解析性思维必然导致孤立地看问题。而汉字字形里折射出的思维观念,既有哲学观的渗透,又是哲学观的反映(如图2-1-1)。老子说:"有物混成,先天地生。寂兮寥兮,独立而不改,周行而不殆。可以为天地母。吾不知其名,字之曰道,强为之名曰大。"[①]在中华传统文化中,"道"不但是宇宙的本源和规律,而且是儒释道学说的指导和归宿,其宗旨是按照规律做事,宣扬人道必须符合天道,并倡导追求"天人合一"的境界。

中华文化里,七千多个汉字几乎囊括所有的知识,足以应付社会的方方面面。而西方拼音文字则不同,在某些专业领域常常需要借助一定的辅助途径。比如学建筑的,有建筑方面的专用字典;学医学的,有医学的专业科目。而汉字里的文化从来都是统合的,充分体现了道学中的"象""数""理""气"。这就是著名的一元四素的方法论,智识和慧识之间由德对其制衡,这样一来,就能够认识道、认识德、贯穿阴阳而知道三生万物,中气以为和。汉字所表达的,也就是完整的六种信息:德、道、象、数、理、气。(如图2-1-2)

---

① 参阅老子《道德经》第二十五章。

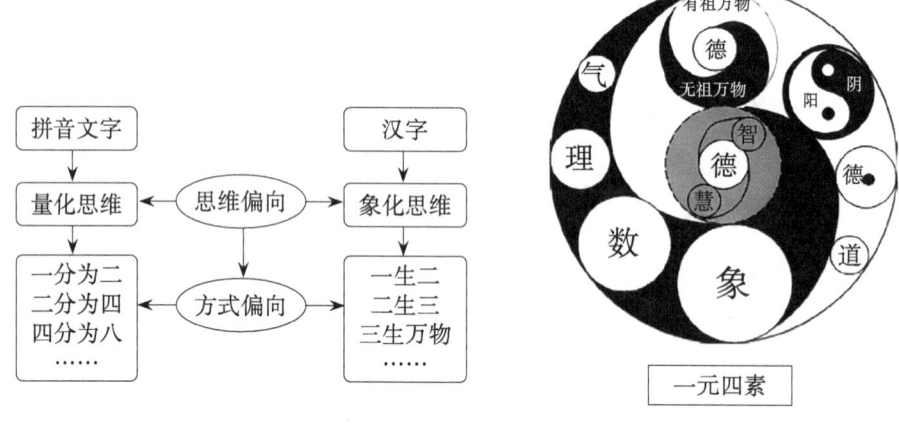

图2-1-1　东西思维偏向图　　　　图2-1-2　汉字信息图

第二节　汉字的深层思维结构

　　语言是思维的工具,同时也是思维的产物。文字是语言的物质载体。语言产生之前,先民已经有了具象思维和形成观念的初步能力。思维方式及其发展过程在语言上也有所表现。思维的发展经历了从具体到抽象的进化过程,如表示时间观念的词,首先由表示空间、视觉概念的词通过隐喻的方式加以表达,所以时间概念词的形成比空间概念词较晚,这也说明了在人的思维中,抽象概念的产生有赖于具体概念。不同的语言产生于不同的地理环境和不同民族的思维方式,所以各民族语言各有特点。但是语言一经诞生,作为一种符号又反过来影响着人的思维活动,指导了人的感知、认识、经验、价值取向和行为规范。

一、语言与文字的关系

　　当语言发展到一定的水平,文字自然就产生了。文字充当了语言的载体,并将语言表现为符号。人类的历史进程中,语言的发展促进了思维的发展,人们通过语言相互了解和相互沟通。语言在这种情况下得到了拓展和加强。东西方虽因地理、人文特征不同而导致语言与思维方式存在差异,但是文字都始于象形文字,如埃及的象形文字,巴比伦的楔形文字以及中国的甲骨文。现在中国纳西族所采用的东巴文和水族的水书,都是仍在使用的象形文字系统。

在人类社会早期,当生产力发展到一定程度以后,有很大一部分人就要脱离生产劳动。这些人转到了生产的后方,担负起食物、衣服以及其他劳动成果的管理工作,在生产力相对落后的时期还没有什么困扰。随着生产水平的提高,产品大量剩余,他们经常处于计算和记录的困难之中,文字的产生和发展就变成了一种迫切需要。当时的人们选择了很多方法来处理这种工作,包括把它们画下来,这就是最初的象形文字。文字的产生极大地方便了人们的生活和生产。

汉字与汉语关系的变革自汉字产生以来从未停止过,但是变革最深刻的是汉字随着形声字的产生而数量激增。汉字通过"以声求义"和"以形说义"的方法,从声与形两方面去把握事物,而且象形、指事、会意三种造字法的产生,使字形很大程度上保留了原始视觉器官取义的传统。即便是形声字,其"声"和"形"始终是具有意象特征的。汉字与汉语的这种特殊关系,完全不同于西方拼音文字与其听音语言的关系。例如,在汉语中,表示颜色的汉字有红、橙、黄、绿、青、蓝、紫,再加上次类的深红、粉红、绯红、桃红、深蓝、湛蓝等,极大地丰富了人的感官,而英语中便没有如此丰富。又如汉语中的称谓,叔叔、婶子、伯伯、伯母、大爷、大娘、姑妈、姑爹、姑姑、姑父、姨妈、姨爹、阿姨、小姨、姨夫、舅舅、舅妈等,而在英文中,只有"uncle"和"aunt"罢了。

二、语言、文字与思维的关系

语言与思维的关系是语言学与哲学界普遍争论的课题。19世纪上半期,德国语言学家洪堡特率先提出任何语言都包含着本民族独特的世界观。他提出语言是各民族看待世界的方式,认为民族语言就是民族精神,而民族精神也就是民族语言。到了20世纪早期,沃尔夫提出了"语言决定论"和"语言相对论",

认为语言和思维相互影响、互相决定。语言的思维意义不是取决于语法,而是取决于语言中的逻辑或推理,这种逻辑规律为所有民族所共有。[1]语言从一产生就包含着造字者对于周围世界的认识,也包括造字者在其特定的自然和社会中选择的观念。20世纪80年代,美国的认知语言学家认真分析了汉字的产生、发展与演变的过程,从文化语言学的角度再一次肯定了沃尔夫的理论。我国的潘文国教授也提出,语言是人类认知与表述世界的方式和过程。因此,语言表达文化,决定着文化,支配着人们的思维,并形成人们的世界观。[2]不同的语言文字产生不同的思维模式和价值观念,这就是当今东西方思维和价值观差异的根源所在。

汉字学习的过程,表现在信息加工的认知图式上。汉字首先进入读者的视觉系统,经过神经传递与读者原有的知识结构发生联系,经过一系列的感知、辨认、加工和确认,同时在长时记忆和短时记忆中提取或储存相关的信息,从而进行内在的语言活动并形成意义的建构。如"革"字,金文字形是"", 左边是有角的动物,下边是尾巴,一般认为是羊,右上为动物的皮,右下为手。可见,这个字包含着剥皮制革的过程。到了战国演变为""" ",笔者认为是剥下来的皮粘到墙上的样子。小篆字体演变为"",和现在的字形"革",基本没有丢失其文字的原初性——具象特征。汉字学习要从其原初性开始,弄清其基因。发展到形声字造字阶段,出现大量与"革"有关的汉字,如靴、鞋、鞭、靬、靬、鞍、靰、韧、鞔、鞍、鞫、靴、靶、靳、鞘等。在《新华字典》中,以"革"为偏旁的汉字共有98个。可以看出,汉字还具备超强的分类功能,因而汉字习得的过程也是思维对比、类化的过程。汉字习得的过程也是具象思维和比类思维丰富的过程,更是了解原始文化的过程,最终的结果可以达到物我统一。

思维的元素是语言和文字。文字是大脑思维的主要工具,思维操作的过程就是处理语言文字的过程。大脑处理汉字的方式如同处理图像。汉字具

---

[1] 陈运香.萨丕尔-沃尔夫语言相对论对语言文化对比研究的启示[J].西安外国语大学学报,2007,15(1):29.
[2] 陈昌来.应用语言学导论[M].北京:商务印书馆,2007:369-370.

象、抽象于自然实物，形成独特的象化思维。拼音文字与物之间的关系是约定的，所以形成偏向量化的解析性、理性的思维。(如图 2-2-1 和图 2-2-2)

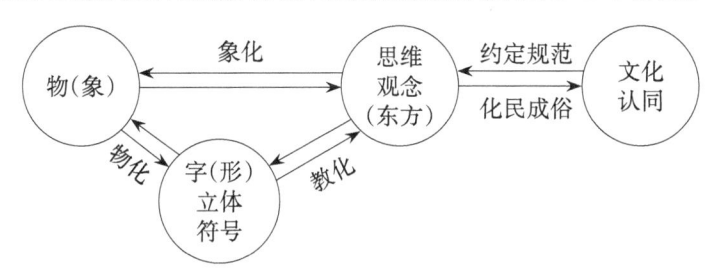

图 2-2-1　汉字思维系统

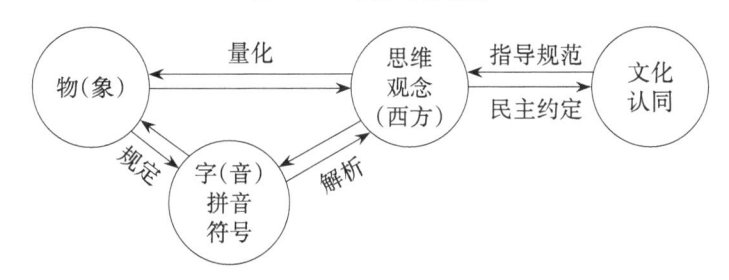

图 2-2-2　拼音文字思维系统

日本心理学家认为，人脑在处理拼音文字时，与处理汉字时所使用的大脑部位不同，汉字具有"左视野优越性"的脑功能。因为左视野传入的信息主要由右脑负责处理，右脑又主要负责储存图像，所以是右脑进行了形象思维的主要活动。这也说明汉字的表意性与人脑的具象思维具有着天然的联系。汉字是基于象形文字的意象文字，反映了中华民族与自然和谐共处的过程中形成的全面系统的思维方式。图像分析是一种带有模糊性的类比分析，这是一个综合比较，并非一种完全量化的分析，不要求在长度、角度等量化上完全吻合。对于大脑对图像特征的归纳和比较，整个处理过程都在潜意识之下完成。在视觉模式上的判断或确认方式，实际上就是具象与比类的思维方式，也有学者称其为"象化思维"方式。(如图 2-2-3)

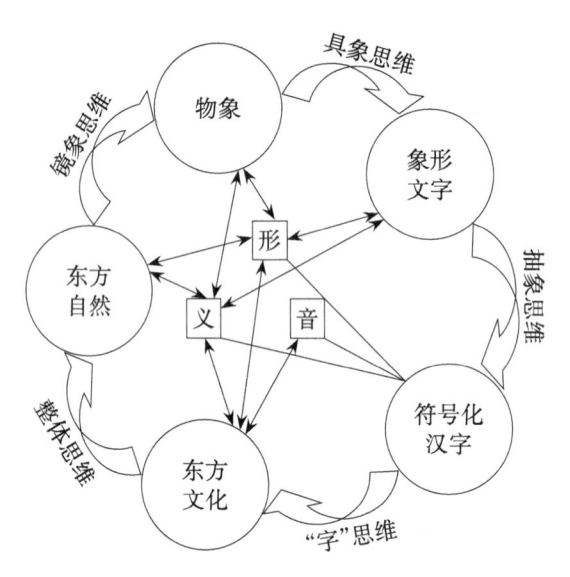

图 2-2-3　汉字象化思维图

汉字有道,以道生象,象生音义,象象并置,万物寓于其间。汉字建立在亚文字图示符号(对世界万物构成的最根本抽象)基础上,与宇宙万物框架图式相对应,是对自然万物的第二次抽象,蕴含着中华民族超象性的思维方式,包含着直觉与理性相统一的思维特质。汉语所形成的独特思维模式深刻地影响着世界每个角落的华人,如茶韵中所包含的尊道尚礼的宽厚品质,药食同源、未病先防、食疗调理的饮食文化,天人合一、道法自然的建筑文化特色等,感染着每一个华人。

这种从取象到推论结果的思维方式不是靠普通逻辑规则建立起来的,是根据因果联系建立起来的。这种推论的思维方法,具有感悟性和直观性,是这种思维方式的玄妙之处。在日常生活中,象化思维表现在含蓄和委婉地表达自己的思想以及对客观事理进行委婉的阐释上。从古到今,"汉字"作为中华民族的思维工具,启迪了中华先民的"民智",赋予了中华民族独特的情感世界,使民智早开,令中华文明一脉相承直至现代。从汉字中折射出来的中华民族的象化思维,构筑了整个中华民族的思维系统。世界上其他任何一种语言都不具备汉语这样强大的文化魅力。

汉字作为开慧的工具,已经被世界学术界广泛接受。科学研究结果证明,汉字能够激活人大脑前额皮层两半脑球的布罗卡氏区(如图2-2-4),而大脑前额皮层是开慧的沃土。在识别拼音文字的过程中,主要激活大脑皮层的后侧两半脑球,叫威尔尼克区,它对先天慧性开发作用并不大。

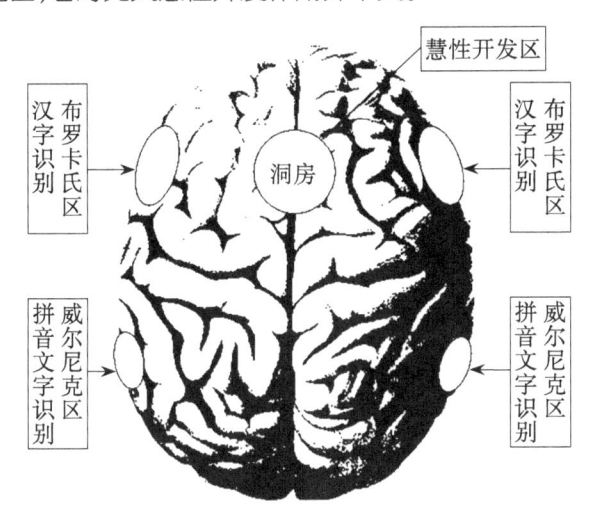

图 2-2-4 脑思维区

这就不难解释《羊城晚报·新闻周刊》曾经报道过的一件事。费城的心理学家尝试用汉字治疗一位名叫米尼的失忆症患者,用汉字在英语语句的下面作标注,让米尼进行对比指读与认读,而米尼能顺利读出上面英语的句子来。心理学家发现单纯看英语拼音,失忆的米尼不能辨读,但是配备了中文的字形图像后,就能辨读。近年来,世界各地老年痴呆症和失忆症现象越来越普遍,但是西方国家的发病率远远高于中国。很多学者已经开始对汉字与大脑记忆功能进行更加深入的研究。所以,这从一定程度上可以说明汉字是符合人的大脑记忆和生理反应客观程序的。

三、汉字产生和发展过程中所凝结的原始思维

1995年,著名画家石虎先生的《论字思维》一文,指出汉字是与宇宙万物相对应的框架图式,具有相对填充性。汉字有道,以道生象,象生音义,象象并置,万物寓于其间。这就是"字思维"的全部含义。他还提出了"亚文字图式"的构成法则,以及"中国人的字信仰问题""汉字有道问题""汉字的两象思维问题"等,为思考汉字所表征的思维意义提供了更为广泛的启示。

孟泽于2003年在其《论汉字所表征的思维方式及其"诗性智慧"——兼论汉语的现代转型》一文中提出了汉字所表征的思维方式或形态,至少包括三个层面:不离具象的直觉思维,内含隐喻的比类思维,解构的自反思维[①]。他指出"逻各斯中心主义"在现代西方文明中逐渐凸显的一元强势、符号中心、工具理性,即使谈不上文明的自毁倾向,也难免有令人窒息之感,而汉字显示了一种不一致的陌生情调与气质(何况它真的证明了一个"另类"的体系与空间的存在),可以激发需要、想象和创造力。贾爱媛的《汉字的构形表意与远古人类思维模式》一文从人类学的角度对中华先民的思维模式和汉字造法作了探讨,提出汉字源于文明的开端,在象形、指事、会意字中保存了原始初民的思维模式。汉字的产生、发展和演变影响了中华民族的思维发展。

现代汉语对汉字的梳理、对语法关系的分析日趋严密,隐含了思维方式的理性化与逻辑化趋势,意味着汉语文化正向更清晰的境界迈进。

思维模式是由多个不同要素和方面的思维活动所构成的复杂系统。由于东西方自然、地理、人文和社会实践等诸多方面的不同,主体把握客体、主体通向客体的思维结构就会不同。而思维方式一旦形成,对它所处的时代就会有一定的代表性和普适性,为所处时代的大多数人持有并应用。这种形成于特定时代的稳定的思维方式,在人们的思维活动中会自觉或不自觉地起作用,从而潜移默化地支配着人们的价值取向和行为方式。从东西方语言文字的演进来看,汉字经历几千年的演变,从象形文字、甲骨文、金文、篆文、隶书、楷书,经历了古汉字和今汉字两个字体阶段,契刻、书写和印刷三种字体形式(如图2-2-5),但是意象特征和文化基因从未改变。

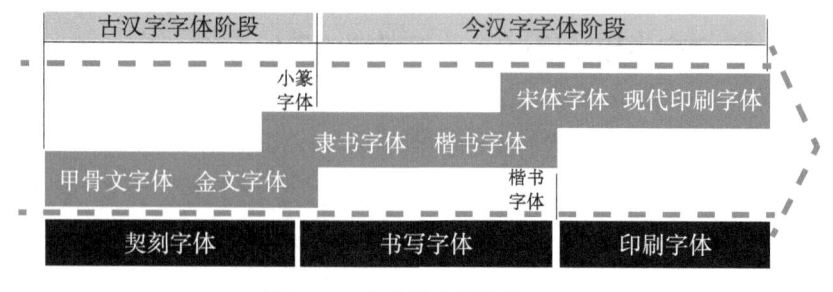

图2-2-5 汉字演变发展图

[①] 孟泽.论汉字所表征的思维方式及其"诗性智慧":兼论汉语的现代转型[J].诗探索,2003(1-2):32-44.

石虎近年来提出"字思维"的说法,认为汉字是一个广阔的认知世界,其思维图式博大精深。每一个汉字都具有与万象合一的超象性质。汉字不听命于语法,可以自由并置成词,是其他任何拼音文字所不能匹敌的。汉字字象的思维意义是绝对的。但是,汉字所表征的思维方式,绝不止于"字象的思维"。

(一)具象思维

"象"就是"观物取象,立象尽意"。客观自然物象是原始先民认知的起点。先民造字时,首先要对事物进行象形描绘。从自然物到文字,这一具象、抽象的思维创造,就是"仰则观象于天,俯则观法于地,观鸟兽之文与地之宜,近取诸身,远取诸物"。汉字在从源生到次生的各个层级中,经历了对自然物象形描述、抽象立意的过程,最终以音、形、义组合的方式形成汉字,故可以"通神明之德,类万物之情"。

孔子曰:"圣人立象以尽意,设卦以尽情伪,系辞焉以尽其言。"[①]在"观物取象,立象尽意"的过程里,原始先民完成了从具象到抽象再到意象的思维转换。王作新称之为"源于物象,介以法象,成于意象"。比如甲骨文的"人"字,字形为"𠆢",是一个躬身侧立的人的形象。这种具象抽象的思维转化,形成了东方文化中独具特色的具象思维方式,通过对具象事物特征的抽象加工而成概念,重实践的直观、形象和人的真实感悟。不同于西方拼音文字思维,他们通常通过探究事物内在微观本质来获得事物规律。

饶宗颐说:"汉字源于图画,始终一脉相承,没有间断;文字主要是表意,辅以声符表音,尽管后来字形有繁简多样化的演变,仅是形貌上的小差异,本质毫无改易,绝对不是质变。"[②]故汉字具有"象"的开放性和"意"的无限性,具象思维因此而来。石虎在其《论字思维》中说:"汉字乃是与万物相平行之实体,且与人心性存在相平行,字象与心同在,与天地万物同在。"汉字来自自然,倾注了人性,包含完整的人心物性特征。汉字通过人的直觉和想象穷"象"立"言",所以《周易·

---

① 小易.中华经典研读之《易经·系辞》八十[J].科技智囊,2012(8):71.
② 饶宗颐.符号·初文与字母:汉字树[M].北京:商务印书馆,1998:361.

系辞·上》讲"古者包牺氏之王天下也,仰则观象于天,俯则观法于地,观鸟兽之文,与地之宜,近取诸身,远取诸物,于是始作八卦,以通神明之德,以类万物之情。"①

汉字是意象文字,不同于西方拼音文字的音符性质。这种"形意"通过具象可以直接把概念与其事物联系到一起。而拼音文字则是通过规定或约定赋予事物以概念,很少与事物的特征和性质联系到一起。所以,文字习得的过程中会产生东西方思维差异。具象思维过程中左右脑达到很高的协调,而拼音文字习得时主要靠的是记忆,是左脑偏向,单词基本没有"物象"特征。

汉字"形意"的构词特征对应的是汉字所表征的直觉思维,一般带有感性状态、意象状态,其含义更多诉诸个人的情感与体验。因为汉字从诞生时就由"近取诸身"的人体、动植物名词扩展到"远取诸物"的矿产、天体、宇宙等领域,从名物到反映事物关系,再到动词、形容词、副词的产生过程,无不表现着物化的特征和中华先民的心灵注入。汉字具象的特征反映在思维上就是直觉。因而在某种意义上讲,保持汉字原型的古汉字确实不是一种"易简"的平民化的文字,它需要学习者的情感投入和深度思维。汉字习得(特别是古汉字和繁体字)的困难,不仅仅表现在书写上的困难,更重要的是需要学习者心性、思维的双重倾注。汉字具有强大的生命力,一直处在不断地生长之中,事实上汉字的形构与发展多是在历史状态中完成,在深厚的文化积淀中丰厚起来的,正如陈寅恪曾说过,一个字就是一部文化史。汉字的叙事能力发达,有较强的时间连续性和因果从属性。相对于拼音文字,汉字具有独特的优势。

(二)比类思维

从哲学角度讲,西方思维倾向于求真,而东方思维则倾向于求善。注重事物之间的类属关系,是东方传统思维的重要特点。事实上,几千年之前"事以得比而有其类"的先民传统思维已帮我们找到一种非常简明的事物分类方式。如植物有木字旁的、草字头的、竹字头的,动物有月字旁的、反犬旁的、鸟字旁的等等,

---

① 参阅许慎《说文解字序》。

都一目了然。例如,《说文解字·马部》收录的115个与马有关的汉字,清晰地标明了马的年龄、高矮、体态、毛色等特征,类别详细。而西方的动植物学家们对于新发现的物种,是按照自己的认知,使用叙述性的拉丁文来命名,所以命名方式不仅繁杂,且造成了很多混淆。再如中国的亲戚关系名称,祖辈的亲戚称谓、父辈亲戚称谓、同辈之间称谓都是非常明晰和清楚的。但是英文并不关注这些,"aunt"和"uncle"就可以指代很多人,如叔叔、伯伯、堂叔、堂伯、表叔、表伯、姨妈、姑妈、表姨、表姑等等,具体谁是谁,他们并不关心。中国汉字的这种分类方式,其依据不是科学,而是系统思想。李约瑟曾经提出,西方人的头脑问的是,它本质上是什么;而中国人的头脑则问,它在其开始、活动和终结的各阶段与其他事物的关系是怎样的,我们应该怎样对它做出反应。可见,东方式的思维注重的是事物的整体性和各类属之间的联系性,并在整体中寻找联系和区别,以推进人的认知。《周易·系辞·上》里说:"方以类聚,物以群分"。"类"的认识,就是我们区别于西方思维的地方。《说文解字》中对540个部首的归纳,就是"类"的整体意识最清晰的体现。东方思维的整体性特征,表现在汉字里,就是其空间结构秩序,或叫作汉字的部件位序。独体字如象形和会意字,其部件的位序明显体现着中华先民的整体认识特征。比如"东""手"和"本"等字,其空间结构的意义非常明显。再如部件"口",在"问、听、唱"这些汉字里表现的是言语功能,而在"吃、喝、吞"等汉字里则表现的是饮食特性。可见汉字的形构体现的是整体思维特征。

卡西尔在《神话思维》中说,在中国人的思想中,我们也遇到这样的观念:所有质的差别和对立都具有某种空间"对应物",形式不同但却演化得极为精妙和准确。万事万物又是以某种方式分布在各种基本点之中。每一个点都有特殊的颜色、要素、季节、黄道标志,人类身体的一种特定器官,一种特定的基本情绪等等,它们与每个点都有特殊的从属关系;借助于这种与空间中某个确定位置的共同关系,一些最具有异质性的要素似乎也彼此发生接触。一切物种在空间某处都有它们的"家",它们绝对的互相异在性因而被一笔勾销:空间性媒介导致它们之间形成精神媒介,结果是把一切差异构造成一个宏大整体,一种根本性的、神话式的世界轮廓图。①卡西尔的这段话,其实就是说汉字是通过"比类"而达到对世界的整体把握。这种类比推理很长一段时间被西方人视为诡辩术。然而,它的应用却是出于自然与人类形似性的假设,为西方科学所不能解释。孔子曰:"己欲立而立人,己欲达而达人。能近取譬,可谓仁之方也已。"孔子的"仁",也是从包含比类的"取譬"中去处理与现实的关系的。"取譬"就是"推己及人""推己及物",这就是儒家的"人"道。

汉字所存留的原生性质,表征了人类事物的自然还原和自然世界的人类比拟,汉字几经改革,但是始终不脱离其象形会意的内在品质,以其独特的基因避免了走向符号化和拼音化的道路,以其蕴涵的本真诠释着天地自然的万千气象与无穷奥妙。反观中华文明,探寻原始、反思当初、回归本真的族群思维无不显示着汉字内在的生命力。

(三)自反思维

汉字五笔字型编码法研发者王永民曾经对现代汉字的使用频率做过统计。他以《汉字频度表》为原始材料,分析表里的664个汉字部件后,得到8个使用频率最高的汉字部件,它们依次是"口7.3%,人2.8%,土2.22%,日2.14%,火2.10%,亻2.08%,犬1.85%和木1.73%"。王作新对《说文解字》中的540个部首也做了进一步的统计与分析。他把部首分为取象于人类的、动物类的、植物类的等,其中与人身有关的汉字有"人""夫""子""女""耳""目""口""手"等。统计结果显示,《说文解字》当中的540个部首,取象于人的就有236个。这与其他几类相比明显占优势。其实,在殷商甲骨文所识别的1000多个汉字中,"近取诸身"的汉字就多达20%以上。

"近取诸身,远取诸物"是中华先民的造字方法,也反映了汉字思维里的人本思想。中华先民在创造汉字的实践中,首先以自身为主要的认识对象,然后以自身为中心扩展到周围的万事万物,从反映主观世界扩展到反映客观世界。从殷

---

① 于丹丹.由神话思维研究看原始思维研究的新思路:评恩斯特·卡西尔的《神话思维》[J].文教资料,2008(10):44.

墟出土的人形泥塑(如图2-2-6)可以看出,先民已能把人的形态刻画得栩栩如生。从现实的人到甲骨文的人(如图2-2-7)反映了中华先民的具象思维特征。

图2-2-6　人形泥塑　　图2-2-7　"人"字思维发展

在甲骨文里,"人"的字形就有130个之多。从甲骨文字形到隶书字体,呈现的各种人的姿态,无不反映着人的具象、抽象的特征(如图2-2-8)。与人有关的汉字"大""立""文""女""节""句""尸""休""伐"等,都与人和人的行为相关。恩斯特·卡西尔在其《人论》里提到,原始人完全不顾自身及其周围的植物、动物的领域的区别与界限,他们的生命观是整体联系的,不是解析的。各事物之间的区别与界限并不是彼此孤立的,而是类属于某一整体或系统之中。汉字结构表达中的转类兼顾,在思维认识上显然与原始习惯具有共通性,但是又远不止于此。东方传统思维强调以人为本位的文化精神,在充分肯定主体价值的同时,高度重视人与事物、人与自然和社会的联系和统一。

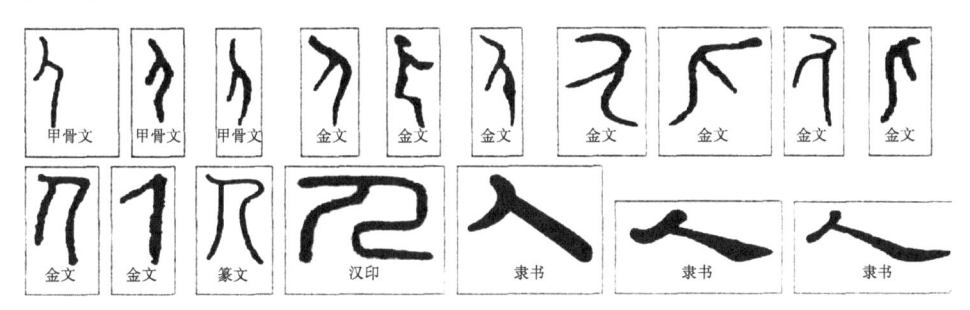

图2-2-8　"人"字的演变

儒家传统教义强调"推己及人""反求诸己",这种"自反"要求,表面上是对君子人格的道德诉求,实际上是一种解构主义的认识论。因为道家学说里的"自反"思维就是对任何绝对主义取向的消解,追求中庸与平衡。这种解构主义就是汉字的生成法则。因为汉字生成过程中也遵循一种朴素的辩证思维,如"正反""进退""前后""得失""阴阳""多寡""雅俗""损益"等。汉字在意义的赋予与衍生中,其"正义"与"反义"、建立与消除之间的双向运动从未停止,从而获得特定文化背景中的相对稳定的自我平衡和生生不息的自我延续。这种"自反"思维表现为责任感与包容精神,表达了自我反省与修正、回归本道的内在愿望。在汉字里,"真""善""美"是现代汉语中使用频率很高的字,"善"与"美"字都是象形会意,是合行为目的的意象标准。而"真"是"本真"的"真",意指人死后"尸化"并"成气"的状态,这正是得道成仙的道家观念,反映了朴素的审美取向和伦理规范。事实上,汉字的认知原本就是与伦理的、审美的乃至宗教巫性的认知相伴随的。"六经之首"的《易经》,是中华民族人文之始,其爻辞中的"无平不陂、无往不复"和卦象、卦名及卦意中的"相倚相待、相生相克"的思维,都在一定程度上体现了汉字生成时的对立统一观念与自反思维的特征。这种思维也渗透到了包括价值理想和概念方法在内的汉语文化整体之中,形成了一种具有"自反"能力的世界观与方法论。正如雅克·德里达在其《论文字学》中提出的,汉语超越了时空与历史制约和逻各斯中心主义的局限。李约瑟也曾感叹:"读一页中国书好比在大热天游泳,给人以舒松之感。因为它使你彻底脱出字母文字的牢笼,而进入一个晶莹明澈的表意文字的天地。"这与《周易·系辞·上》所讲的观点不谋而合:与天地相似,故不违;知周乎万物而道济天下,故不过;旁行而不流,乐天知命,故不忧;安土敦乎仁,故能爱。范围天地之化而不过,曲成万物而不遗,通乎昼夜之道而知,故神无方而《易》无体。

四、汉字思维的特征

思维的种种形式,虽然在实际生活中明确存在,但不能以概念的形式来表现。文字的产生,才使得主体思维的种种形式与它的相应内容紧密联结在一起,也形成并发展了人一般的、普遍的、共同的逻辑思维形式。中华民族的朴素辩证法,普遍被认为是中国哲学发生的逻辑起点。

汉字取象过程中的具象思维和汉字构形过程中的辩证思维，都渗透着古人对客观世界的认知特征与价值取向，在文化发展的过程中形成了独特的思维模式与思维特性。汉字的具象特征反映了中华先民的直觉思维。汉字在从"独体到合体"、从"象形到形声"的演变过程中又丰富了中华民族的直觉思维。汉字中所包含的辩证思维模式，既反映出客观事物本身存在"一体两元"的辨证关系和词义本身逆向发展的内在规律，也反映出中华先民对于自然界万物对立统一规律的深刻认知。如《老子·四章》中讲"有无相生、难易相成、长短相形、高下相倾"，体现了中华传统文化哲学中相映生辉的辩证思维。从汉字字形结构看，中华民族在处理物我关系时又体现了人的整体思维和自反思维，这种思维坚持天人合一、物我统一，以及人与自然和谐共生的信条。

从思维体系来看，使用拼音文字的西方人更倾向于"量化"的思维方式，在方法上多采用实证的手段，注重从实验中获得数据，然后把数据反馈到理论中去比较，最后把比较的结果应用到理论修正中，在思维上呈现抽象、理性和局部的特性。而东方象化思维的核心就是阴阳与五行原理，例如"阳"的概念包括所有阳性的动植物和一切属阳的事物，完全不同于西方量化思维中的"量化概念"。汉字的象化思维是通过观察自然界特征而总结出来，其性质是通过观察进而取象、抽象的结果，如阴阳之间的平衡可以从昼夜的变化中找到相关答案，火水相克的性质从火与水的关系中获得了解。但是，这些都是不能用实证的方法来重复验证的，中华先民都是从"相生相克""人与自然的和谐"中找到平衡，思维上呈现具象、感性和整体性特征，所以在价值取向上坚持中庸的人生哲学。

1982年5月，英国著名的心理学家查德林博士在 *Nature* 上发表文章，认为是汉字习得造就了中华民族的聪慧与文明。他曾做了一项实验，对英国、法国、德国、美国、日本五国儿童的智商进行测试，结果显示欧美四国的儿童智商平均为100，但是日本儿童的平均智商则为111，而原因出人意料，因为日本儿童普遍学习了汉字。在日本语文教学中，实行了片假名和汉字交叉教学的方式，很大程度上改善了日本儿童的智商。日本一位叫石井勋的教授曾经这样讲："日本的孩子小时候如果不学汉字，他的智商也就和欧美的儿童一样，只能达到100。"由于人的左脑管逻辑、右脑管图文(如图2-2-9),而汉字既是语言符号,又在一定程度上具象(图像特征),因此汉字刺激了大脑两半球同时开发。

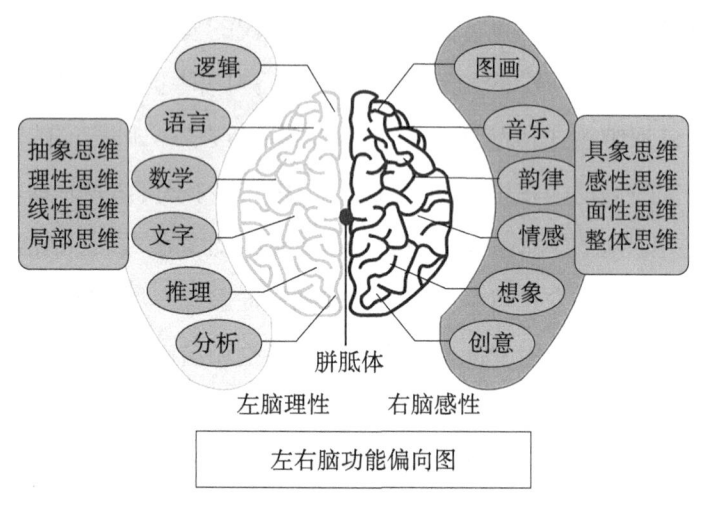

左右脑功能偏向图

图2-2-9

不同的人的大脑容量相差不是很大,但是大脑仅仅是智力的物质基础,真正决定智力高低的则是大脑网络结构搭建的充分程度。大脑皮层的褶皱越多,脑细胞的网络连接也就越多,人也就越聪明。科学家们曾经对爱因斯坦的大脑作过切片观察,发现其大脑神经胶质细胞轴突及神经鞘超群,比普通人竟然多出了73%,这正是"天才脑"聪明的真正原因。

汉字的习得过程之所以能够促使人的智力快速发育,跟汉字的内在结构密切相关。罗杰·斯佩里通过对"割裂脑"的研究提出大脑"双势理论"学说,认为左脑的主要功能包括语言、逻辑推理、抽象思维等,右脑的主要功能包括形象思维、艺术、创造性活动等。神经心理学和神经语言学研究表明,拼音文字是偏向大脑左半球的"单脑文字",而汉字则是左右两半球并用的"复脑文字",它对大脑左右半球都要产生认知作用。[1]

当儿童学习汉字的时候,汉字本身的图像性质与象化意义吸引着儿童的注意力。汉字学习过程中刺激了多种感官,促进脑细胞树突分枝、轴突伸长并生成许多突触小体,细胞间形成精密的网络,刺激越多,网络越密,人就越聪明。同

---

[1] 郭可教.汉字必将走向全世界:汉字的科学性、智能性和国际性[J].汉字文化,2006(3):9-10.

时,汉字的演变过程符合儿童心智发展逻辑,汉字富于联想、启发思考,而且易懂易记。汉字有自身的源生规律,可以通过判断推理,找出字音并联想出字义,引发儿童开动脑筋,活跃思维,从而使儿童变得聪慧。荣获诺贝尔生理学或医学奖的斯佩里也认为,在一般情况下,人脑胼胝体的活动是将两侧半球的意识功能联结为一个单一的统一体的过程。[1]胼胝体的活动就成了意识事件的重要部分。当大脑两半球被分离时,意识经验也就随之被分离,最终结果就是形成了两个具有独立意识的领域。大脑左右侧各有专属的功能和偏向优势,右半球在图像、空间、音乐识别和情感表达方面要优于左半球。但是在通常情况下,大脑两半球在各自功能方面,既有其各自的独立性,又有彼此间的互补性。也就是说,大脑两半球密切配合并且协调工作,而不是单独工作。大脑两半球的意识活动处于永久的相互影响与作用之中。两半球协调地工作,不仅可以超越左、右脑意识之和,而且对于思想和行为具有直接的超越性。

第三节 "书同文"与"大一统"的形构

一、书同文的历史背景

公元前221年,秦朝在政治上的统一基本完成,但是思想、文化上的统一尚未完成。在未统一文化之前,因为长期的争战,导致文字的形体相当混乱,不利于统一。为了应对这种状况,秦始皇所使用的政策便是"书同文",其中"同"是"统一"的意思。统一的书面文字为疆域内不同区域之间的文化交流提供便利,促进不同地域思想文化的深度互动和融合,久而久之,不同区域、民族之间便建立起同一文化的自觉认同,为中华文化的多元一体奠定基础。[2]在经济上,秦始

---

[1] 李蔚,祖晶.大脑两半球功能的传统观念与斯佩里观点[J].中国教育学刊,1999(1):18.
[2] 汤洪,张以品.从"书同文"到"语同音":语言文字规范统一与文化认同[J].社会科学研究,2022(6):192.

皇废除六国货币，用黄金做上币，圆形方孔的铜钱做下币，实行重农抑商的政策。在土地制度上，废除井田制，采用按亩纳税，并承认土地私有制。这就是"书同文"政策所产生的大环境，以下主要对先秦文字的发展状况进行详细阐述。

（一）先秦文字的发展背景

从整个秦国历史来看，秦的祖先是秦非子，是商朝名将恶来的后人。当时，秦为西周的附属国，常常遭受外敌入侵。在平王东迁时，秦襄公为其保驾护航，从而被封为诸侯，还被赐予大片的土地，从而成国。由于秦国跟周朝有千丝万缕的联系，且多继承周文化，其文字也多受周朝影响。出土文物"不其簋"上的文字也证明了这点。一直到春秋、战国时期，秦朝采用商鞅变法，国家军事、文化、经济迅猛发展，最后一统天下形成了自己独特的文化体系。但文化的形成不是一蹴而就的，它必须经历多样的发展。周朝时期、春秋时期、战国前期、战国中期、战国后期以及统一后的秦王朝的文字都各有特点。

从目前出土的秦朝文物来看，文字主要出土地为秦始皇陵遗址、秦朝兵马俑和秦朝都城，以及其他一些墓葬。目前国内出土了秦朝的钟鼎文、木牍、陶符、刻石文字以及货币文字。从这些出土的考古资料来看，战国时期的秦文字有正体、俗体之分，正体字以刻石文字和钟鼎文为代表，俗体字以青川木牍为代表。秦国的俗体比较侧重于用方折、平直的笔法改造正体，其字形一般跟正体有明显的联系。战国时期秦国文字的正体后来演变为篆书，俗体始终没有打乱正体的系统。战国时期秦国的俗体字采用方正的结构，其笔画也比正体少，更适合在民间流传，逐渐演变成隶书。正体笔画较多，是官方的主要书写字体，后来逐渐演变为小篆。秦灭六国之后，丞相李斯等对文字进行改进，小篆得以形成。

"不其簋"为出土的秦国器物之一，反映的是西周时期的秦国文字，1980年被发现于滕州市后荆沟村西周墓穴中，整体椭圆，带盖，其高约为23厘米，大概8公斤重，厚度约为1厘米，深度约为13厘米（见图2-3-1）。[①]"不其簋"上的铭文反映

[①] 图片来源：滕州市博物馆。

了西周晚期猃狁与周人之间的战争。铭文大意为秦公破蛮夷的战争,即来自西北的猃狁进犯周朝边境,王命虢季子白率军御敌于高陵并战胜敌军。

图 2-3-1 "不其簋"图片

从文字上来看,"不其簋"铭文中重复互见的字有29个:伯、氏、曰、我、命(令)、不、其、獗、狁、于、余、追、伐、汝、西、以、多、折、首、执、讯、戎、大、车、田、从、休、用、永。其中写法相同的有23个,不同的有6个。写法不同的字分别是:我、命(令)、獗、执、戎、禽[1]。其中文字写法未被统一,不难看出先秦的文字还没有完全的统一。在不其簋中,飘和牵的写法都不尽相同;"戎"字,文中共有3个,2个相同,1个不同。由此看来,这一时期的文字的书写,使用还不是很规范。这一现象,在同期或更早一些的铭文中也是存在的。不难看出,不其簋铭文还属大篆的范畴,字形上还没有小篆的影子[2]。

"秦公镈"约为春秋中期的文物,通高约75厘米,镈身高约53厘米,重62.5千克左右。文物被发现于宝鸡市太公庙村,现藏于宝鸡市青铜器博物院。在古代,镈是一种敲击类乐器。镈上刻有铭文,其内容为"秦公曰:'我先祖受天命,赏宅受国,烈烈文公、静公、宪公不坠于上,邵合皇天,以就事蛮方。'公及王姬曰:'余小子,余夙夕虔敬朕祀,以受多福,克明厥心,盭和胤士,咸畜左右,夊允义,翼受明德。以康奠协朕国,盗百蛰,具即其服,乍厥龢钟音鈌鈌,以皇公,以受大福,屯鲁多,大寿万年。'秦公在位,受大命,眉寿无疆,匍有四方其康宝。"大意是说襄公受皇命被授以国家,襄公励精图治,发奋图强,巩固国家。图 2-3-2为部分"秦公镈"铭文图片。

---
① 许曼.小篆生成及其对汉字改革研究[D].曲阜师范大学,2007:9-10.
② 许曼.小篆生成及其对汉字改革研究[D].曲阜师范大学,2007:10.

图 2-3-2 "秦公镈"铭文图片

观"秦公镈"部分铭文,不难发现其相比于西周金文,字更加整齐、周正,虽然字形仍未摆脱西周金文的影响,但也表明秦国文化已然进步不少。

"石鼓文"又称"猎碣",是先秦时期的刻石文字,唐代在天兴县发现10个石鼓,高三尺,径二尺。每个石鼓上都刻有一首四言诗,共十首。文字内容描述的是秦王出猎的场面。图2-3-3是部分石鼓文图片[①]。

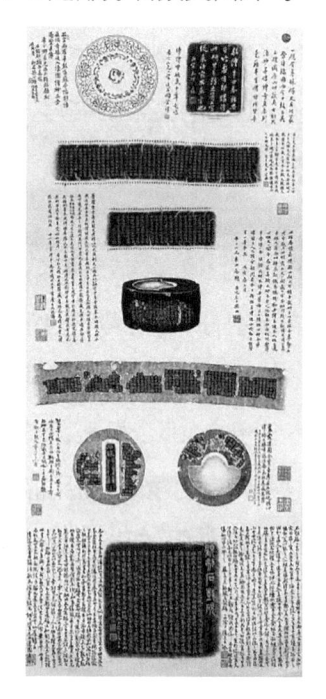

图 2-3-3 部分石鼓文图片

---

① 图片来源:天津博物馆藏明代顾从义石鼓文砚拓片。

由上图可以看出,石鼓文笔力雄厚,字形整体结构偏向方形,大气整洁,字与字之间的距离把控得当,有一种雄浑的美感。石鼓文与秦公镈铭文中互见的大都是一些基础性的文字,如:以、之、子、又、各、多、事、是、天、不、公、受等等。这些字的写法除了风格上有些差异之外,字体大都相同,说明它们的制作年代相差不是很远[①]。其字形相比,石鼓文又比秦公镈铭文字形整洁,笔画线条也更加明朗,既吸收了大篆的精华,又开启了小篆的先河。石鼓文被历代书法家视若学习篆书的重要参考,有着"书家第一法则"的美名。

秦始皇统一六国后,命丞相李斯等人推进文字统一。这时比较有名的佳作有李斯的《仓颉篇》,太史令胡毋敬的《博学篇》,车府令赵高的《爱历篇》。具有代表性的文物有四个:泰山刻石、峄山刻石、琅琊刻石、会稽刻石。这里主要介绍泰山刻石。泰山刻石完成于公元前200年左右,其前半段主要是叙述秦国的律法,后半段叙述的主要是李斯跟随秦二世的一些事件记录。以下为泰山刻石原文:"皇帝临立,作制明法,臣下修饬。廿有六年,初并天下,罔不宾服。亲巡远黎,登兹泰山,周览东极。从臣思迹,本原事业,祇诵功德。治道运行,诸产得宜,皆有法式。大义休明,垂于后世,顺承勿革。皇帝躬听,既平天下,不懈于治。夙兴夜寐,建设长利,专隆教诲。训经宣达,远近毕理,咸承圣志。贵贱分明,男女体顺,慎遵职事。昭隔内外,靡不清净,施于昆嗣。化及无穷,遵奉遗诏,永承重戒。"图2-3-4为泰山刻石部分内容[②]。

图2-3-4 泰山刻石部分内容

---

① 许曼.小篆生成及其对汉字改革研究[D].曲阜师范大学,2007:15.
② 图片来源:泰山刻石五十三字本,现藏日本三井文库。

泰山刻石上的文字庄严凝重,法度严谨。这时期出土的文字与秦以往的文字截然不同,书写格式更加规范。泰山刻石虽保留了某些象形特点,但线条简洁,比以往的文字笔画有显著减少。文字空间分布有序,避免了以往文字分布过乱的情况。

秦朝文字的变化有以下原因。一是大一统的现实情况迫切要求文字改革,秦王将疆土层层分封,文字不统一必然导致行政上的效率减缓。二是历史的发展必然导致文字形态的改变。秦国文字始于周朝,受到金文影响,但金文笔画繁多不利于交流,民间的俗体字对官方文字做出了一些改变,经过较长时间的发展,这些文字也统一了。这种统一不仅为中国文化奠定了发展基础,也让今天的我们可以通过字源去了解古代中国文化。

(二)六书构字方式与原始思维

一般而言,造字有象形、指事、会意、转注、假借、形声六种方法,合称为"六书"。六书是高度体系化的造字方法,相比于原始记录信息等形式,六书的开创让文字都有迹可循。相比于结绳记事,六书造字法更容易保存。不同的造字方法,体现了古人的不同思维模式。例如空间上的差别,"上"字,甲骨文字形是"⸺"(J00024),金文字形是"ᝣ"(B00109),《说文解字》里字形是"辶"(S00008),《六书通》里字形是"⊥"(L17519)。"下"字,甲骨文字形是"⸺"(J00145),金文字形是"⸺"(B00153),《说文解字》里字形是"下"(S00016),《六书通》里字形是"丌"(L17117)。"下"的字形与上基本一致,两者的区别是线条朝向不同。从"上"和"下"两字可以看出,古人在造字的思维上往往是趋于简化的。《说文解字》中记载的"黄帝之史仓颉,见鸟兽蹄迒之迹,知分理之可相别异也,初造书契,百工以乂,万品以察"也证明了古人造字时的思维依据的是外物的形状。另外,古人的思维也可以把抽象的、观念性的内容转化为可感知的形象,如"乐"字,甲骨文字形是"丫"(J14187),金文字形是"丫"(B08713),《说文解字》里字形是"樂"(S04326),《六书通》里字形是"樂"(L27134),繁体字为"樂"。从字形上看,"乐"字像一个人拿着器具在跳舞,形容心中之喜悦。这也说明了古人造字不单单局限于对外部客观事物的刻画,也描绘了一些象征性的事物。这些造字的思维,都或多或少地渗入六书构字法中。以下详细谈谈六书构字法。

象形字属于"独体造字法",是利用文字的笔画、线条等达到对外界事物的临摹,是一种历史较为悠久的文字,也可以说是从图画文字逐渐发展而来的。象形造字法在中国汉字中占有相当大的比重,正如鲁迅所说,"象形文字是中国文字的基石"。许慎的《说文解字》中也说"象形者,画成其物,随体诘诎,日月是也"。象形字存在三种构形方式。一是全体象形,即通过整个字符来再现实物,形体不能够再切分。字形主要描绘事物的轮廓,或者点染其特征部位,构形的线条不容增减。由于造字者在创造全体象形时的视角不同,或者取象于实物的正面,或者取象于实物的侧面或反面,因而构形千姿百态。二是半体象形,即以字的部分再现事物的形象,不宜再进行切分。在这一类字中,总有一部件直接描绘事物的形状,而它本身又不能够独立成字,可以称为象形符号。三是微体象形,即字符中只有一线条象形,其余的形体代表相关的事物,整个字只以微末部分来直接表义。[1]从以上不难得出,象形字虽有不同分类,但追根溯源,它们都有相同的基础,即以形表意。如甲骨文中的"日"与"月"。"月"字在甲骨文中就是将月亮的形状临摹下来,最后再进行弯曲处理,而"日"字则是画了一个圈再往其中加一黑点来代表太阳。但是不同的象形字的取字方式也有些不同,一般有仰视、俯视、侧视、透视等。在仰视的取字方式中,因为古人要观其形,所以得仰头,因此而来的文字有"雷""雨""日"等。俯视构字中,则是古人要低头望形,一般有"鬼"等字,侧视中则有"马"字,透视则有"心"字[2]。象形字作为汉字的基础,增强其教育程度不仅有利于增强学生对我国文化的自信心,同时也有利于提高学生的认知能力。综上所述,象形字作为我国六书之基础,其文字系统对于以后的文字发展来说都有启示作用。

指事字属于"合体造字法"。与象形字不同的是,指事构字法可以用来指代一些比较抽象的事物。它是在象形字的基础上加上一些笔画,从而表达不同的

---

[1] 赵伯义.《说文解字》象形发微[J].河北师范大学学报(哲学社会科学版),2002,25(3):58-60.
[2] 胡优.浅析《说文》中象形字的特点[J].汉字文化,2021(11):6.

意思,如"凶"字,凶一般意指不好的、有危险的、祸多福少的。将"凶"字拆开来看,"凵"代表路上有个巨大的凹陷,"㐅"字代表洞里面埋藏有危险。指事字常用来代表一些较为抽象的东西,但往往能识别,正如许慎所言"指事者,视而可识,察而见意,上下是也"。指事字只需看到就能辨认,观察就能知道其意思,常见字为"一""二""上""下"等。从指事字的结构来看,可分为包含了两类性质截然不同的书写符号:指事记号和指事代号。指事记号用来标记物体特定部位,如"本"字根部的"一",或"刃、亦"中间的点。不管所添笔画多寡,都不过是添加了形外之符。这种人为添加的指事记号,并非事物本身固有的自然形态,而是人们为了强调事物的特定部位或处所而特意添加的指事记号。它们的特征是有所指而无所代。在"本、末、亦、刃"当中,"一"或点仅仅被当成指事记号,依附在一定的形符上,特指事物的某些特定部位。指事代号是在形符上添加指代一定实物的"代号"。如"血"字顶部的"丿"和"甘"字中间的"一",或"凶"之中的"㐅"。这类符号的指称对象为某种具体实在的物,以致使人感到将它们划归"会意"似乎更适宜。在这类指事字中,笔画"一"被当作指事代号,添加在不同的形符上,就可以分别指代"人"或其他任何事物,甚至指代"天、地"。例如在"天、下"中,"一"的指代对象是"天";而"上、且"中的"一",指代对象则是"地";到了"王"当中,中间那一画"一"的指代对象又成了"人";到了汉字"甘"里面,"一"已经变成"甜味",或许是"糖"了[1]。单纯地用象形字会受到诸多阻碍,如文字数量不够多,不能代表较为抽象的含义。指事字的出现有效地补偿了象形字的不足,为渊源流长的中华文化写下了浓重的一笔。

　　会意字属于"合体造字法"。它比象形字和指事字有更强大的造字功能,更能指代一些象征性的事物。《说文解字》中收录的会意字多达1167个。所谓会意字,是指用两个或者两个以上的汉字组成一个新字。东汉的许慎曾说:"会意者,比类合谊,以见指㧑,武信是也。"意思是会意字是由两个以上的字组合而成,会合其意义,来表现该字义所指向的事物,"武""信"两字是其代表。会意字的构字模式比较常见的有同形构字和异形构字。同形构字一般是指两个独字的重复,

① 张泽渡.汉字六书指事构形法[J].贵州大学学报(社会科学版),2009,27(3):78-79.

或者将其摆放位置进行变换从而形成新字。比如"林"字,两个木的结合形容树木数量多;又如"炎",两个火字的结合形容温度高,气温酷热。当然,同形构字不限于两个独字的结合,如"磊""焱""众"等。同形构字不能让构字数目无限延长,因而这一种构字方式受到了很大制约。即使我们不限制构件数目,这类构形模式也面临一个严峻的问题,即利用构件叠加形成的会意字彼此之间意义相关,但是区别度不高。如一个"火"代表火焰,两个"火"构成"炎","炎"的意义与"火"相关,多用于构词。三个"火"的"焱"表示大火。由此可以推测,由四个"火"构成的汉字其意义与前面三个汉字相距不远。这样一味增加构件的新字显然增加了人们的书写、记忆负担。[1]会意字的另一种构字方法异形构字是用几个不同的独字组成一个新的字。如"火"这一构件与其他构件组合,可以衍生出许多意义大不相同的汉字。"家中起火"是"灾","手持灰烬"是"灰","头疼发热"是"烦","以物灭火"是"灭"。"火"在其中充当不同的作用,也保留了其意义的完整性。[2]这些非同形会意字的出现,极大地补偿了同形会意字的不足,让文字数量有了极大的增长空间。

　　形声字属于"合体造字法",是在象形字、指事字、会意字的基础上形成的,也是由多个字组合而成。形声字一般来说都由一个"声符"和一个"义符"组成,"声符"一般有表音作用,"义符"往往是表意作用。许慎说:"形声者,以事为名,取譬相成,江河是也。"意思是形声字依据事物种类命名,并使用相近的字做读音,"江"与"河"两字就是代表。形声字的组合方式多种多样,有左形右声、右形左声,上形下声、下声上形,外形内声、外声内形等。形符表义需要一定的心理基础,人脑所具有的联想机制是形符表义的心理基础。通过人脑的联想,形符字与形声字之间产生了意义联系,如:女,《说文解字》解释,妇人也[3]。所以凡是跟"女"字有联系的字,都可以跟"女人"有关,如"妇""妹""姐""妈"等。同时,形符也具有多义项性质。形符所体现的字义处在一个比较宽泛的语义场中,不同义项便是这个语义场中的若干子场。众多的形声字分属于这些不同的子场。如在

---

[1] 廖静.现代汉字中会意字研究[D].上海交通大学,2017:27.
[2] 廖静.现代汉字中会意字研究[D].上海交通大学,2017:27.
[3] 施正宇.现代形声字形符表义功能分析[J].语言文字应用,1992(4):79-80.

形符"马"这个语义内,分立着马、马的行为、马的性情、役使等子场,共统领了12个形声字。属于马部的还有这样四个形声字:驴、骡、骆、驼[1]。对于声符而言,声旁不能准确地表示读音,只能表示大致上的读音,如"江""海","工"与"每"的读音明显区别于"氵"字的读音。但也有一小部分形声字与声旁读音相同,比如"溪"字。总的来说,形声字在汉字中占比非常大,不同的组合使得汉字数量有了极大的发展。

转注字属于"用字法"。转注字是汉字形体在演变过程中产生的同字异构字群,其特点是字形义(或本义)完全相同,读音相同,形体部分改变或全部改变。在历代文献中,它们总是以个体的面貌出现,人们根本无法看到它们成群结队的群貌[2]。正如许慎所说"转注者,建类一首,同意相受,考老是也。"意思是指转注字有同一个部首,它们之间可以互相解释,就像"考"字和"老"字。考和老字在古时候本来是同一个意思,随着汉字的发展,这两字才有了不同的意思。转注字有这几个条件:(1)有着同一个部首;(2)两字发音相似;(3)成对出现,而不是独字。如《说文解字》:"舟,船也,象形。""船,舟也,从舟,铅省声。"《八下》:"火,毁也。炎而上,象形。""毁,火也,从火,毁声。"《十上》:"至,鸟飞从高下至地也。从一,一犹地也,象形。不上去而至下来也。"《十二上》:"到,至也,从至,刀声。"所以,部首相同而意义不同的两个字就不是转注,因为它不符合"同意相受"的原则,《说文解字》也没有将它们互注[3]。转注字形义相和,两个字代表的是同一个意思,是我国文字创造的瑰宝。

假借字是对以往汉字的一种发展。汉字的源头往往都是描绘外形,而后转到描绘一些抽象的概念。但是有一些事物没有外形且比较抽象,从而就有假借已有的字来表征的方法,这种借用并且形义完全不合的字就称为假借字。假借字有两类。一类是本无其字的假借,许慎在《说文解字》里所说"假借者,本无其字,依声托事,令长是也",就是这一类。比如,"其"字本象箕形,但"其雨""殷其雷""鳏有梅,其实七兮"的"其"就不能作"簸箕"讲,只是同音假借。因为这两个

---

[1] 施正宇.现代形声字形符表义功能分析[J].语言文字应用,1992(4):80.
[2] 钟如雄.转注字研究方法论[J].西南民族大学学报(人文社会科学版),2013(2):209.
[3] 周祖庠.我对"转注字"的理解[J].漳州师范学院学报(哲学社会科学版),2005(1):94-95.

字同音,就借做标音符号①。假借字的另一类是本有其字的假借。本有其字的意思是,在比较常见的文字当中,本来有固定的书写格式,但是在书写当中,不用原来的字而写为另一个意义不同而音同的字。这一类在秦汉之后的古籍中比较多见。例如:《岳阳楼记》"浩浩汤汤,横无际涯",借"汤"为"荡"。假借字的产生主要有三个原因:一是人类智力的进步,二是整个汉字的发展,三是客观自然的经济条件。文字的出现代表了个体对于外界客观事物的一种象征性把控,这需要大脑发育到一定水平才行。象形字是六书之首,但是象形字不能完整地表述其中意义,才会出现假借字,用音的关系去替换意义。假借字的出现能够完整地补充汉语意义,与象形、指事、转注等一起构成了我国的六书。

从六书中我们能看出古人对自然界的认识层次。从象形来说,古时候的人们对自然界是一种直观形象的把控;到了指事,则是在象形的基础上改动一些符号去代表象征性的事物,这个就能看出人们对造字方法的认识较为抽象了。直到后来的转注、假借、形声、会意等,这些造字方式的出现使得文本沟通更加畅通。文字的出现使得思想更容易统一,更有利于文化的保存和思想体系的形成。

二、汉字使用规范与扩散

在远古时,汉字往往没有统一定义,可能随着地区的变换,出现一形多字、一字多义、一字多音的情况。随着时间的流逝,汉字作为最基础的表意性工具,其规范化是必然发生的。汉字规范经历了多个时期,最终才以简体字的形式呈现在我们面前。关于汉字的规范,笔者认为有几个重要时间节点,夏商周、秦汉和新中国成立时期。

夏商周时期的汉字目前出土数量较少,很难进行系统考证,但相传仓颉造字是汉字的开端。仓颉以鸟兽之痕作为原型造字,这种说法有其可考之处。但根据现今出土的甲骨文数量上看,发现甲骨文的120余年来,先后出土甲骨15万片以上②,因此汉字最初不太可能是由一人所造。相比于一人造字,更可能是各个

---

① 刘又辛.谈谈假借字、异体字、古今字和本字[J].西南师范学院学报,1984(2):42.
② 张芳,赵娜.国内甲骨文数据库的比较研究[J].漯河职业技术学院学报,2022,21(2):12.

部落联合造字，南宋学者戴侗便认为汉字是各个民族一起努力的结果。所以在夏商周统一各个部落时，文字的规范便是必然的。在这个时期，掌握文字的依然是达官贵人。文字最广泛的用途便是占卜和祭祀。古人信奉"天"，皇帝自称"天子"。这种对天的崇拜必然导致对命运的预测，文字就变成了必不可少的工具，所以甲骨文又被称为"卜辞"。笔者推测，文字是沟通上天的工具，这种工具必然是一种规范性的东西，需要用文字去衡量一个客观事物来跟上天沟通。另外，从文字的出土证据来看，古人造字最初以象取形，所以文字的形状已经基本固定，如"川"字像水、"丘"字像山、"牛"字像牛、"龟"字像龟、"鱼"字像鱼。从字形特点来看，夏商周时期的文字规范已经成了系统，但并没有刻画所有文字。笔者认为此时期可算作文字规范的初始期。

秦汉时期，文字规范得以迅猛发展。得益于秦朝的"书同文"政策，六国文字被统一为小篆。一开始，秦国文字是继承周朝文字发展而来，后期逐渐摆脱周朝文化影响，转而拥有了自己独特的文化，从石鼓文便能看出后世小篆的影子。秦文字对于之前六国文字的规范化处理体现在以下几个方面。第一，文字笔画的固定。相较于六国的字迹，小篆对一些较为抽象的笔画进行了删改，文字弯曲处有所减少。第二，行文距离的固定。从西周秦公镈上的铭文不难看出，各个文字大小不一，且行文距离不固定，但从泰山刻石来看，秦朝的官文更加正式。第三，偏旁的固定。战国时期的汉字，无论是秦国文字还是六国文字，其字形不定的一个突出表现是偏旁不统一。偏旁不统一又有两种情况：一种是同一字形中的某一偏旁符号往往有多种不同的形体；另一种是同一个偏旁也往往有不同的写法。这种偏旁的多变性自然导致汉字字形的多变性和数量的无益增加，给文字的使用带来额外的负担。而秦朝厘定的小篆，一般每一偏旁只采用一种写法[1]。秦朝对于汉字的规范跟以往有些不同，是一种强硬的政策规范，上升到国家治理的层次。可以说，从秦朝以来汉字的发展正式呈现出质变。汉朝对于文字的重视更甚，根据《史律》记载，"试史学童以十五篇，能风书五千字以上，乃得为史。有以八体试之，郡移其八体课大史。大史诵课，取最一人以为其县令史"。

---

[1] 孙雍长，李建国.秦汉时期的汉字规范[J].广州大学学报：社会科学版，2005，4(6)：35-36.

秦朝的隶书与小篆被东汉统一成更加简便的汉隶,从汉朝马王堆出土的竹简来看,汉朝文字的基本笔画已定形。

新中国成立后,关于汉字规范化有过一次较为重大的辩论,其主题是将汉字简单化还是复杂化。新文化运动时期,为了使中国面貌焕然一新,推崇用白话文来代替文言文,其中就涉及汉字的简化问题,即用新的汉字代替旧的汉字使其书写更加简单化。从目的上来说,这时期的文字改革是为了革除老旧思想之弊。在新中国成立初期,文字的规范处理在于将文字简单化以适应生产力复苏,一方面需要通过教育培养大量人才,另一方面也需要规范文字以进行大规模扫盲。新中国成立初期,文字规范的特点是字义、字音、字形已然完全确定,书写简化,剔除了不必要的笔画,国家规定普通话为中华人民共和国通用语,并编写《新华字典》等,统一文字的使用。

汉字规范的趋势是越来越简化。如今重新讨论汉字规范的意义在于:第一,有利于解决目前汉字使用不规范的现象;第二,文字是一个文化强国的综合国力基础之一,汉字规范化有利于提高我国文化软实力;第三,随着信息时代的到来,网民各种自造词、网络用语泛滥,汉字规范化显得尤为重要。

三、汉字的音训与南北对话

音韵学家将语音分为三个阶段。第一,上古音,其时间段主要为夏商周时期至汉朝,代表作有《诗经》。第二,中古音,其时间段主要是南北朝至唐朝,其代表作品为隋朝的《切韵》。第三,近现代音系。

南北朝是一个音系的转折期,往后几百年南北战乱纷争多,文化交融频繁。施向东的《语言研究》中也认为"南北朝是上古音系向中古音系的转折点"。王力先生在《汉语语言学》中认为"南北朝中有33声母,42个韵部,以及平、上、去、入四个声调"。但南北两朝,语音必然不相同。《折杨柳歌辞五首》证明了这点,"上马不捉鞭,反折杨柳枝。蹀座吹长笛,愁杀行客儿。腹中愁不乐,愿作郎马鞭。出入擐郎臂,蹀座郎膝边。放马两泉泽,忘不著连羁。担鞍逐马走,何见得马骑。遥看孟津河,杨柳郁婆娑。我是虏家儿,不解汉儿歌。健儿须快马,快马须健儿。

跰跋黄尘下,然后别雄雌。"其中的"我是虏家儿,不解汉儿歌"就说明了北方王朝的人听不懂南朝诗歌。但是南北历经几百年的贸易往来,民间活动又是如何沟通的呢？这得归功于北朝的汉化政策。孝文帝自幼熟读百家经义,尤为推行儒家,其即位后有如下几个规定：第一,禁止说鲜卑语,改说汉语；第二,穿汉族人衣服,禁止穿鲜卑衣服；第三,提倡鲜卑与汉族通婚；第四,推广均田制,改革老旧的制度等等。在政策的有力推广下,文化上的融合势在必行。

佛教文化的传播导致很多人由北向南去求学。在译经期间,南北不同文字的碰撞,使得文字也趋于成型。得益于秦朝书同文政策的影响,文字的统一规范,从小篆直到后来的隶属都一脉相承。在汉朝,董仲舒提出的"罢黜百家,独尊儒术"使得儒家经典有了质的飞跃。而孝文帝推崇儒家,得益于文字形体统一,他所接触的经书典籍也多为汉朝流传下来的经典。北朝出土文物《元桢墓志》（见图2-3-5）,其内容为："帝绪昌纪,懋业昭灵,浚源流昆,系玉层城。惟王集庆,托耀曦明,育躬紫禁,秀发兰坰。洋洋雅韵,遥遥渊淳,瞻山凝量,援风烈馨。卷命凤降,未黻早龄,基牧幽栎,终抚魏亭。威整西黔,惠结东氓,旻不锡瑕,景仪坠倾。窒和歇蓓,委樑穷茔,泉宫永晦,深埏长锏,敬勒玄瑶,式播徽名。"观其字形,方正、有力,行文流畅。整体空间排序整齐,已经逐渐摆脱了早期隶书的影响。

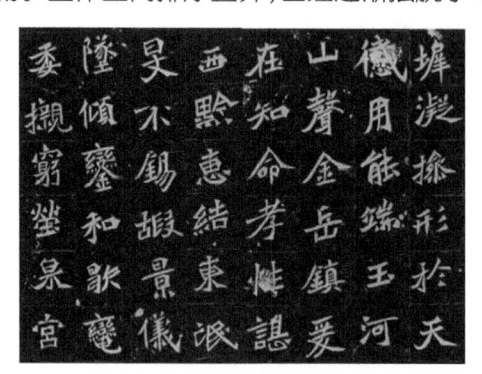

图2-3-5 《元桢墓志》部分内容

南朝文物《爨龙颜碑》与其相比,在文字上几乎是一模一样的。康有为曾评："下笔如昆刀刻玉,但见浑美；布置如精工画人,各有意度。当为隶楷极则。"《爨龙颜碑》共有1200字,有180个左右的汉字为异体字,可分三类：一是通假字;二是俗体字;三是对隶书的沿袭所产生的文字形态改变后的字(部分内容见图2-3-6)。南北朝出土的文物很多,且多以石碑为主,它们的书法特点都是笔画正直,基本继承自汉代隶书,行笔转折处都成直角关系。

虽然因南北特殊的地理特质,各自的文字发音不同,但是字形却大致相仿。

南朝《爨龙颜碑》

图2-3-6 《爨龙颜碑》

汉字是包含了国家文化的结晶。在与南朝文化交融时,北朝可以说是处于一种被教化的地位。而这种教化在一开始就已经显现。

四、科举考试与中华一统

科举是古代通过考试层层选拔官员的政治制度。关于科举的开创时间目前暂无定论,有学者认为科举创建于汉代,持此观点的代表学者为黄炎培。也有一些学者认为始于隋朝,持这种观点的有老一辈学者陈东原、吕思勉等人。也有人认为科举始于唐朝,在唐朝考试时已经有了细致的分科,如:明经、明法、明字、明算等。系统化的科举考试往往有这几类,童生试、乡试、省试、殿试。童生试是参加科考的资格考试。乡试每三年考一次,中试者称为"举人",第一名称"解元",第二名称为"亚元",中榜者有资格参与省试。省试在唐宋称为"省试",明清则称为"会试",由礼部主持。合格者称为"贡士",第一名则称为"会员"。"殿试"是科

067

举中规格最高的考试,第一称为"状元",由武则天所创。下面笔者就以不同朝代为线索,叙述不同时期的科举取才制度。

刘邦推翻秦朝建立汉朝。在思想上,汉武帝推行推恩令,并下达命令"罢黜百家,独尊儒术"。在汉代是以儒家为首的,因此在选举中有个重要概念——"贤良"。汉文帝曾诏,"诸侯王、公卿、郡守举贤良能直言极谏者,上亲策之,傅纳以言"。《汉书·董仲舒传》更是记载"推明孔氏,抑黜百家,立学校之官,州郡举茂才、孝廉,皆自仲舒发之"。"贤良"特指贤良选举制度中的"贤良"举目或与"贤良"举目相对应的被举者。汉代的"举贤良"有三层含义:一是思想,即君臣选用人才的政治与思想取向;二是制度,即以"举贤良"为目的的选官制度;三是人物群体,即在"举贤良"制度下具体选用的人物[1]。从这里可以看出,汉代对于个人品德以及对儒家的"仁义礼智信"的推崇。但这些都是个人特质,很难通过考试将其量化出来,所以汉代并没有系统的科举考试,而是往往靠着诸侯、贵族、地方官的推荐任命人才,这也被叫做"察举制"。察举制是汉代人才征调的重要途径。察举制挑选的是那些平民百姓,下级官吏也可以被选。汉代的选拔科目有两类:常科和特科。常科就是指每年都考的科目,即孝廉科、茂才科、察廉科和光禄科四科。特科指的是皇帝自己临时下旨意录取人才的方式,一般针对以下几类人:贤良方正、孝悌力田、以明经进身者和以明法进身者、博士弟子等。从这就能窥见汉代科举的核心指标。另外,汉代还有别的途径进行选举。一,征召:天子钦点人才的途径;二,任子:官吏的子嗣可以被保;三,捐纳:用钱买官。察举制依靠的是担保人的说辞,在官员任命上人情利益很大,且当时贵族利益本身就不可撼动,因此汉代的选举制度在一定程度上只是一种理想主义。

魏晋南北朝恐怕算得上历史中朝代更迭数量之最,更迭频率之最,战乱频繁之最。如此多的朝代客观上催生了统治者举贤用能的要求。曹魏时期的"九品中正制"把人分为九等,分别是上上、上中、上下、中上、中中、中下、下上、下中、下下。每个郡都设中正一职,中正便是负责人才考核的官职。中正将人才分为以

---

[1] 于凌,李晓燕.从"举贤良"看汉代的选官制度[J].黄河科技大学学报,2008,10(2):53.

上九等,供皇室参考。对于人才的评定标准主要有以下三条:出身、才能、品行。从这就能看出九品中正制与汉朝察举制的联系。第一,评价标准的主观化,察举制往往靠地方官的推荐,九品中正制则是依靠中正,缺少客观衡量标准。第二,从被选举人来看,都是从百姓或者一些基层官员中选取。第三,九品中正制在选用标准上多了"家世"这一条。但是相比于汉代选举,九品中正制度无疑是个进步,它将人才量化分为不同等级,并且在品选(古代的考核指标)上可升可降,用来激励后人。汉与两晋的选举严格来说不算科举,但不管是察举制还是九品中正制度,背后都体现了古代君王求贤若渴的需求。直至隋代,这种需求总算是系统化了。

隋朝平定了南北朝之政治乱象,建立三省六部制,并开创科举制。但科举制并不是一开始就推行的,隋文帝在最初为了巩固自己的统治,在选举上也曾沿用汉代的察举制度以及南北朝的九品中正制。但这些选举制度的缺点仍然存在,无法根本改变贵族对政治的把控,所以被废除。据记载,在开皇十八年,文帝在选举上明确提到"二科举人"。所谓二科,即为秀才科与孝廉科,秀才科主要考方略,孝廉科主要考四书五经。在隋炀帝期间更是提到"十科举人"。据记载,隋炀帝下诏,"爰及一艺可取,亦宜采录,众善必举,与时无弃。文武有职事者,五品以上,宜依令十科举人。有一于此,不必求备。朕当待以不次,随才升擢。"这里提到的十科举人是比较细致的分科:孝悌有闻、德行敦厚、节义可称、操履清洁、强毅正直、执宪不挠、学业优敏、文才秀美、才堪将略、膂力骁壮。这十个科目并非全部要求达成,而是只取一艺。隋文帝晚期废除了科举制,但隋炀帝即位后将其恢复,又增设进士科,与明经一列。

总的来说,隋代科举与前朝相比已经有了相当大的进步。第一,考试的增设比起察举制要客观很多。第二,汉代、南北朝的选举大多是被动的,由官员考核,但隋朝的考试是主动的,可以自由增设。第三,考试有利于打破贵族们对政治的垄断。隋朝的科举制是一个系统化的制度,它是对以往的选举制度的继承与发展。相比于以往的朝代,隋朝的考试、分科制度更容易选举贤能,更少被徇私舞弊所影响。

唐代科举是在隋朝科举制度上延续而来的。整个唐代科举可分为常科和制科。常科科目多样，有秀才、进士、明经、明法、明书、明算等。制科则是用来选特殊人才。常科往往作为科举选官的重要渠道，以下就简要梳理常科不同分科的考试内容。秀才主要考方略，根据《唐六典》记载："其秀才，试方略策五条：文理俱高者为上；文高理平、理高文平者为上中；文理俱平为上下；文理粗通为中上；文劣理滞为不第。"可以看到，秀才的考试主要内容为方略，而考核指标分为文、理，且文、理权重相等，不管是理高文平还是文高理平皆为上中。但秀才考试难度很大，每年录取约为2人，后被废除。进士科算得上其他常科之首。进士科往往考的是时务策，让科考者写下自己对时务的见解。进士科往往每年录取20人左右，是其他常科中最难的。进士及第者往往有"白衣公卿"的美称。明经《新唐书》上有记载：而明经之别，有五经，有三经，有二经，有学究一经，有三礼，有三传，有史科。考试的方法有贴文，有口试。帖文类似现代考试中的填空题，口试就是考官口述给出前半段，考生口述给出后半段。其经文数量众多，有《春秋左传》《尚书》《礼记》《论语》等科目。明书科、明法科、明算科此三科旗鼓相当，明书科选拔文字方面的人才，明法科选拔精通法律的人，明算科是用来选出一些擅长数学运算的人。总的来说，唐代科举制度分科相较于隋朝更加细致，明算、明法的出现可以看出唐代已经开始看重其他学科了。

科举制度到唐代大抵是完善了，往后的宋、元、明、清科举制大多都在沿着唐朝的老路子发展。科举制度的出现给封建王朝带来了极大的便利，这不仅仅体现在对于贵族的压制上，更主要是有利于统一中华民族的思维。在明经科目上，不同朝代都有不同的文化碰撞，但统治者往往喜欢将有利于统治的哲学思想放在首位。儒家在历朝历代都是科举的重点，如宋朝时期，每新建太学，宋朝都会相应发教学课本，其中多为儒学经典。而这种儒家文化将天下寒士聚集了起来，"仁、义、礼、智、信"成为了我们中华民族的精神标杆。

五、"天地对位"与"多元一统"思想形成

"天地对位"的思想和我们熟知的"天地人和"的思想联系紧密,关于"天地人和"的思想表述我们可以在先秦出土文物《逸周书》中看见"天地人"的相关表述,另外在《庄子·外篇·天地》中也提到"天地人和,礼之用,和为贵,王之道,斯之美"。"天地人和"也一直是中国人民的处世观念。先民们认为人生于天,长于地,认为最好的生活状态应该是天、地、人的和谐统一,其中"和"字是表达人的生活状态,也是贯穿中国传统文化的核心概念。"和"字,金文字形是"𠱭"(B01382),《说文解字》里字形是"龢"(S00943),《六书通》里字形是"龢"(L32406),繁体字为"和"。从字形看"和"字像一个人在演奏乐器,所以和的本义指的是音乐的和谐程度。所以"天地人和"也可以表示人在天与地之间的合乎韵律的生存方式。"和"字不仅仅体现在古代人民对于生活的追求,也体现在文化上的求同存异,自古便有"和而不同"的说法。其中《论语·子路》中就有说:"君子和而不同,小人同而不和。"这里的"同"指的是一种相似性,"和"却指的是一种生存状态。这里的君子也可以替换成国家,关于这点中国历史上体现得最成功的便是儒、释、道的三教合一。儒家的思想核心讲究"德治""入世",从个体来讲讲究"仁、义、礼、智、信、恕、忠、孝、悌"。道家思想核心便是"无为而治""避世""道"。佛家的思想核心是"戒、定、慧"。儒释道分别为:治世、治心、治身。这三者在思想主张上说的内容并不一样,但是儒释道的三教合一却真实发生在中国历史上,始于北周,成于隋唐,完善于元宋。但需知佛教并不是中国本土的教派,而是从印度传播过来的。在唐朝时,他国有着专门派遣来唐朝学习的遣唐使,这些国家和唐王朝交换各种不同的器物,而不同文化的碰撞则激起了唐朝科技、文化的活力。这种"和"不仅仅是一种生存状态的探寻,也是一种文化上的求同存异。

正是这种"和"的观念,为现代中国构建了一种"多元一统"的基础,这种基础不是武力上的强占,而是文化上的互相融合,在法国著名汉学家汪德迈看来,这种统一的基础就是被认为是文明源流的文字。根据汪德迈的理解,汉文化圈包括了受到中国文化输入的国家,他认为在这种文化圈中有一种惊人的相似性,这

种相似性是以文字作为基石的,"中国、日本、越南、朝鲜之间语言的差异,民族特性的区别,远较拉丁、盎格鲁—撒克逊和斯拉夫语系各国之间为甚。然而,汉文化诸国之间不同的文化特质都深深嵌刻在一个共同的心态基石之上,从而又使得这些国家之间的近似性远较西方以印欧文明为基础的国家之间的近似性为强。这一共同的心态基石,就是普遍运用于汉文化圈各国的汉字[①]。"汉字承载了我们老祖宗的智慧,同时我们本土思想体系也往往都是用汉字进行刻画的,这让"和"的观念有了一定的基础。另外儒教重视礼仪,而这种"礼"却是将一种宗教化的仪式,广泛地运用到现实生活当中,这就让"多元一统"不仅仅有了观念上的形构,也有了具体行为的统一。"和"字往往又指的是在复杂的生存环境之中达到一种奇妙的平衡。《中国思想的两种理性:占卜与表意》这本书有着汪德迈对于中国思想的考察,他认为中国的文字起源于占卜,并认为这种占卜并不是一种带有神秘色彩的宗教性质的活动,而是一种带有准科学性质的活动。他指出西方的科学性质是在启蒙运动中诞生的,而中国的科学性质却是在不断跟国外交流中形成的。这些都显示出了中国优秀的传统基础:文字与儒家思想。而作为拥有上下5000年历史的中国,是具有海纳百川的基础的。

[①] 汪德迈.新汉文化圈[M].南昌:江西人民出版社,1993:84.

第三章

提升铸牢中华民族共同体意识的字源学习意义

第一节　汉字字源的文化育人功能

一、汉字对于中华民族文化的传承与发展具有重要意义

文化具有传递社会经验,维持社会历史连续性的功能。文化能够熔铸在个人的生命力中,产生培根铸魂的作用;文化是人与人之间、群体与群体之间联系和交往的精神纽带;文化是一个国家生命力、创造力和凝聚力的重要源泉。

(一)汉字束缚中国人思维发展的观点曾经盛行

19世纪末20世纪初,中华民族处于危急存亡之际,诸多有识之士对中国传统文化的扬与弃进行了激烈的争论,其中,汉语言文字就是争论的焦点之一。

首先,汉字作为一种文化体系的主要表达方式,被西方哲人加以不断的批评。以德国人赫尔德为例,他说,中国人为他们那个属少数几种古老象形文字之一的汉语发明了一个由8万个字符组成的庞大体系,并且以6种或6种以上的字体令世界上其他各民族逊色,这是一种在大事上缺乏创造力,而却精于雕虫小技的表现。①在赫尔德看来,中国人的语言是一部道德词典,即一部谈论礼貌和修养的词典。不同的省市有不同的语言,甚至不同阶层的人和种类不同的书籍使用的语言也各有差异。因而人们花费大部分精力刻苦地学习语言,只为了掌握一门工具,而绝不考虑用这种工具做什么。汉语中的一切尽是些千篇一律的雕虫小技,说的内容很多,而用的因素很少。书写一个因素要用许多笔画,描述一件事物需要许多本书,那种一笔一画地书写他们文字的做法是何等的劳而无功②。赫尔德认为汉语的主要内容是道德内容,不具有实用性;汉语在中国各省发音不同,缺乏统一性;汉字笔画繁多,导致书写困难;中国人对汉字笔画过分精雕细琢,这导致中国人缺乏创造性;语言中的道德内容束缚了中国人的思想和精神,所以他们在许多方面一事无成。

其次,当时的不少中国人也认为,拯救中国的道路,在于效仿代表着文明进步的西方文字。蔡元培在日记中写道,秦汉以来,治文字不治语言,文字画一而语言不画一,于是语言与文学离,则识字之人少,无以促思想之进步矣,于是有志之士,为拼音新字,为白话报,为白话经解,思有以沟通之。然百里异言,又劳象译,所谓事倍而功半也。宜于初级学堂立官话一科,则拼音新字可行,而解经译报之属,可通于全国矣。③受西方文字影响,当时的国人没有看到"言殊文同"的优点,而只看到另外一面,认为汉语言文字的"文言相异"导致当时的中国人识字率低下、新知识传播速度缓慢,最终造成了中国各方面落后的局面。其中,蔡元培表达了废弃汉字、造拼音文字的想法。

(二)汉字的文化育人功能日益凸显

至21世纪初,再次出现了关于汉语言文字的讨论。2003年,黄晶从当时社会上盛行的语言运用英文化着手,论述了中国人近一百多年来崇洋媚外的思想问题,并于2009年上半年完成了《中文正在缺失》一文,此文被寄到中央有关部委

---

① 何兆武,柳卸林.中国印象:外国名人论中国文化[M].北京:中国人民大学出版社,2011:137.
② 何兆武,柳卸林.中国印象:外国名人论中国文化[M].北京:中国人民大学出版社,2011:140.
③ 高平叔.蔡元培全集(第一卷)[M].北京:中华书局,1984:149.

并在各有关网站和论坛上被推广,得到了众多人士的赞同与支持。汉语语言的规范使用上升至文化觉醒、文化自信的高度。

在2014年2月24日,习近平在中共中央政治局第十三次集体学习时发表重要讲话,首次提出"文化自信"这一理念。他强调:"要讲清楚中华优秀传统文化的历史渊源、发展脉络、基本走向,讲清楚中华文化的独特创造、价值理念、鲜明特色,增强文化自信和价值观自信。要认真汲取中华优秀传统文化的思想精华和道德精髓,大力弘扬以爱国主义为核心的民族精神和以改革创新为核心的时代精神,深入挖掘和阐发中华优秀传统文化讲仁爱、重民本、守诚信、崇正义、尚和合、求大同的时代价值,使中华优秀传统文化成为涵养社会主义核心价值观的重要源泉。要处理好继承和创造性发展的关系,重点做好创造性转化和创新性发展。"在国家治理的层面上,中华优秀传统文化能够成为涵养社会主义核心价值观的源泉,前提是要讲清楚中华优秀传统文化的历史渊源,并处理好传承和创造性发展的关系。

在义务教育阶段关于传统文化的学习中,语文课程起着重要的作用。《义务教育语文课程标准》(2022版)对语文课程中的中华优秀传统文化的主题与载体做了明确的说明。其中主题包括三个层次:"注重弘扬讲仁爱、重民本、守诚信、崇正义、尚和合、求大同等核心思想理念;弘扬有利于促进社会和谐、鼓励人们向上向善的中华人文精神;弘扬自强不息、敬业乐群、扶危济困、见义勇为、孝老爱亲等中华传统美德。"载体包括四个方面:"主要载体为汉字、书法、成语、格言警句,神话传说、寓言故事、历史故事、民间故事、中华民族团结一家亲的故事,古代诗词、古代散文、古典小说、古代文化常识、传统节日、风俗习惯等。"从标准来看,中华优秀传统文化的具体内容包括三组关系。它们分别是国家与个体的关系,人自身内部的各种关系,人与人之间的关系。标准一共列出了十五种文化载体,汉字本身可以作为文化载体,也是另外十四种载体的书面表现符号。

具体到义务教育的语文课程目标,语言学科核心素养有四个方面,文化自信被放在第一位。从教学对象来看,这满足了学生个体的精神涵养需求;从立国之本来说,这是为了凝聚和振奋国人的精神。但在如何对待传统文化这一点上,如何挖掘优秀的内容,如何挖掘优秀传统文化与革命文化、社会主义先进文化、当代文化生活四者的内在一致性,这是比较难解决又必须解决的问题。从汉语言文字的教学入手,深入思考这个问题有比较大的研究空间和价值。

二、汉字字源对汉字文化育人具有重要的作用

汉字的表意性决定了它同时具有事实与价值的功能。汉字字源中的历史事实和历史经验,具有"述"的特征。"述"的特征使汉字字源的"知识"呈现开放的状态,字源的"知识"内含于具体的情境之中。这样的情境使学习者的经验、汉字情境、汉字形义关系成为具有关联性的有机整体。

(一)汉字字源中的意象图式增强了其表意功能

汉字在汉以前称为"文",甲骨文字形"ᄉ",《殷商文字释丛》:"文即文身之文,象人正立形,胸前之丿、乂……即刻画之文饰也……文训错画,引申之义也。"①以此基本义为基础,引申出诸多意义,如"刺花花纹""文理""自然界或人类社会某些带规律性的现象""礼仪乐制""法令条纹""言辞、文辞""文章"等意义,当然还有以后被称为"字"的意义,《左传·召公元年》:"于文,皿虫为蛊。";杜预注:"文,字也。";《孟子·万章上》:"故说《诗》者,不以文害辞,不以辞害志。"朱熹注:"文,字也。"字在发展的初级阶段,取材于客观的物象,但又不同于物象本身。汉字的创造是人与世界互动之后产生的经验表达。独体的象形字取事物对象具有区别性的局部特征或者对整体进行取象,比如"羊"和"牛"两个字,其甲骨文字形为♈、ฯ(两个字在细节上的区分很鲜明)。合体字的构成则是以个别的"象"为基础,其构成的各部分之间以事物的内在逻辑进行联结。比如"降",甲骨文字形为ᙖ,由表示山形的"阜"和两个行进方向向下的"止"构成,以表示"由高处向低处走"的意思。汉字构形遵循"六书"原理,具象物象以象形为本体,抽象概念则通过指事符号、形声组合及会意系统实现语义编码。其造字机制兼具直观模拟与逻辑推衍,形成以形表意、形义互证的符号体系。《汉语大字典》解释:"'文'与

---

① 朱芳圃.殷周文字释丛[M].北京:中华书局,1962:67.

'字'最初有异,依说文系统,独体为'文',合体为'字',后来'文字'连用,再无区别。"从汉字名称的演变过程中可以看到汉字字形的表意性。

(二)汉字字源形体的物质外壳使其具备了丰富的人文性

汉字因为其体现词义的物质外壳,兼具了丰富的意象图式。丰富的意象图式表达了中华文化中多维的人文性。"汉字是中国通用的唯一交际工具,唯其如此,它是中国文化的脊梁。"[1]汉语言文字在中华民族的人文生态环境中具有举足轻重的作用,它不仅传播文明、传承文化,而且在民族认同、国家统一方面也发挥着不可小觑的作用。汉字形义紧密相关的特点,使不同方言区的人都能认读同一个汉字。这也使得汉字可以自上而下,传承文化、传达国家意志;自下而上,丰富、发展不同时代的文化,表现民间诉求。从承担跨越时空的传播语言的使命来说,汉字跨越的空间是七个方言区。"例如汉语有七大方言区,虽然各方言之间的语音对应关系严密,但是音位系统却截然不同;粤方言、闽方言与普通话之间的差异并不亚于英语与德语之间的差异。以至于国外有的语言学家把粤、闽方言视为独立的语言。"[2]之所以能实现这样大的跨越与汉字以形表义的特点是紧密相关的,因为即使汉字发音有天差地别,汉字字形表现的生活也仍是客观的,是可以被统一认识的。因此汉字经历了产生、发展的历史过程,在这个过程中,其包含的思维学、哲学、心理学、行为学等内容不断影响着一代代人,同时,汉字的包容性也让使用它的人反过来不断丰富它,如此循环往复。

(三)汉字字源的人文性是学生主动参与识字教学的基础

小学生识字教学以国家统编的小学语文教材为基础,设定汉字语音表现形式为普通话,汉字字形为规范汉字。2017年,国家规定的汉字笔画共31个。严格地说,小学生在第一学段(一、二年级)需要熟练地掌握这些汉字笔画,以写出规范汉字,并认识常用汉字1600个左右,其中要求800个左右会写;第二学段(三、四年级)需要累计认识常用汉字2500个左右,其中要求1600个左右会写;第

---

[1] 帕默尔.语言学概论[M].李荣,译.北京:商务印书馆,1983:99.
[2] 李万福.汉文字学新论[M].重庆:重庆出版社,2001:16-17.

三学段（五、六年级）需要累计认识常用汉字3000个左右，其中要求2500个左右会写。在需要学习的汉字中，有一部分规范汉字的形体具备汉字构形的意象图示，比如表示事物名称的名词；有一部分规范汉字的字源形体不显示汉字构形的意象图式；还有一部分规范汉字的意象图示则在汉字演化的过程中消失了。所以，在识字教学活动中，仅有一部分汉字字源可选择用于识字教学。

　　汉字字源的知识形式与规范汉字的知识形式不一样。汉字字源承载更多的事实，规范汉字重在符号的规范性。汉字字源在识字教学中的作用有两种。一是进行汉字形义关系之间的因果逻辑推理，这种推理可以产生模式化、程序化的内容，推理过程清晰。二是以汉字字源设计识字教学课堂中的诗性逻辑，汉字字源的意象图式具有情境性、丰富性、价值性、开放性的特点，一个字源即可产生一个充满自由与想象的人文情境。汉字字源对汉字形义关系的因果逻辑推理体现在形声字的形义解释中。比如"朝""暮"两个字，两个汉字的字义除了字中的"日"和"月"构成的意象图式表示时间外，还包括社会生活对汉字符号形义的约定俗成，即以"朝"表示早上的时间，"暮"表示下午的时间。

　　汉字字源中的诗性逻辑体现在汉字意象图式构筑的情境中，比如"朝""暮"两个字，"朝"的甲骨文字形是🈯，表示东边的太阳还隐藏在远处的山巅草木丛中，西边的晓月还没有落尽，天色微明但还没有大亮。"暮"字，其本字为"莫"，甲骨文字形是🈯，表示太阳下山，阳光隐没进丛林。从这个层次来看，汉字字源既是一幅幅图画，也是一首首诗歌。学习者能在这样的图画和诗歌中拓展视域和思维，展开想象的翅膀，发挥潜能，去体验汉字中的情境，并进行创造与创新。比如"暮"与当代社会表示时间的工具相比，它表示时间的功能并不突出，但这个字的字形"述"了一个场景。需要人们去"意会"它的意思，去领悟它蕴含的诗意。补充"暮"下的意象："暮"中的人物可以是放牛娃；可以是载着放学回家的小朋友的自行车；可以是金色的天空，抑或是阴沉沉的乌云等。古诗中汉字营造的美，更是数不胜数。以汉字字源的诗性逻辑进入识字教学，可以引导学生产生关联性和人文性的思考。

　　现有的字源识字教学研究，重在以汉字字源"述"的丰富性去解释现代规范汉字的形、音、义的规范性，重在逻辑推理方面的功能。汉字字源中意象图式蕴含的诗性逻辑在识字教学和语文教学中的运用未全面展开,汉字字源中的人文性需要在教学中进行适时的转化,我们要将识字教学的过程层次化,从认知汉字字形到领会思想意蕴、体验汉字中的人文性,逐步深化。

第二节　汉字字源运用于小学识字教学的适切性

通性是指那些使人成为社会人的共通的性情和知识,对个体进行通性的培养有利于社会秩序的稳定。义务教育阶段语文课程对学生通性培养的主要目标在于使其具备基本的语言技能,并逐步形成正确的世界观、人生观、价值观,具体说来包括"热爱国家通用语言文字,感受语言文字及作品的独特价值,认识中华文化的丰厚博大,汲取智慧,弘扬社会主义先进文化、革命文化、中华优秀传统文化,建立文化自信"。个性主要指学生与其他个体的相异之处,也指学生在学习以后获得的发展自我的能力。语文课程的目标还包括"认识和书写常用汉字,学会汉语拼音,能说普通话""学会运用多种阅读方法,具有独立阅读能力。感受语言文字的美,感悟作品的思想内涵和艺术价值""积极观察、感知生活,发展联想和想象,激发创造潜能"。在《义务教育语文课程标准》(2022版)将汉字作为文化的载体之一后,汉字对于学生个体位育实现的价值更需要被重视,被研究。规范汉字的学习自然是最基本的要求,规范汉字的另一种形体表现——汉字字源是达至学生个体位育的一种重要载体。

一、汉字因势创新形成的民族性和时代性体现在汉字词义的发展中

索绪尔把符号定义为能指与所指的结合体。能指是指"声音形象",所指是指声音形象所表达的概念。叶姆斯列那将索绪尔所言的"能指"和"所指"称为

"表达平面"和"内容平面",对符号定义中的"能指"与"所指"作了更深入的研究。徐志民将其关系和内容表达为图3-1-1[①]:

表达平面		内容平面	
表达形式 发音器官发出的具体的音 (语音学)	表达实体 某一语言中使用语音材料的方式 (表达单位) (音位学)	内容形式 某一语言中特有的调整与组合思想的方式 (内容单位) (语法学)	内容实体 思想、事物 (语义学)

图3-1-1 表达平面和内容平面的内容和关系

依据叶姆斯列那的观点,表达和内容各有其形式和实体。符号是由内容形式和表达形式构成的单位,所以只有这两部分才是语言学的对象。"表达实体"和"内容实体"是语言学的研究辅助内容。我们在这里不讨论语言学的研究内容,但是由此可以发现,符号的"表达实体"和"内容实体"是符号得以客观存在的必备因素,符号"内容平面"中的"内容实体",也即符号表达的"思想、事物"是符号的重要组成部分。汉字是记录汉语的书写符号[②],作为符号,参考叶姆斯列那的分析方法,汉字的"表达平面"关涉汉字语音和汉字形体;其"内容平面"关涉汉字形体的构造理据和汉字的字义。

汉字语音和汉字形体在一定时期内可以被规范为一致的规定性的内容,作为表现汉字的物质外壳,字音与字形在书面表达中的记录是客观的。汉字的构造理据和汉字的字义则是在历史的发展过程中从具有主观能动性的主体人与客观对象互动的过程中逐渐演变产生的,这些字义反映着每一个时代的汉字表达需求,又兼具历史特点。"词义从来就不是一个单一、封闭的客体,它的生命之源正是民族的思维方式、文化心理结构、社会制度和生活习俗。"[③]汉字的深层动态即汉字字义中蕴含着文化的民族性。从基础层次上看,由于符号担负着一个'替代'的角色,它营造了一个意义世界。这样的意义世界既外在于人类意识生命的物理世界,更内在于人的心理的、精神的世界。人类个体生命所表现的睿智与才

---

① 徐志民.欧美语言学简史[M].上海:复旦大学出版社,2013:190.
② 李运富.汉字学新论[M].北京:北京师范大学出版社,2012:4.
③ 申小龙.语义时代:当代汉语研究的大趋势[J].温州师院学报(哲学社会科学版),1990(3):42.

华,对于客观世界的理解和洞察,经过符号的营造,经由符号的个体化——大众化、客观化——再个体化的途径,将内在于个人意识中的意义世界转化为集体意识中的客观的意义世界,成为集体拥有的精神符号世界。[①]汉字在整体发展上保持物化形体和文化内核的总体不变,又不断以符合新的时代条件要求的形态获得生存与发展。相当一部分汉字实际上具有以"文"化人的功用。在识字教学中我们需要将这种功用发挥出来。

二、字源中的意象和情境为小学生理解汉字词义提供经验支撑

(一)汉字的基本义取自认知意象

汉字表现出来的词义是认知形成的基本概念,意象则是形成汉字基本概念的基础。意象有两种理解,一是由直接印象形成的意象;二是在直接印象的基础上经抽象思维过滤而形成的意象。汉字基本义形成的意象是具体的物和过程,诗歌中的意象是抽象思维形成的概念。此处的意象指具体的物和过程等内容。

汉字造字的意象取自"诸物"和"诸身"。表名物的独体字字形反映的是生活和大自然中的具体事物的形象。这些独体字取象的角度多样,或者是事物的整体(牙齿的齿:🔲);或者是事物的部分(月亮的月:🌙);或者是场景中的典型情境(尿:🚻)。总的来说,在这些字的造字思维中包含了对生活情境的整体关照。"朝"(🌅)字所表达的字义取自天上的日月、地上的草木。"雪"(❄)字描述了天空、雪的状态、雪落下来的动态过程。"光"(💡)字描绘了灯光的形态与人的样子,并点明了"光"给人的生活带来光明的相关性。"走"(🏃)的金文字形用静止的汉字字形表现了运动的走路状态。"步"(👣)字,两只脚间的距离即一步,这是会走路的孩子就能产生的生活情境体验。"焚"(🔥),树林或者野草被燃烧,为"焚烧"之意。"受"(🤲)字左右两边是两只手,强调给和授。"大"(🧍)描绘了人张开双臂与双脚的形体。"利"(🌾)来源于生产生活实践,能将谷物割下的刀子,必定要具备"锋利"这样

---

① 齐效斌.人的自我发展与符号形式的创造[M].北京:中国社会科学出版社,2002:4.

的特征。"灾"(⿱)形象地描述了人类重要生活居所遭遇火焚的情境。

表名物的字多为象形的独体字;表动作的字则多为合体字,由动作的施事主体、施事器官、施事工具、受事、处所等构成;表性状的字则借助名物的状态进行会意或者借动作表性质,借描绘事件发生时的情境突出与之相关的状态、结果等。

部编版小学语文教材开篇学习的字是"天地人、你我他","你我他"是天地之间的人,天地有道,人则参天地之道创设人道,并自主性地改造世界。人道源自天道,人类理性源自社会理性。天道与人道不相离,是一个整体性的存在。所以自然相对的恒久性使得人道的表达具有超越时间和空间限制的特点。汉字的基本义取自被认知的自然意象,大自然的恒久性使这些意象具有"活"的特点。汉字字源为中华民族的祖先所创造,但现在的我们依然可以在现实的生活中看到汉字字源的造字意象和情境。

(二)汉字字源中的典型情境利于学生与教师互动形成基于经验的理解

小学生目前的学制是6年,分为3个学段,第一学段为小学一、二年级,第二学段为小学三、四年级,第三学段为小学五、六年级。第一学段的学生(6岁—7岁),参考皮亚杰的认知发展阶段分类,他们正处于半逻辑思维阶段,他们的认识在很大程度上仍然受到感知形象的影响,处于半表象、半符号的思维阶段。该阶段的学生思维具有具体性、不可逆性、自我中心化、刻板性和片面性等特征。第二和第三学段的学生则处于具体运算阶段。具体运算阶段(7—12岁)具有以下两个显著特点:获得了守恒性,思维具有可逆性。可逆性的出现是获得守恒性的标志,也是具体运算阶段出现的标志。该阶段的学生能反向思考他们见到的变化并进行前后比较,思考这种变化如何发生的。守恒性是指个体能认识到物体固有的属性不随其外在形态的变化而发生改变的特性。虽然由于社会因素以及个人因素的影响,皮亚杰给定的年龄段发展并不会在每个孩子身上都有所体现。同时,思维成熟、练习和经验、社会性经验、具有自我调节作用的平衡过程对个体发展也具有重要影响。但是其认知发展阶段分类对我们的教学仍然具有重要的参考作用。

1.小学第一学段以字源的典型情境形成对事物名称的概念

把人的身体作为取象的对象来"会意",可以将人的行为符号化,作为交流的工具。第一学段的学生处于半表象、半符号的思维阶段,他们通过形象思维将视觉、触觉、听觉、嗅觉和味觉等多种身体器官对世界的认知进行了初步加工,为汉字学习积累了感性材料。

汉字作为一种符号,在主体的人与客体的自然和社会之间营造了一个独特的文化世界。对汉字的认知是从人这一主体出发,用眼睛看世界,用耳朵听声音,用脚丈量大自然,用手创造生活的记录,是对"善""美"的追寻和对思考的表达,是思维发展的凝聚。汉字构形以人本为基础,如姜亮夫所说:"整个汉字的精神,是从人(更确切一点说,是人的身体全部)出发的。一切物质的存在,是从人的眼所见、耳所闻、手所触、鼻所嗅、舌所尝出的(而尤以'见'为重要)。……表高为上视,表低为下视,画一个物也以人所感受的大小轻重为判。牛羊虎以头,人所易知也;龙凤最祥,人所崇敬也。总之,它是从人看事物,从人的官能看事物。"[1]汉字构形从人的社会活动中产生主体意识,又由主体的内在意识出发,按照主体意识的观察角度,依主体的行为取向、价值判断,对自然和社会中的事物进行意义的赋予。下面以用人的身体器官表现人的活动的汉字为例。

目（ ）：睁、看、盯、盹、睹、瞄、睡、相、眉、眼、睫、睑。

耳（ ）：耻、闻、聘、聪、聊、聆、职、聋。

自（ ）：臭、臬、息。

又[2]（ ）：发、友、双、叉、攻、改、败、放、牧、教、打、扔、抄、抚、扛、抓。

足（ ）：跳、跃、跌、踏、踩、蹲、踱、距、蹒、跚、跟、跄、脚、蹰。

止（ ）：步、正、降、陟、止、址。

口（ ）：叨、吃、吵、唱、呕、呛、吞、咽。

这些字以器官施动形式表意。以"目"为例,甲骨文的"目"字是一只眼睛的样子,十分逼真。小篆以后将眼睛竖起来写。"目",《说文解字》:"人眼也,象形。"

---
[1] 姜亮夫.古文字学[M].昆明:云南人民出版社,1999:56.
[2] 静态为" "(手),动态为" "(又)。

在甲骨文献中,本义是"眼睛",也引申表动作,"注目、监视意"。如上文所示,当"目"作为类化标识的偏旁使用后,可与其他独体字构成会意字,如"相":"相,省视也。从目,从木。"意思是用眼睛分析树木的品种和质量,由此产生察看的含义。表示与"目"有关的视觉行为的字,如"睁、看、盯、睹、瞄";表示与"目"有关的视觉状态的字,如"盹、睡";表示与"目"有关的部位和器官的字,如"眉、眼、睫、睑"。

汉字字源具有事物的象形特点,同时具有符号的抽象特点。我们可以发挥形象思维的联想功效,以汉字字源的象形性帮助学生理解汉字的形义关系。

2.小学第二学段以字源培养学生对汉字多义性的认识

小学第二学段的学生的思维能力得到了发展,开始具备守恒性。形象思维在这一阶段得到持续的发展。汉字字源的形象性具有不同的层次,第一层次是字源符号与事物之间的相似性;第二层次是汉字字义丰富起来以后,字义与字义之间的相似性。在第二学段,字源对于识字的重要意义仍然以形象思维的功能为主,它使学生发展更高层次的形象思维,同时通过这种思维理解同一个汉字内部各意义之间的联系和区别。

认知语言学的研究认为,经验在人的认知和语言中具有重要作用。人类的经验源于人与大自然(物理的、生理的)、人与人(社会的、文化的)之间的相互作用,来源于人类自身的感觉动力器官和智力与自然环境的互动(吃、穿、住、行)及人与人之间的交往(社会、政治、经济、宗教等)。[①]客观世界的现实性对语言的形成具有本源作用,但人对客观世界的认知具有认知的中介作用。从客观世界到语言符号是一个认知加工的过程:客观世界——认知加工——概念——语言符号[②]。所以,语言符号具有多义现象。在汉语言中,隐喻和转喻等认知手段使一个汉字由其中心意义发展出其他意义。所以汉字中的一字多义的各个意义之间有着潜在联系。汉字字义的变化和丰富,在形式上有一个发展过程。在形式发

---

① 赵艳芳.认知语言学概论[M].上海:上海外语教育出版社,2000:4.
② 赵艳芳.认知语言学概论[M].上海:上海外语教育出版社,2000:34-35.

展的背后,一字多义本质上是随着社会生活的发展和丰富以及人类认知的发展而发生的变化。梁雨晨、李天贤认为,词汇的一词多义是从意象图式开始,虽然由具象产生,却可以映射到抽象的概念中去,且它本身就是一种抽象结构。基于人类自身的身体体验的意象图式是认识的出发点,由此而产生的基本义项是认识其他扩展义项的基础。……不同概念域之间的相似性是理解同一单词不同义项之间意义联系的概念基础,是词义扩展和延伸最终实现的认知结果[1]。他们还将这些结论总结如下,见图3-1-2。

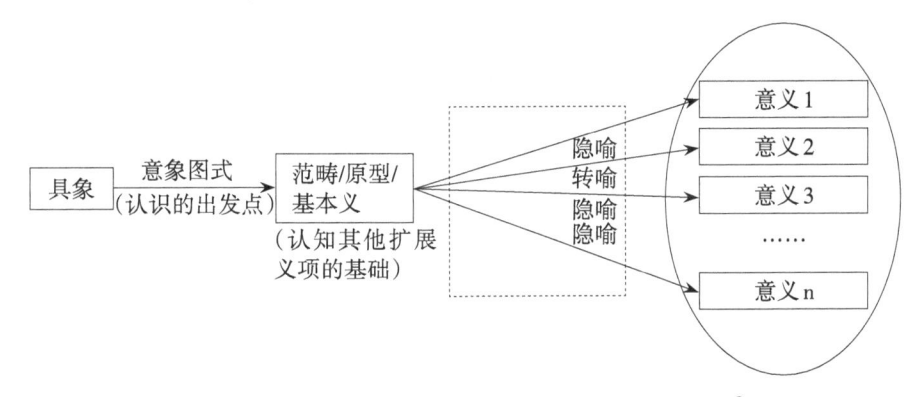

图3-1-2 意象图式、范畴原型、隐喻以及转喻之间的关系[2]

纵向发展多个词义的情况。汉字的中心意义或者基本意义往往是从具体的形象或者情境开始,通过认知手段产生引申意义。比如"降",甲骨文字形是🧱,字的左边是一座土山("阜"),右边是两只方向朝下的脚,表示从高处向低处走的意思。"降"字的基本意义来源于古人从山上往下走,其脚趾朝下的生活经验。基本意义为"从高处往下走。与'陟'相对。"由这一基本意义引申出多个意思,婴孩从母体中出生到地上活动,是一个由高而低的过程,由此,"降"可指诞生,"摄提贞于孟陬兮,惟庚寅吾以降""我劝天公重抖擞,不拘一格降人才",这个意思在现代语言中仍可以组词"降生";由高处向低处运动,组词"降落";用"降"表现职位、价钱、气温等由高向低的变化,是一个抽象的隐喻思维过程,"降"有减低、贬抑的意思,组词"降职""降价";降(xiáng)服,使驯服。现代语言中不再把从山上下来的行

---

[1] 梁雨晨,李天贤.汉语多义词"流"的认知机制[J].现代语文(语言研究版),2015(8):44.
[2] 梁雨晨,李天贤.汉语多义词"流"的认知机制[J].现代语文(语言研究版),2015(8):44.

为动作称为"降",上山也不用"陟",常用"上山""下山"。由"降"的基本意义引申出的上列多个意义在现代语言中仍然常用,是学生的识字学习、阅读活动中常见的意义。

单向词义跨空间发展的情况。汉字基本意义仅引申出一个意义,在空间上以一个意义概括多种事物的特性。比如"碧",《说文解字·玉部》中说"碧,石之青美者"。段玉裁注:"从玉、石者,似玉之石也。碧色青白,故从白。"《山海经·西山经》:"又西百五十里高山,其上多银,其下多青碧、雄黄,其木多棕,其草多竹。"郭璞注:"碧,亦玉类也。""碧,篆文:(王:玉)+(石)+(白:透明),表示透明的玉石。造字本义:青白色的透明玉石。"后来泛指青绿色、青白色。在诗歌和词语中,"碧"常用来形容玉石般的水色、绿色的植物,也会与"玉"字、"石"字搭配,或者描写青色的天空,琉璃瓦中的绿色琉璃瓦。具体诗句例子如下:

水:"天门中断楚江开,碧水东流至此回。"——李白《望天门山》

"江南莲花开,红光覆碧水。"——萧衍《子夜四时歌 夏歌四首》其一

植物:"接天莲叶无穷碧,映日荷花别样红。"——杨万里《晓出净慈寺送林子方》

天空:"孤帆远影碧空尽,唯见长江天际流。"——李白《黄鹤楼送孟浩然之广陵》

"仙家未必能胜此,何事吹笙向碧空。"——王维《敕借岐王九成宫避暑应教》

"晴空一鹤排云上,便引诗情到碧霄。"——刘禹锡《秋词》其一

词语:碧海青天,碧波荡漾,碧绿,碧空万里,碧瓦朱甍,碧草如茵。

首先,"碧"是一个表示名物的合体字,"玉""白""石"合起来取义,表示青绿色的玉石;其次,"碧"字引申义为表情状的颜色,如碧水、碧草、碧叶、碧霄、碧瓦;最后,"碧"字包含着鲜明的时空特点。教师依据学生学习"碧"字的时间和地点提示学生进行生活情境中的观察,独具个性的区域性具体情境能实现学生对时间、空间和身心的综合协调。

3.在小学第一、第二学段以合体字中表义部件字源的形象性提升学生的思维水平

汉字由甲骨文、金文、篆体字发展到今天的楷体字,相当一部分独体象形字还能看出造字时提取的特征编码,比如"山""川""木""竹""韭"等;在一部分合体字中,其物象性被淡化,所以字源形体的形象性对汉字以形辨义具有重要意义。将真实的情境和形象具体的汉字图画(字源)相结合,可以为学生提供鲜明的特征编码。汉字在字源情境中成为活的知识,学习生字的获得编码与提取编码具有相似性和相互依存性,生字学习时的长时记忆组织得越合理,提取信息的可能性就越大,越能避免生字在学习后成为僵化的惰性知识。有效的教学应注重学生对知识的真正理解。学生理解汉字的形义关系后,能区别形近字、音近字,减少出现错字和别字的情况,提高汉字使用的准确性,这样大大有利于培养学生持续学习汉字的兴趣。

依据认知心理学的研究,知识的系统化(结构化)程度越高,提取和使用的效率就越高。汉字本身是具有系统性的,这种系统性首先体现在汉字形体的分类作用上。这种分类作用还具有传承性。汉字六书里的象形字,按照物体的轮廓而曲折宛转,画成一定物体的样子。象形字不多,在《说文解字》里只有364个。但是每个象形字都表示着一定的实际意义,这些独体象形字有很大一部分在汉字的发展过程中演变为具有类化作用的偏旁。偏旁是汉字的一种结构成分,介于独体字和合体字之间,在字中起表义(形旁)、表音(声旁)或者表形(记号)作用,为合体字的直接构字单位。[1]象形字和指事字合成会意字,象形字、指事字、会意字合成形声字,形声字再与独体字演变的偏旁构成合体字。象形字来源于生活,有关人的象形字包括两类,局部人体器官和人的整体形态;有关人造物的象形字主要可以分为饮食器具、宫室类、刑具武器类、舆服乐器类;有关动物的象形字大概也可分为以动物的局部形体示义和整体示义两类;有关植物的象形字包括草本和木本,也有部分蔬菜和粮食作物;还有有关天文和地理的象形字。几大类中用以示象的事物都与人的日常生活密切相关,与生活的密切相关使这些

---

[1] 张娴.汉字文化与现代平面设计[M].长沙:湖南师范大学出版社,2014:25.

象形字的教学可以被"活化",利用起学生的生活经验。以字源形体为线索,把真实情境提供给学生,有利于学生感悟、认识事物的特点和性质,把"简单"的独体象形字"复杂化",为"复杂"的合体字的"简单化"学习做准备。教师在识字教学中有目的、有计划地将简单的生活现象加以总结、归类,为学生更高层次的学习做准备。比如"火"这个象形字,教师在备课时将会发现"火"在上古社会的作用很多:照明,加工食物,耕种的过程中用火焚烧野草,驱赶野兽,对犯人施以酷刑等,但火的利用如果失控,也会引发灾害。以"火"为偏旁构成的合体字主要与这些内容相关。教师在课堂教学中以利用学生已有经验为主,适当补充学生没有的情境体验。

以部编版语文教材中独体字"日"为偏旁构成的合体字为例,总结如表3-1-1。

表3-1-1 以"日"字为偏旁的合体字

汉字	字形	合体字中的意义
星	(甲)	发光的星体
春	(甲)	太阳
早	(甲)	太阳
明	(甲)	太阳阳光
晚	(篆)	夕阳
昨	(甲)	太阳运行的规律
时	(甲)	太阳运行的规律
晴	(隶)	太阳
阳	(甲)	太阳
暖	(篆)	太阳光的温暖
间	(隶)	太阳运行的规律

续表

朝	𩱛(甲)	太阳
晶	晶(甲)	太阳发光的属性
晒	曬(篆)	太阳带来较高的温度
暗	暗(篆)	阳光
照	照(甲)	日光
旺	旺(甲)	热烈的阳光
晌	晌(甲)	太阳
晓	晓(甲)	太阳
映	映(篆)	阳光
晾	晾(楷)	热烈的阳光
昏	昏(甲)	太阳
显	显(甲)	阳光光亮
晃	晃(篆)	太阳
昧	昧(甲)	太阳
旷	旷(甲)	太阳

表中所列"日"字作偏旁的,一共有26个字,在这些合体字中,意义为"太阳"本义的有12个;有3个的意义表示太阳运行的规律,即时间的意义;有6个的意义表示太阳的阳光光亮的特点;有1个的意义表示具有与太阳相似的发光特点;有4个的意义表示太阳的阳光给人带来温暖的特点。在合体字中,除了以表义偏旁对汉字进行意义分类,还具体到了表义偏旁的字义所指,这不仅使学生能扎实学习字义,也增强了学生观察生活、认识生活、表达生活的能力。考察"日"字作为偏旁的字主要集中在一、二年级,三、四、五年级较少,六

年级没有分布。汉字学习与文段学习阶段性的安排有一致性,在低年级阶段以认识自然的物和人自身的身体以及生活为主。

4. 小学第三学段以字源对语文教材文本的整合形成教学过程中的生成和创造

语文课程从其文本表现形式来看,它是一种以汉字的形式规范化的课程,但从文字背后的内容来看,它来自实践,具有可生成性并充满了生命的张力。如果将文本的内容看成是"客观、确定且与主体价值无涉的固定知识,课程被简单化为单纯的'制度化课程'"①,那么教学活动就变成了肢解式的单向传递。实际上,教学活动是一个由教师、学生、教学环境、教学目标、教学组织形式等多种因素构成的一个整体;而基于不同时空的教学文本内容之间有普遍的内在联系。经由教学活动中整体环境的作用,这种内在联系被教师和学生共同"生成"和"创造",并最终融合到师生的生命实践中,转化为师生的世界观、人生观、价值观。成功的创造、融合和转化是一个教学整合的过程。为了避免将语文课上成被肢解的"宣传课",我们在教学中需要坚持整合的思想,既整合语文教学活动中的各构成要素,也整合语文文本之间的内在联系。总之,就是实现课程与教学的内在整合。课程与教学的内在整合涉及三个主体,课程、教师、学生。整合的过程即课程、教师和学生三者之间产生了共感性,教师引导学生在课程相关的基本情境中产生体验,并且使用符号表达的观念将课程情境的主要特征分离出来。

汉字的字源是对一个个具体情境的符号化表达。因为中国传统文化"天人合一"以及"以天道论人道"的思维特点,汉字字源符号的形成与自然的特征密切相关,所以字源符号能表达超越时空而又具有相同特质的不同情境。一个字源对应多个情境的特点使得课程、教师、学生之间的"前情境"积累具有相似性的概率大大增加。因此,汉字字源在语文教学中可以成为重要的课程整合工具。

---

① 魏善春,李如密.从"实体思维"到"事件思维":过程哲学视域中的教学生活图景[J].教育研究,2017,(6):115.

三、基于汉字字源的情境认知学习有利于小学生形成文化适应能力

(一)教育即生活的情境教育

19世纪中期,西方的进步主义教育者们的教育观点主张运用儿童生活的情境为儿童的学习与成长服务。如果用潘光旦先生的社会位育分析,可以将进步主义教育所主张的生活情境定义为儿童的"平生遭际",即儿童生活实践中的活动情境。早期进步主义教育者帕克(F.W.Parker)的教育观点是:学校教育的中心是儿童;学校具有重要的社会功能,所以学校课程应尽可能与实践活动相联系;学校教育应注重培养学生的自我探索精神以及创造精神。[①]另一位早期的进步主义教育者约翰逊(Marietta Johnson)设计的有机教育学校的课程计划以活动的形式为主。活动课程扩大了儿童视野,并且这些活动将成为他们知识积累的源泉。活动课程基于儿童的需要和兴趣安排探索活动,以自然生长为途径,依据儿童自己产生的求知的愿望,将儿童引导到正规课程的学习中而不是采用强迫的作业、指定的课文。正规课程包括读、写、算、推理等。在约翰逊的有机教育学校中,通常的考试也被取消。约翰逊认为人是社会的人,学校需要重视社会意识的培养以发展学生合适的社会关系。约翰逊重视纪律的必要性,反对放纵儿童。在她看来,以平衡而有纪律的方式教育儿童,对儿童的成长是最有利的。[②]

总的来说,进步主义教育的基本主张如下:认为"教育即生活","教育即生长","教育即经验的改造"。"生活""生长""经验的改造",都是人与环境的相互作用,在这个过程中,人对环境的适应是主动、积极的适应。同时进步主义教育受经验自然主义的影响,认为儿童的教育过程应重"变化"、重"过程"、轻"结果"。所以,进步主义教育认为课程应以儿童的活动为中心,课程内容不能超出儿童经验和生活的范围,需要考虑到儿童的需要和兴趣。针对儿童的课程组织需要考虑到支撑儿童现有经验和能力的心理发展次序。在教学方法上,进步主义教育认为要使知识有意义,就必须将知识与经验结合在一起,通过积极主动的活动来

[①] 周采.外国教育史(第二版)[M].上海:华东师范大学出版社,2020:590.
[②] 周采.外国教育史(第二版)[M].上海:华东师范大学出版社,2020:591.

探求意义。进步主义教育用于课堂实践的主要教学方法是"问题教学法",以使学生在解决问题的过程中获得知识,避免教育活动中出现教师对学生灌输教材的做法。进步主义教育在教育方法上倾向于在教育过程中让学生"创造"真理。①

(二)以情境"移情"的情境教育

这里的情境教育指李吉林老师创建的"中国情境教育学派"。李吉林老师探索情境教育历经40余年,她"是当代中国为数不多的、具有原创性理论体系建构的教育家"②。

李吉林老师的情境教学基于"情以物迁,辞以情发"文论观。刘勰曾以"岁有其物,物有其容;情以物迁,辞以情发"论述情、物、辞三者的关系。因此情境教学就是将人作为主体,使人因客体物的改变而生情,引发主体人的表达。李吉林老师将许多真实的情境作为教学活动的背景,用这种背景触动学生的学习欲望,提高学生的审美阈值。

李吉林老师以"真、美、情、思"四大元素,构建了其情境课程模式。"真"首先在教学中指的是形象真切地再现课文中的人、景、物,通过"形真"理解语言,进行感悟,即"情以物迁,辞以情发";"形真"的内容依据课本的内容和儿童的认知特点来决定,既注重学习内容的"真",又注重儿童实际身心条件的"真",选择能打动儿童,引起儿童"生情"的情境。其次"形真"非一模一样的真,而是形似,遵循知识学习形象到抽象,具体到一般的规律。再次就是指教师在教学中的"真"心。教师的"真"心指引教师爱学生,爱知识,将真实的生活和真实的学生学习相结合。

"美",在情境教学中是指富有情感的审美感受。季节更替,草木荣枯,是自然的美;美丑善恶的辨别是心灵之美;富有深情的讲解是语言的美。这一幅幅"景"便构成了一个"境"的世界。

---

① 陆有铨.躁动的百年:20世纪的教育历程[M].北京:北京大学出版社,2014:7-8.
② 叶水涛.教育实践的"中国智慧"——李吉林情境教育理论的创建[J].中国教育学刊,2018(8):67.

"情",就是指在教学中以情境激发学生的情绪,使其进行学和思。情境教学中的"情",就是基于学生的性情,顺应学生性情发展规律来"激情""养情"。

"思",情境教学中的"思"是指以情境中形象、具体可感的画面、色彩、教师语言来触发学生的认知。情境不是单一的形式上的展示,情境运用的最终目标是实现学生由具体感知向抽象思考的转变。

创设情境的6种途径:以生活展现情境;以实物演示情境;以图画再现情境;以音乐渲染情境;以表演体会情境;以语言描绘情境。[①]

大单元情境课程具有联动作用。大单元情境课程旨在减弱传统教育中各课程间的离散性,实现各课程之间的整合性。

在一个大单元的主题活动中,将语文学科、数学学科、音乐学科等的教学内容综合起来,这样既是活动,也是教育和教学。学生在一个整体的教育活动中对各学科的学习效果都得到了增强。在大单元情境课程中学生的知、情、意、行的培养得到具有整体效应的加强。

野外情境课程具有源泉作用。在情境课程中让学生与大自然接触,了解大自然,从大自然中获得知识学习的灵感和源泉也非常重要。

专项训练情境课程具有强化作用。小学生学习的课程工具性比较强,所以在情境课程中也设计了强化学生学科专项技能训练的情境。

过渡情境课程具有衔接作用。具体做法:增加户外活动时间,定期开展野外活动;主要学科分设各种课型,这一时期,要十分注意各科目的横向联系和相互渗透;以室内短课和观察相结合为原则。

情境教学在课堂教学中的操作要素:第一,以"美"为突破口;第二,以"思"为核心;第三,以"情"为纽带;第四,以"儿童活动"为途径;第五,以"周围世界"为源泉。

在情境教学中,学生与情境要有一定的互动,但情境的主要作用在于使学生"移情"于教学内容,而不是单纯将情境作为认知的对象。

(三)情境认知学习

20世纪90年代以来,西方学习理论中出现了情境认知与学习,它是教育心理学领域继"刺激—反应"学习理论与认知学习理论后的又一个重要研究阶段。

1989年,布朗、科林斯与杜吉德发表了他们的论文《情境认知与学习文化》。这篇论文比较系统完整地论述了情境认知与学习理论,即知识是具有情境性的,知识是活动、背景和文化产品的一部分,知识正是在活动中,在丰富的情境中,在文化中不断被运用和发展着。学习的知识、思考和情境是相互紧密联系的,知与行是相互的——知识是处在情境中并在行为中得到进步与发展的[①]。布伦特G.威尔逊和卡伦·马德森·迈尔斯等人在他们的论文《理论与实践中的情境认知》中认为,情境认知是不同于信息加工理论的另一种学习理论。它试图纠正认知的符号运算方法的失误,特别是完全依靠对于规则与信息描述的认知,仅仅关注有意识的推理和思考的认知,而忽视了文化和物理背景的认知[②]。情境认知从心理视觉的角度关注情境与教育的作用,使教育研究从只关注人转向关注人和环境的关系,提出为达到一种学习目标而设置一定的功能性情境。知识总在情境中生成,并在情境中使用。脱离情境的知识仅仅具有一般的意义和特征,不具备实践性,学生在学习知识的过程中没有实践参与,也就没有真正在知识学习中形成文化适应能力。

汉字字源识字教学中的情境既是解释汉字形义关系的情境,也是汉字运用的情境。以字源为情境的认知学习有利于学生形成文化适应能力。汉字字义的产生记录了文化的产生、发展、演变。以字源的情境学习汉字字义的过程就是理解文化的过程。在课程内容上,"教育即生活的情境教育"要求课程应以儿童的活动为中心,课程内容不能超出儿童经验和生活的范围,需要考虑到儿童的需要和兴趣。情境认知学习则强调有计划、有目标的教学内容,教学内容应接近学生的最近发展区,但在经验上不局限于学生的已有经验。"以情境'移情'的情境教育",在内容上将情境作为辅助教学内容的背景。情境在教学中的作用是刺激学生的学习情绪,情境认知学习则是将情境本身作为学习和思考的内容,情境本身

---

① 王文静.情境认知与学习理论研究述评[J].全球教育展望,2002,31(1):52.
② 王文静.情境认知与学习理论研究述评[J].全球教育展望,2002,31(1):53.

就是学习的对象。情境解释知识,是知识产生的一部分内容,有的时候也是知识运用的具体环境。从教学方法上看,"教育即生活的情境教育"重在学生在其经验范围内的情境中的自我生成和发展,"以情境'移情'的情境教育"重在以情境对教学内容进行启发移情,情境本身不属于知识的构成,而情境认知学习的教学则重视以情境解释知识。

第四章

字源识字教学研究

第一节 各阶段语文课程标准(教学大纲)识字教学目标的分析

一、识字教学等于写字教学

1950年的《小学语文课程暂行标准(草案)》是中华人民共和国成立后的第一个语文课程教学标准。

字量:相关要求出现在阅读方面的项目中,要求学生五个学年下来共学习3000个常用基本词汇。

字音:在目标中提出要求,"能正确地用普通话表达思想感情"。

字形:要求列于写字教学部分。包括正书练习、执笔方法和写法、笔顺基本规律、字体间架结构、简单的文字构造研究。要求学生第一学年能认识字,教师不可硬教写字。第二学年起,学生学习使用偏旁、结构来分析文字。

字义:在"教学要点"部分有表述,继承了1932年的课程标准的一些教法。在文段意义学习的基础上进行"新语汇"和"难句"的教学,并且配上适当的"具体事物和动作"或者"举例来讲明白",避免使用抽象含糊的定义来给学生解释。这种做法即运用相关的生活情境教学"生词"和难的句子。只是生字字义的教学必须在课文内容学习完成后才能进行,体现出了生字字义学习必须在语段中完成的特点。汉字学习依附于词、句、篇,没有体现其相对独立的特点。汉字字形的学习则强调了机械记忆的重要性,将"生字""新语汇"配上卡片练习,强调反复地练习。

在语文教学的大纲或者语文课程标准中不提识字教学,这与当时对语文学科的定位有关系。自20世纪30年代以来,语文专指书面语和文章。那么语文教材就是学习书面语和文章的教材。语文教材的定名与内容的选择也由此而定。"中小学语文课的定名,与上述关于语文的理解一脉相承,有人把它当成'语言文字'的简称,也有人把它当成'语言文学'的简称,都是因为语文课偏重用书面语的言语作品来进行读写训练。这两种简称中,把语文课理解为'语言文学'的简称更为流行。"[①]如果仅把语文课程理解为语言文学的课程,那么以汉字为中心的识字教学的作用就会被忽略。

二、提出识字教学的概念,关注汉字形音义的结合

(一)重视汉字形体学习

1. 提出识字教学的工具性价值

1956年的《小学语文教学大纲(草案)》将"识字教学"作为语文教学的一个独立的内容提了出来。汉字对于阅读和作文学习的基础性作用得以显现,即先识字才能更好地学词、学句、学文。因此汉字的基础性作用开始被正视,"识字是阅读的基础",识字工具层面的价值被鲜明提出。所以小学一、二学年阅读教学需要以识字为重点。

关于字音的学习,开始使用汉语拼音,字音的教学必须依靠拼音字母。

关于字义的学习,语文教学有识字学习的要求,但不是孤立地教识字,而是主张在语言的教学中识字。识字教材经过编排选择,具有便于识字教学的特点,

---

① 王宁.汉语语言学与语文教学[J].中国社会科学,2000(3):169-170.

其由具有一定内容的词、句子以及短文构成。识字教学要通过词汇教学来进行。但在当时,语文教学既认识到了汉字的基础性作用,又对汉字本身不能全部肯定,对汉字研究的层次和可学习的深度持相当之不肯定的立场:"不可以滥用拆字办法,不可以追溯字源,据字形来教字音,讲字义。"①语文教学中的识字教学,其教学目标和方法与时代的大背景是分不开的,1956年《小学语文教学大纲(草案)》的制定正值中国文字改革,针对汉字的去与留、"简化"与"繁体"等出现了激烈的争论,这些争议对"识字教学"的指导思想与教学方法都是有影响的。

关于字形的学习,因为需要读,需要写,所以字形的练习和再认被反复强调,学习的方式主要是机械的反复记忆。"一是重见","一是复习","一是运用"。虽然这突破了历史上将"识字"独立提出来的局限,但是其实质仍然主要在学习字形。同时汉字形义结合的特点始终是藏不住的,比如现在所提出的,字形巩固的方法之一是对"偏旁相似的字"进行"归类练习"。虽然没有培养学生独立识字相关方法和途径的提出,但是当下环境要求从四年级开始培养学生查字典的能力。这说明对课堂外学习汉字的能力的培养才开始起步,但还没有引起足够的重视。目前仍强调坚守"通过词来教识字"的识字原则。

汉字教学的作用在语文教学中被提出来以后,出现了一股识字教学研究的浪潮,以集中识字和分散识字为代表。

2.教学实验:集中识字教学

集中识字教学的创始人是贾桂芝、李铎,他们进行实验的学校是黑山县北关实验学校,集中识字教学实验开始的时间是1958年。实验的出发点是在低年级的语文教学中以识字为重点,解决"边读书边识字"过程中出现的"少慢差废"问题。集中识字教学的思路是"先识字、后读书"。②

集中识字教学的特点如下:a.进行集中识字。在低年级,也就是在一、二年级两年内要求识字量为两千六百多字。集中识字的教学方法提高了识字的效率,相较于一般的课本,各年级识字量都比较大。一年级上学期的课本生字量约

---

① 林治金.语文教学大纲汇编[M].青岛:青岛出版社,2001:54.
② 戴汝潜.汉字教与学[M].济南:山东教育出版社,1999:174-175.

450字,一年级下学期的课本生字量约750字,二年级的上下册分别为750字和700字。①b.利用汉字构字规律来进行识字。c.识字方式为执行主要的兼采其他的。除基本的"字带字"外,还包括看图识字,引申到形近字、会意字等。d.重视识字与阅读和习作的关系。识字与阅读和习作的关系具体表述为:"集中识字、大量阅读、分步习作"。将此三者作为一体,先识字后读书。比如景山学校教材的编写主张是,以集中识字为起点;以阅读名家名篇为主体;以作文能力训练为中心;读写结合、编排网络化。②e.识字周期过长。因为"先识字、后读书"的理念体现在教材中的实际情况是教材单元过大,增加了学生的学习负担,同时识字巩固率也受到了影响。

集中识字教学以汉字字形规律为主要途径,让学生通过掌握字形规律来提升识字能力,这种教学方法在一定程度上与语言教学脱节了。

3.教学实验:分散识字

1958年斯霞老师开创了一种名为"分散识字"的识字方法,这种方法以强调语境对于识字的作用为突出特征。

分散识字的特点:a.分散识字在必要的识字准备工作基础上进行。分散识字的基础准备包括学拼音,一定的看图识字学习,还有一些短语和句子的学习,这些准备为分散识字建立了必要的基础。但是拼音学习要求不高,仅突出拼音学习的工具性。b.注重总结识字教学中的一些规律,没有独立适应自编语文教材。c.注意结合儿童的身心发展规律。这体现在生动活泼的形式、灵活多样的方法、贴近生活的内容中。d.突出语境对识字的重要性,即"字不离词、词不离句、句不离文"。

汉字是对语言的书面表现,汉字的字义发挥作用于具体的语言环境中,因此学生可以凭借对语言的整体理解优势来学习汉字。这样的方法在一定程度上不利于字形、字义的深入学习。经历时代的发展,一个汉字有本义,有多个与本义相关的意义,学生主要靠语境学习汉字,对汉字字义的理解会较模糊。在许多语

---

① 《教育研究》编辑部.中小学教改实验报告集[M].天津:天津教育出版社,1987:182.
② 戴汝潜.汉字教与学[M].济南:山东教育出版社,1999:178.

境里,某些汉字是理解句、文的关键。长此以往,仍然会造成因为汉字学习不到位而影响阅读和写作的后果。

1963年的《全日制小学语文教学大纲(草案)》(简称1963年版《大纲》)开始重视提高识字学习的效率。

关于字量,设定为3500个。首次提出把汉语拼音的学习作为识字的辅助工具。在教学内容部分,针对识字教学提出了具体要求:一、二年级要求掌握的生字量约占总数的一半,即1750字左右,余下的半数则在以后的四年教学中陆续完成。教学实践中由教师自行主导识字教学方法在各地形成蓬勃发展的势头。1963年版《大纲》中首次出现由教师实践创造的识字教学法:集中识字和分散识字。集中识字教学方法基于汉字形义的系统性研发,1963年版《大纲》明确提出可以使用集中识字的教学方法,这在一定程度上承认了汉字是相对独立成体系的,识字教学是语文教学的重点和基础。许多教师将生字视为语文教学的"拦路虎",所以一、二年级的教学任务里,识字教学是重点。

关于字音,1963年版《大纲》指出拼音字母是辅助识字的工具。

关于字形,此阶段针对汉字识字、认字的心理学研究成果已经开始出现。汉字识记和再认的基本单位构成、学生学习汉字的心理等方面的研究为汉字教学的具体策略提供了更多的参考。汉字笔画名称逐渐规范化,于是教师可以将构成汉字的基本笔画、偏旁部首等作为一种统一、规范的知识教授给学生,且具体到写字姿势和执笔方法。

关于字义,1963年版《大纲》对字形教学提出了更为系统和规范的教学指导,同时将汉字形音义结合的特征鲜明地提了出来。其对学生的汉字学习提出了严格要求,除"认清字形"之外,还要"读准字音","了解字义"。不再是以含糊地学习"词汇"来实现生字的学习。在识字教学中,1963年版《大纲》提出让学生对汉字字义进行了解,指出可以使用集中识字方法,也可以使用分散识字方法。集中识字的最初做法即主要采用分类看图识字和以歌词带同音字的方法,集中教生字。看图识字就是以图会意,教授汉字的字义。

（二）重视汉语拼音学习

1. 首次将识字、写字归为一体的大纲

1978年《全日制十年制小学语文教学大纲（试行草案）》（简称1978年版《大纲》）首次将识字、写字教学归为一个内容。

关于字量，小学阶段要求学会常用字3000个左右。一、二年级语文学习的重点仍然是生字学习。这说明识字是阅读和写作的基础这一观念已经深入人心。识字教学的重要性及基础作用日益显现，识字教学的方法成为识字教学需要关注的重点。这点从1978年版《大纲》最后一项内容"大力改进小学语文教学"中也可以看出。

关于字音，将汉语拼音作为识字的辅助工具。

关于字形，汉字的各种笔画、汉字结构的分类、汉字书写方法成为学生写字的基本知识。要让学生认识写字的意义，会写字，写好字，每天练习写字。

关于字义，在1963年版《大纲》的基础上，1978年版《大纲》进一步提出字义学习在识字教学中具有重要意义。在"读准""认清""了解"的基础上，强调凸显汉字形体美的要求。间架结构的合理是汉字规范的要求，也是汉字形体美的学习要求。1978年版《大纲》重视汉字系统的规则、规律，将汉字的"本尊真身"摆出来了。它让学生正视汉字的特点，从汉字本身去认识汉字、学习汉字。并提出要在识字教学中关注汉字形音义之间的联系，将汉字的形音义作为汉字的整体进行关照，在整体中学习部分，通过部分学习整体，不再孤立地、片面地从某一方面去学习汉字或者将汉字的某一方面当作汉字的全部。

关于识字能力培养。重视对汉字规律的学习，开始注重培养学生的学习能力。学生学习能力的形成要基于对汉字规律的认识，更重要的是学生在学校学习的同时要获得课外学习的能力。所以认识汉字规律、学用结合、及早学会查字典被1978年版《大纲》旗帜鲜明地提了出来。

继汉字教学关注汉字字形特点和汉字在语言中的学习方法以后，汉字字音对汉字学习的作用开始受到关注，所以在此阶段，出现了一种新的识字教学方法：注音识字。

2.识字教学实验：注音识字

"注音识字，提前读写"小学语文教学实验是在黑龙江省佳木斯市的第三小学、拜泉县育英小学和讷河县实验小学于1982年秋季起进行的。

"注音识字，提前读写"的特点有：a.先集中学习汉语拼音。学生入学后先集中学习汉语拼音，要达到掌握直呼技能的程度。在集中学习拼音后，学生凭借已经掌握的语音，大量接触阅读内容，学习书面语。[①]b.注音识字与阅读、写作相结合。汉字与汉语有着紧密的联系，汉字记录汉语而不是其他语言，那么汉语的学习就始终绕不开汉字。绕开汉字会使学生对汉语书面语的学习——阅读和写作难以深入，影响学生形成较高的语文水平。c.用拼音读课文会造成学生不理解意义的后果。虽然学生具备直呼音节的能力，但是呼出拼音组合仍然需要一个在大脑中拼读出来的过程，所以在读的过程中，学生的精力主要集中在音读方面，词义、句义的理解还需要转换，"几经周折"的阅读对小学生来说是困难的。注音阅读以字的读音为识记线索，而汉字同音字较多，小学生对汉字进行深入加工的机会较少，汉字学习容易处于模糊状态。d.以儿童入学前已掌握相当数量的词汇为基础。以汉语为母语的儿童，其语言学习不是从学校才开始的，入学前儿童已经掌握了相当数量的基本词汇。虽然小学生的语言学习不是从零开始，但是学生使用的日常词汇毕竟是有限的，而且语文课本上的文章一般都有生活积淀与感悟方面的内容，仅将学生日常生活的语音得来的语言积累作为语文学习的基础，显然不够。还有一个更重要的问题，中国幅员辽阔，地方方言与普通话有区别，因地域的区别性较大，学生在日常生活中所接受的语言练习与语言刺激也相差巨大。虽然汉字形、义学习有困难，但我们还是不能绕开它走捷径，如果绕开汉字形、义的学习，阅读能力和写作能力就难以得到提高。

3.突出汉语拼音重要性的大纲

1992年《九年义务教育全日制小学语文教学大纲（试用）》（简称1992年版《大纲》）将汉语拼音的教学单独作为一个内容提了出来，突出了汉语拼音的重要性。

[①]《教育研究》编辑部.中小学教改实验报告集[M].天津：天津教育出版社，1987：159.

关于字量。在小学阶段要求掌握的汉字数量降低了一些,要求学会常用汉字2500个左右。"大部分识字任务"在前三年完成,没有使用"一、二年级语文教学的重点是识字教学"的表达,意在减轻小学低年级的识字任务负担,避免机械繁重的识字任务使学生产生压力及对语文学习的厌倦。

关于字音。汉语拼音的内容从"识字、写字"的内容中单独脱离出来,成为"语言文字训练"下的第一个内容。具体提出汉语拼音教学的教学内容、重难点以及书写练习的要求。汉语拼音的功能由帮助识字、学习普通话扩展到帮助阅读。1992年版《大纲》认为学生准确、熟练地拼读音节就能顺利地阅读注音读物。

关于字形。重视毛笔字的写字教学等。在写字教学中也开始提出培养学生写字兴趣的要求。

关于字义。指出识字教学要联系生活实际,在语言实践中进行。同时指出了汉字本身的一大特点,即汉字的字义是对生活中客观事物的反映,所以在识字教学中教师要引导学生通过观察图画或者实物来识字,并将识字与认识事物联系起来。"结合"和"联系"的提法,将汉字形音义相结合的重要性提了出来,并且提出汉字的义就是对生活实际和生活中的具体事物的表现,所以要把识字与认识事物相联系。注重汉字的实践性,不是让学生孤立地学汉字,而是在听说读写的实践中学习汉字。

关于识字能力。1992年版《大纲》除了将汉字本身的内在特点提出来以外,还鲜明地表达了一个思想,即对学生本身的培养在于提高学生的识字能力,而不是把目光局限于让学生机械地完成规定的识字任务,因而要注重培养学生课堂之外的学习能力。"识字教学要教给识字方法,培养识字能力。"在具体的培养学生能力的方法途径上,查字典的要求由一句话改为了一段话。

汉语拼音教学内容的增加,其初衷是在一定程度上改变学生识字的机械方法,让学生在没有一定识字量的基础上也能进行没有阻碍的阅读,既解决学生识字的困难,也及早让学生拓宽知识面。但是对汉语拼音的"过度"学习从另一个方面也加大了学生学习的压力,同时汉字的形与义不能仅凭汉语拼音的语音完成即刻同步。

4.识字教学实验:字理识字

字理识字是在1991年由湖南省岳阳市教科所的贾国均老师发起的,字理识字重视汉字构形规律形成的背景。这种方法是以形识法为基础发展起来的,它的目标是通过对汉字字形结构进行理性的认识和理解从而知道汉字形义关系的"所以然",力图在汉字教学中实现在理解汉字意义的基础上进行汉字字形的识别。字理识字的特点:a.研究汉字的形,与其他识字教学相比,更重视汉字构形的由来,主要从汉字构形的由来入手学习汉字。b.充分而全面地关注汉字的构形规律,即构成汉字字形的各部分之间的关系;汉字的三要素"形音义"之间的关系;汉字与汉字之间的关系。字理识字具有开放性和兼容性。c.重视儿童学习心理特点。以两条原理为基础:理解记忆优于机械记忆;化抽象符号为形象联想。d.字理识字的教学内容和步骤与一般的识字教学相似。教学内容有汉语拼音教学、书写练习、字形分析、字理解析;教材方面可以使用现有教材,不需要重新编教材。e.字理讲解的深度不易把握,还需要研究。

字理识字关注汉字的"所以然",发挥理解记忆的优势,以减轻学生机械记忆的负担。然而,鉴于汉字经历了较长的历史检验与发展,用什么方法向学生讲清楚汉字的"前世今身",内容如何取舍,怎样做到既尊重汉字学的规律又符合小学生的接受规律等问题仍然需要持续思考。

从教学实践的探索历程中可以发现,识字教学实践需要关注三个规律:一是汉字形音义本身的特点决定的汉字识字规律;二是汉字学习与语言学习之间的规律;三是学习汉字的小学生的身心发展规律。如果只以其中一个为主,而不关注其他,必然是顾此失彼,识字教学效率还是不能得到有效提升。

我们还可以发现识字教学的实践层面与识字教学的制度层面总是相互影响、相互制约、相互促进的。"教学大纲"或者"课程标准"在制度层面对识字教学实践给予指导,教师在教学中对制度层面的教育指导予以实践,这种实践可以检验制度层面的指导。当实践中发现新的有益经验需要采用时,其便会体现和上升到制度层面;而经过教学实践检验发现了与时代发展不相符合的内容时,也可以在制度层面进行反思甚至改变。

三、重视学生在识字教学中的生命体验

2011年版《义务教育语文课程标准》(简称2011年版《课标》)是在前面的教学大纲或课程标准基础上的继续发展。

关于字量。要求学生认识3500个左右常用汉字。每一学段识字量上进行了"认识"和"会写"的区分,比如第一学段,要求认识常用字量"1600个左右",其中要求会写一半,即会写800个左右。

关于字音。学会汉语拼音,能说普通话。

关于字形。能正确工整地书写汉字,并有一定的速度。

2011年版《课标》重视识字教学的连续性、持续性。持续性不仅体现在汉字识字数量的积累上,还体现在汉字丰富的文化内涵在不同学段的学习上。在具体的教学建议上,2011年版《课标》给的是比较宏观的指导思想。首先,关注识字学习活动过程中的两个"主体"——学习的客观对象(汉字)和学习的主体(学生)——的特点,注重挖掘学习对象——汉字的内涵,提出汉字是文化的重要组成部分。指出对汉字内涵的学习可以丰富学生的情感,并且可以使学生产生对汉字、汉语的热爱,而不仅仅是把汉字、汉语言当作一种符号和工具。同时,不再把学习的人当作学校培养的合格"产品",或者让他们仅是成为推动社会发展的工具,而是充分重视他们的情感与感受。注意对学生学习热情的培养,在不同学段使用了"喜欢""主动""有浓厚的兴趣"这样的表达,突出了培养学生学习主动性、积极性的要求。其次,重视与汉字相关的情境在识字教学中的作用。这样不仅有利于学生理解汉字的形、义,还有利于培养学生的思维能力,提高其运用汉字的水平。因为情境往往揭示了知识产生的原因,能展示知识的来龙去脉。再次,关注儿童内在的心理特点与外在的生活经验。指出了识字教学要注意儿童心理特点,将学生熟识的语言因素作为主要材料,结合他们的生活经验,引导他们利用各种机会主动识字。

可以看到,在2011年版《课标》中,一直贯穿了一个词——互动。识字教学中的字是可以"动"的,因为它与学生的生活经验和生活情境密切相关。学习的主

体——学生,也是"动"的,这是主动的"动"。识字教学活动要让学生"主动"喜欢汉字,对汉字学习"有浓厚的兴趣"。教师在识字教学活动中也必须是"动"的,因为不同区域的学生所拥有的生活经验、所生活的区域的环境是不一样的,所以教师为识字教学提供的情境也是不一样的。

《义务教育语文课程标准(2022年版)》提出"语言文字既是文化的载体,又是文化的重要组成部分"。在第二学段识字的要求是:除了感知汉字形音义之间的联系以外,还要"初步建立汉字与生活中事物、行为的联系,初步感受汉字的文化内涵"。汉字宏观角度的教育教学价值被鲜明地提了出来。

四、识字教学培养学生素养的重要性

以上"课程标准"和"教学大纲",是制度层面对识字教学的要求。这是一个探索的过程,也是一个日趋完善的过程。

首先,人们对汉字在语文教学中的作用与难点的认识经历了一个漫长的发展过程。从不提识字教学概念,到仅有写字教学,再到识字教学与写字教学分开来要求。从完全借助其他内容来实现汉字学习到承认汉字本身的内部规律,同时将识字教学作为一个相对独立的教学内容。

其次,汉字识字教学中的"人文性"日益凸显。制度层面提出尊重三个规律:学生认识事物的规律、学习语文的规律和汉字本身的规律。指出小学低段生字学习任务过重的问题,并提出关怀学习主体——人。提出识字与生活结合的两个方面:图画和实物(字义)、汉语拼音(语言环境)。提出动态的教学:教师的教、学生体验与学习汉字背后的经验三者之间的互动。尊重学生的阶段性特征,重视语言学习规律在识字教学中的运用,指出汉字符号的知识性学习与学生对汉字意义建构的双重学习的必要性。

再次,教师的教育价值取向与培养目标的自我建构日趋重要。教育实践活动中的教育工作者不断对教育价值进行认识、判断与选择,并在宏观教育方针、教育目的和培养目标的指导下,依据自己所在学校的培养对象,确定具体的培养目标。在自上而下逐级考核的情况下,学校教育的价值取向与培养目标必然逐

级具体化,特别是参与课程实践的教师,其更多看到的是具体的考核要求。所以学校和教师越是在强调工作效率、工作任务的要求下,越要认识到教育教些什么与教师和学生所置身的生活环境和文化背景有不可分割的联系。不能仅将学校教育的核心问题归为学校的课程、学校的教学标准和学校的考试考核等技术细节问题。

2011年版《课标》在具体的教学建议上给的是比较宏观的指导思想,不再直接提出识字教学中的具体做法。《义务教育语文课程标准(2022年版)》的教学建议也具有相同的特点,包括三点:"立足核心素养,彰显教学目标以文化人的育人导向";"体现语文学习任务群特点,整体规划学习内容";"创设真实而富有意义的学习情境,凸显语文学习的实践性"。这对教师教学中的"主体性"提出了更高的要求,教师首先不能被动地、机械地去执行教学要求,而需要在自己所面临的具体教学要求的"位"的基础上去发挥自己的主体性、主动性,因为"位"的静止性是相对的,每一个教师所面临的"位"实际各具特色。只有一个个具有"主体能动性"的教师才能"育"出一批批具有"主体能动性"的学生。

最后,以上各方面的改变,目标均指向丰富学生在学习中的生命体验。制度层面对汉字教学的理解与规定,正朝着对学生个体位育最有利的方向发展。

第二节　字源识字教学相关研究

一、字源识字

(一)识字

"识",一般解释为"知道""认识"。若从识字教学后学生应掌握的基本技能来理解"识字"的内涵,则一般有两种理解。"识字",首先"指通过教学,让学生具备'会认能写'的基本能力"[1]；其次，"识字"需要做到四会："会读、会理解字义、会写、会用。"[2]"四会"可以说是识字教学中比较具体明确的教学目标，其中，"会理解字义"和"会用"两个技能的学习是识字教学中亟待解决的重点和难点。从学习的过程来看，汉字是表意字，汉字字义的表达存在于词中，字（词）代表着事物的名称，反映着事物的概念、事物和事物之间的联系。小学生理解了一个字（词），代表着他拓宽了眼界、增长了知识，识字的过程就是一个以思维和逻辑去认识世界的过程。[3]从学习心理来看，小学生理解一个汉字的字义与其心理词典相关，心理词典中的词汇反映了小学生经验的覆盖内容。经过学生的亲自体验之后，字义与字音的结合成为思维的成果，经过这样的学习，小学生才能真正完成"识字"。不同年龄的孩子有他们的心理词典，必须是他们的经验所覆盖、懂得意义的词语才能进入他们的心理词典，汉字必须关联了心理词典中的词，才是'已识字'。[4]因此，在小学生识字的过程中，其能认的汉字字量多，并不意味着其阅读能力和表达能力强。整体性地提高小学生的语文能力，关键在于在识字教学中有效地实现"四会"中的"会理解字义"和"会用"两个方面的要求。

（二）字源

《汉语大字典》对"源"的解释包括三个内容：一是水流起头的地方；二是来源，根源；三是探求。李学勤主编的辞书《字源》，梳理了汉字从甲骨文到隶书、楷书的字形演变脉络，并对汉字字义进行了解释。其以出土和传世文献的实例，说明了字的本义、引申义和假借义。并注重结合当时的自然环境、社会状况和人们的精神世界来阐明构形的理据。可见，"字源"即汉字之源，既包括各个历史时期汉字产生、发展、演变的形体，也包括汉字产生并延续至今的自然现象、文化现象、社会现象、心理现象心理之源。

---

[1] 四川省井研县教育局课题组."字族文识字"教学实验研究[J].教育研究,1994(5):49.
[2] 周琼.多媒体技术与新型识字教学：上海市实验学校新教材评介[J].课程·教材·教法,1999(11):17.
[3] 莘乃珍,梁俊英,崔峦.多种形式识字法：小学低年级的识字训练[J].课程·教材·教法,1981(2):24.
[4] 王宁.汉字教学的原理与各类教学方法的科学运用（上）[J].课程·教材·教法,2002(10):3.

汉字字源相比较于规范汉字,具有更丰富的意象图式。意象图式在识字教学中有多个层面的意义。意象图式具有体验性、想象性、抽象性、心智性和动态性等特征,它对于建构范畴、形成概念、分析隐喻、理解意义和进行推理等具有不可或缺的重要作用。汉字字源的意象图式兼具形象性和抽象性,它对于学生构建事物范畴、形成概念具有重要的作用。

(三)字源识字教学

针对字源识字的内涵,张庆侧重构字的理据解析,涂涛、李彭曦、李晓盼、曲田、王辉、革兆娥、刁静等人侧重多媒体技术的运用,刘翔侧重汉字所生发的文化释读。吴晓蓉教授认为字源识字的内涵是:"'以发展人的整体思维为中轴,学习文字,提升文化素质,奠基历史,掌握阅读写作'教学理念指导下的,以字源为基础的识字教学方法。"[①]本研究沿用吴晓蓉教授对字源识字的界定。

字源识字教学以字源意象图式强化学生"会用"的能力。字源识字教学以字源意象图式和学生的直接经验[②]进入教学活动,学生在学习过程中以直接经验为基础生成用汉字符号表达的理性知识。以象形字为例,部分独体象形字表达的事物特征具有多层次性,比如"日"与"光亮"的意义表达相关、与时间表达相关、与温度表达相关,其字源意象图式展开的情境可以代入学生这三个方面的经验以形成对"明""时""暖"的汉字形义关系的认知。又因为认知过程以个体经验为基础,在具有普遍性特点的汉字符号学习过程中,学生得以产生个性化的体验。并且学生可以在潜移默化中初步感知到人类生活与自然的密切关系。在一定数

---

① 字源识字之界定,还可参考以下说法。张庆提出字源识字的方法就是"通过追溯汉字的本源,分析汉字的结构,利用汉字的构字理据识记汉字的方法".涂涛、李彭曦、李晓盼、曲田、王辉、革兆娥、刁静等对字源教学的研究主要是基于多媒体技术的研究,所以他们对字源识字教学的定义是这样的:"多媒体字源识字教学就是要充分挖掘汉字以形表义的内在特点和规律,顺应受古人造字之原始思维影响而形成的特有的中华民族心理和思维模式,利用多媒体技术再现古人造字时的原生语境(原始情境),从追溯汉字字源入手,对象形字、指事字、会意字、形声字等进行有针对性的分析,揭示其形体结构的内在机理,建立形音义的有机联系,从而完成汉字的识记.具体而言,这种多媒体字源识字教学的核心就是文化溯源."刘翔对字源识字概念的定义为:"以汉字所生发的文化出发,基于对汉字由形象到抽象的发展演变规律和对学生由具象到抽象的思维发展规律的认识,采用多种方式追溯汉字字源,使学生在对汉字字源理解的基础上,了解汉字及其背后的文化,从而掌握汉字字义、读音与应用,并形成汉字思维的一种识字方法。"
② "经验"指学生直接接触客观事物的过程。

量的字源识字学习之后,学生逐步获得不同的学习能力。一是获得从生活(对自然和社会的认知)中完善、扩充自己直接经验的能力;二是获得将直接经验转化为符号知识的能力;三是获得将新学习的社会化和理智化的间接经验(新的汉字符号)返回到自己的直接经验中的能力。也就是说学生在逐步具备了将直接经验转化为知识,或者将间接学习到的知识转化为自己的直接经验的能力后,他们便在语言实践的意义上形成了"会用"汉字的能力。

字源识字教学以字源意象图式整合不同时空下的同质文本,提升学生的文化素质。文化素质培养关键在"以文化人",重在文化传承、文化创新和文化自觉。小学语文教材中的文本内容表现形式多样,具有鲜明的跨时空特点。汉字字源的意象图式具有超越时空、表现共同性的特点。字源识字教学以表现同一主题文化的字源整合不同文本,在教学中体现文化在不同时空(文本)运用中的传承性和创新性,使学生逐步形成文化认同和文化自觉,而不同于单一的、片段式的文化知识宣传。

在字源识字中,发展人的整体思维是指培养学生的形象思维、推理能力、辩证地看问题等思维,而不仅仅指让学生从汉字结构的学习中得到发展的思维;提升文化素质不仅指学生识字以后阅读文本来提升文化素质,而且还指学生在汉字的学习中提升文化素质。在字源识字中,汉字是记载汉语的符号,而且一部分的汉字字源本身记载的文化内容、文化价值都可以在字源识字的过程中成为教学内容;奠基历史则是指学生在学习汉字字源中所记载的历史事实知识时,了解汉字字源形体和一些词汇所蕴含的中华文化生活习俗、生活观念等内容。

二、字源识字教学的已有研究概述

(一)字源识字教学内容的研究

第一,字源识字教学的内容以汉字字源演变字形为主。

自2006年以来,字源识字的教学方法被许多人关注,其力图以汉字的甲骨文等字形的演变过程增加汉字识字教学的形象生动性和趣味性,提高识字教学的教学效率、教学效果,同时教授字源中包含的优秀传统文化。在这些字源识字的教学中以汉字演变各阶段的字形作为汉字形义相建构的"意象"。

关于字源识字教学的研究主要包括两个方面的内容,探索字源识字的应用模式;实施相关实验。具体做法有两种,一是按顺序展示实物与字形。字源识字教学研究中的实验教学以实物图片——古文字——文字演变——现代文字的顺序授课,在这个过程中引导学生对汉字与图形之间的联系进行一对一的表达,企图训练学生在此过程中形成长时记忆。同时,在上课的过程中也辅以画字源、使用词卡等形式进行教学。汉字字源的字体演变常常在研究者的教学内容中占了很大份量。在字源识字教学的实验中,有研究者使用汉字各阶段的形体演变作为"意象"或者"情境"进行识字教学,在其所展示的案例中,内容最少的一个是图片加上隶书和楷书字形,最多的一个是图片加上10个字形。课堂中运用到字源的地方都使用了汉字形体演变的全部字形[1]。二是猜字源的方法。杨华丽将汉字形体各阶段的演变形体作为字源识字的情境。其教学方法不是将简体汉字直接展示出来,而是让学生依据字形特点去猜这个汉字到底是什么字。在研究的初期,学生猜字有很大困难,比如把"犭"(犬)猜为"羊""牛"或者表达为"狗",而不是"犬"。把"生"(生)猜为"苗""树""花"。

有的研究者重视在字源识字教学中使用其他识字教学方法。字源识字教学包括了汉字笔画、汉字部件的分析、汉字书写、认识字形、组词等内容,教师在识字教学的课堂中还使用了循环识字法和"找朋友""开火车"等识字游戏。研究将字源识字的教学过程概括为初始识字、再现识字、拓展识字三个阶段,强调了识字教学基本技能的运用,并以对一个学校的问卷调查佐证了字源识字教学的高效性。研究者的问卷调查发现语文教师使用的识字教学法中,字源识字教学法使用的比率较大,而且使用了字源识字教学法的班级的学生成绩较好[2]。

第二,强调汉字字源对文化渗透的作用。

---

[1] 李宛睿.以字源识字法为主导的小学低年级识字教学探究[D].贵州师范大学,2015:21.
[2] 李宛睿.以字源识字法为主导的小学低年级识字教学探究[D].贵州师范大学,2015:20.

首先,研究者们认为字源识字教学可以弥补文化渗透的缺失。涂涛认为多媒体再现的汉字字源语境识字教学体系意义重大,它可以帮助儿童识字,有助于儿童思维的培养,最重要的是可以挖掘汉字文化的多元性,推动教育由工具理性回归价值理性,促进文化复兴和文化认同。有研究者认为每一个汉字后面都有一段神秘的故事,每一个汉字都具有极高的文化价值。当前识字教学的方法中存在肢解汉字,不能在识字教学中进行文化渗透的问题[1]。其次,研究者们认为汉字原生语境的展示有利于汉字形义关系的建立。字源识字法的优点主要是通过汉字原生图片追溯汉字本源,可以建立现代汉字与其原生语境的联系[2]。再次,有研究认为汉字字源用于识字教学能产生较为全面的作用,例如,凭借字源,感受汉字里的文化;凭借字源,掌握汉字的意思;凭借字源,纠正错别字;凭借字源,区别易混字[3]。

(二)字源识字教学方法的研究

第一,以多媒体技术再造字源情境的字源识字研究。汉字字源的教学方式,一是上文说到的一类,将汉字各阶段演变的形体作为汉字形义解释的意象,以解释汉字形义关系。二是运用多媒体技术创造性地创生一个模仿的汉字原生语境,以多媒体技术创造的模仿情境解释汉字形义关系。多媒体技术再造汉字字源原生情境,即借助计算机模拟产生一个多维信息空间的虚拟世界,在这个空间里,提供给观看者彩色的视觉、生动的听觉,观看者能够产生身临其境的感受。此类研究的对象有两类,幼儿和小学生。涂涛以3—6岁幼儿为研究对象,其研究以多媒体再造汉字产生的"原始情境"为主,而汉字字源的教学方式为使用一种名叫"汉字乐园"的多媒体教学软件[4]。在涂涛的引领下,多媒体背景下的字源识字研究呈细化展开的态势。有研究者设计了"多媒体字源识字教学"移动学习资源,从信息平台建设的角度,对微型移动学习资源的信息模型进行设计,从用户

---

[1] 张婷.字源识字在小学低年级识字教学中的运用研究[D].闽南师范大学,2019:1.
[2] 李宛睿.以字源识字法为主导的小学低年级识字教学探究[D].贵州师范大学,2015:21.
[3] 武宏伟.字源:字词教学中的拐杖[J].师道,2015(6):23-25.
[4] 涂涛.汉字字源语境多媒体再现之教育研究[D].西南师范大学,2005:11-65.

体验角度制订了可用性设计的指南①。有研究者以多媒体字源识字法为指导,探讨促进小学语文教师教学技能训练的模式②。或者立足小学生识字现状,探讨提高学生识字效率的多媒体教学手段③。强调在使用结合多媒体技术的字源识字教学法时,必须把握通俗、形义为主、重视系统性的教学原则④。在民族地区的识字教学和双语教学领域,亦有多媒体字源识字的应用研究。有研究者在阿坝藏区小学汉语教学中展开教学实验⑤。有研究者在分析藏区少数民族双语教学效果的主要影响因素后,根据藏区学生的特点及民族地区的教学环境,设计开发了基于多媒体字源识字系统的藏汉双语汉字教学软件,旨在以信息化途径提高民族地区双语教学效果⑥。又有研究者立足凉山彝族地区的汉语教学现实,从理论和实践两个维度提出了民族地区多媒体字源识字教学设计模式⑦。还有研究者梳理了多媒体字源识字教学法的演变、特点及民族地区汉字教学现状,从文字学和文化学视角论证了多媒体字源识字教学法在民族地区汉字教学中的可行性,为民族地区的汉字教学提供了新途径⑧。

第二,学校自主研发字源识字教学资源。除了高校的研究者,也有教学实践中的教师进行字源识字教学的尝试。北京市顺义区天竺第一小学进行了较为系统的字源识字教学实践,完成了数字化识字平台、校本教材、字源识字教学手册的研发,总结了字源识字的教学过程、基本理念和原则。其字源识字教学的第一步是读句子、学生字;第二步是利用学生成长乐园字库资源,使学生进一步理解汉字的意思;第三步是利用《汉字天地》校本教材资源进行拓展运用。张朝红、李冬青认

---

① 李艳莉."多媒体字源识字教学"移动学习资源设计研究[D].西南大学,2015:2.
② 革兆娥.多媒体字源识字法促进小学语文教师教学技能的模式研究[J].软件导刊(教育技术),2010(10):19.
③ 孙剑,孙宗义.基于多媒体教学手段的小学字源识字法探究[J].中国教育技术装备,2015(19):84.
④ 毛海燕,简爱君.浅议小学低段字源识字法教学原则[J].读与写杂志,2016,13(10):182.
⑤ 李彭曦.多媒体字源识字系统在藏汉双语教学中的应用研究:以阿坝藏族地区为例[D].西南大学,2008:1.
⑥ 涂涛,李彭曦.少数民族地区双语教学新途径:藏区双语多媒体字源识字汉字教学研究[J].中国电化教育,2012(3):22.
⑦ 李晓盼.民族地区多媒体字源识字教学设计研究——以凉山彝族为例[D].西南大学,2013:1.
⑧ 王辉,涂涛.多媒体字源识字教学法应用于民族地区汉字教学中的可行性分析[J].湖北广播电视大学学报,2014,34(5):110.

为字源识字教学的课堂模式是引导学生通过对一定数量典型字例的音、形、义形成过程的探索,将生活经验和汉字学习建立起联系,激发识字兴趣,传递汉字文化,提高识用能力,实现减负增效[1]。霍仲英等人将科学性、适切性、文化传承、发展性作为字源识字教学的四个原则,对网络环境下的字源识字课堂教学模式和数字化字源识字资源进行了研发,促进了师生发展,产生了积极的社会影响[2]。

第三,编辑图文结合的字源书籍。图文结合的书籍是字源学习和教学的重要形式。瑞典人林西莉创作的《汉字王国》,将汉字字义的释读与考古照片、甲骨文字形、民间艺术插图相结合。美国人理查德·西尔斯(Richard Sears)创办了一个网站,名叫"Chinese Etymology(汉字字源)",其对现代常用的汉字进行了字源整理,收集编列了汉字的甲骨文字形、金文以及秦汉时期的大篆和小篆,并对每个字形进行了英文释义。白乐桑等人在《汉语语言文字启蒙》一书中阐释了汉字的"二元论"教学论方向,即承认汉语教学具有两个最小的语言教学单位——字和词,充分承认字是表意单位、组合单位、记忆单位。白乐桑等人还认为汉字是意义和思考的绘画,所以在《汉语言文字启蒙》里,多数汉字的学习材料都使用了甲骨文、金文或者篆体字并适当配上与之相关的图片,比如"人"字的学习材料配上了人的侧影图片;"学"字的学习材料配上了相应的金文,并用英语在一旁解释这个字形——"a child receiving signs passed by two hands",单元首页即是一个先生在教一群孩子学习的图片,先生手中所持匾上书写有三个字:"子""字""学"。这即是将字源和表现字源的生活情境作为汉字学习内容的典型代表。《汉语言文字启蒙》被孔子学院评为"优秀国际汉语教材",是汉字字源识字教学实践成功的一个范例。

(三)字源识字教学实践中需要解决的问题

字源识字教学方法在各种教学方法中处于边缘化的境地。关宏宇在研究中认为字源识字教学在教师课堂中的运用处于边缘化的位置,究其原因有三:一是

---

[1] 张朝红,李冬青.小学字源识字课堂教学模式[J].考试,2015(21):85.
[2] 霍仲英,张朝红,李冬青.小学字源识字教学的实施原则[J].北京教育(普教版),2016(6):64.

教师的专业素养不足以上好字源识字的课程；二是已有的教学参考不足以支撑教师的字源识字教学工作，例如教学著作缺失，教学素材分散，教学案例匮乏；三是字源识字教学理论与实践脱节，字源识字教学理论不足以指导教师的字源识字教学工作。如果字源识字教学方法不结合机械记忆的其他教学方法，那么学生的识字成绩很可能会降低。而且据关宏宇的观察，字源识字教学方法在学习成绩提升方面所花的周期较长，只有长时间坚持才可见效[1]。

　　字源识字的教学时间过长导致课堂效率低下。义务教育课堂中的汉字识字教学的首要要求是能读会写，字源识字教学重在阐释和领悟，因此要在课堂中使用字源识字教学法，就不得不考虑其效率问题。据杨华丽的研究，一些字源识字教学的讲解花费时间较长，减少了规范汉字书写等的训练，有的汉字字源与简体汉字的字形相关性不大，教师不愿意讲解[2]。苏武德则对每个字都进行字源识字教学的可行性提出了质疑和思考。他认为如果将小学阶段要学会的2500个字每个都用微课上下来的话，那么字源识字的这个教学环节将占用语文课程70%的时间。语文课程其他内容将只有30%的时间，用来完成汉字的拼读、书写练习以及阅读、写作、口语交际的教学任务[3]。张婷认为，字源识字教学容易导致学生接受的信息量过大[4]。

　　字源识字教程资源不充足。字源识字教学的研究者们认为，目前字源识字教学发展不够充分、效果不理想的原因是资源的不充足，所以应当建立全国共享的字源识字资源库[5]，并建设家长也能运用的字源学习资源[6]，刘翔认为由于支持字源识字教学的理论和资源比较匮乏，所以字源识字教学没有被广泛使用[7]。因此，刘翔在合体字教学中尤其关注汉字部件对整字意义分析的基础性作用。汉

---

[1] 关宏宇.小学语文字源识字法教学研究[D].北华大学,2016:51.
[2] 杨华丽.字源识字教学文化渗透研究[D].西南大学,2015:46.
[3] 苏武德.这样的目标能实现吗——读《让2500个汉字在微课中滋养学生》有感[J].小学教学设计,2016(8):64.
[4] 张婷.字源识字在小学低年级识字教学中的运用研究[D].闽南师范大学,2019:54.
[5] 张婷.字源识字在小学低年级识字教学中的运用研究[D].闽南师范大学,2019:29.
[6] 杨华丽.字源识字教学文化渗透研究[D].西南大学,2015:45.
[7] 刘翔.汉字生成系统构建探索[D].西南大学,2011:6.

字部件为汉字的字义理解提供线索,他便以此为基础进行了字源识字基础平台的设计,字源识字基础平台中收录了字源的三类相关信息,包括汉字演变信息、字源解释意义的信息、与字源相关的图片信息[①]。进行字源识字教学的教师必须有一定汉字构形学、汉字字体学、汉字字源学、汉字文化学的理论知识与功底。张婷还提出了字源识字课堂设计要有针对性、字源识字教学法与其他识字教学法交替使用的改进建议[②]。

三、与字源识字相关的研究

(一)汉字语素意识

阅读和写作不仅需要将语音单位与书面形式联系起来,而且需要将口语和书面形式与意义联系起来,这种联系在词汇层面上表现为语素意识。儿童对语素的感知和运用能力高低体现在语素意识的强弱上,语素意识(morphological awareness)"指的是儿童对语言中最小意义单元(语素)的认知和操作以及使用词汇构成规则的能力"[③]。Kuo 和 Anderson 将语素意识(morphological awareness)定义为儿童在学习语言的过程中,对所学语言中最小意义单元的认知和操作能力;Carlisle 认为语素意识是指学生理解、分析和操作单词中语素的能力,这种能力提供了一种有价值的机制来帮助具备各种能力的学生进行读和写。良好的语素意识不仅有益于学生识字能力的提高,还可促进提高学生的读和写的能力。

语素意识的研究多将同音语素意识、同形语素意识和复合语素意识三个内容作为语素意识的成就指标。同音语素意识是指对同音字的区分意识;同形语素意识是指意识到同一字形在不同的语境中可能有不同含义;复合语素意识是

---

① 刘翔.汉字生成系统构建探索[D].西南大学,2011:80.
② 张婷.字源识字在小学低年级识字教学中的运用研究[D].闽南师范大学,2019:54-55.
③ 方锐豪,程亚华,伍新春.小学低年级儿童汉语语素意识、口语词汇知识对阅读能力的影响:一项追踪研究[J].心理发展与教育,2019,35(1):57.

指儿童对词内部结构的意识,即利用关键语素组合成新词的能力。[1]语素意识是学生汉字形义学习的具体体现形式,在良好语素意识的基础上,学生才能将抽象的汉字符号学习过渡到具有语境特性的词和句子的语言运用上。所以对于形音义结合的、全面的汉字符号的学习,其评价除了对汉字形音的再认进行评价外,还应以语素意识的方式对其识字学习进行评价。

已有的字源识字教学研究的实验测评以汉字字形识别为主,没有涉及汉字语素的相关知识。严格地说,学习者只有把汉字形体与音义全面联系起来,才能算作识字,也就是说当一个汉字进入到词义(一音多义、一字多义)的学习中以后,才是真正地开始识字。识字教学的评价需要以词义学习的结果来检测。

针对语素意识的教学可能给读写教学带来额外的好处。英语教学中关于语素意识的相关研究证明了这一点。Bowers 和 Kirby 认为含有次级词汇成分意义的教学可能产生词汇知识,这些词汇知识可以转化为词汇和次级词汇技能。高质量的词汇技能帮助学生提高词汇识别效率,从而减少处理和整合连接文本所需的认知负荷,并使学生更容易获得与该词相关的语义信息。因为语素意识与阅读理解和写作能力的关系最为密切,语素意识在文化发展中起到了关键作用,因此语素意识需要明确和系统地教授。Carlisle、Deacon & Kirby、Roman & Kirby 的研究表明语素的教学可以提高儿童单词识别、拼写和对词汇的理解能力。Bowers 和 Kirby 指出,对学生进行明确的语素指导将在次级词汇层面上提高其对口语和书面语素特征的理解能力,从而在词汇层面上影响到识字技能(如单词阅读、拼写和词汇)和次级词汇层面(如阅读理解)。

Wu 和 Anderson 等人对中国儿童进行了 2 年的干预教学研究,有力地证实了语素意识是中国儿童识字发展的关键因素。Liu 认为汉语中存在大量的同音字,如果儿童有同音语素意识,并能区分同一个读音下不同字形的不同意义,那么他们在阅读中就能更好地辨识不同的语素,进而促进自身对文本意义的理解。同音语素意识考察了儿童对发音相同但具有不同意义的字的感知能力。李利平等

---

[1] 程亚华,王健,伍新春.小学低年级儿童汉语语素意识在阅读理解中的作用:字词阅读流畅性的中介效应[J].心理学报,2018,50(4):414.

人通过logistic回归分析发现,在语言特异性认知因素中,同音语素意识是使读词者快速理解文本的独特原因[1]。

董琼等人的研究发现语音意识、语素意识和快速命名这三种认知技能是预测学习汉语的儿童言语能力发展的重要指标。研究提出了相应的教学建议,在学前教育中,教师应有意识地通过示范、游戏等活动,培养儿童的语音意识和快速命名等认知技能,加强对复合词汇结构和意义的分析,促进儿童语素意识的发展。[2]

Cheng等人的研究证明语素意识与词汇知识的习得密切相关。赵英等人的研究发现小学生的语素意识对词汇知识的积累有显著的预测作用,但"随着年级的升高,不同类型的语素意识对词汇知识的作用不同。低年级时同语素意识较为重要,高年级时同形语素意识较为重要,而复合语素意识在整个小学阶段均能显著预测词汇知识的发展。儿童的语素意识和词汇知识随时间有显著增长。儿童语素意识和词汇知识之间存在双向预测关系"[3]。语素意识与儿童汉语阅读的发展水平成正比。方铖豪等人的研究发现,语素意识高,则儿童汉语阅读发展水平高;语素意识低,儿童汉语阅读发展水平也相应较低[4]。程亚华等人研究发现,语素意识对儿童言语技能发展具有重要作用[5]。李利平等人的研究发现,在整个小学阶段,儿童的语素意识都影响阅读流畅性,语素意识在对汉字进行识别和阅读流畅性之间起着中介作用[6]。

---

[1] 李利平,伍新春,周宁宁,等.汉语儿童读词者的认知特征及其影响因素[J].心理学报,2016,48(10):1277.
[2] 董琼,李虹,伍新春,等.语素意识、语音意识和快速命名在学前儿童言语能力发展中的预测作用:来自追踪研究的证据[J].心理与行为研究,2014,12(2):210.
[3] 赵英,程亚华,伍新春,等.汉语儿童语素意识与词汇知识的双向关系:一项追踪研究[J].心理学报,2016,48(11):1442.
[4] 方铖豪,程亚华,伍新春.小学低年级儿童汉语语素意识、口语词汇知识对阅读能力的影响:一项追踪研究[J].心理发展与教育,2019,35(1):65.
[5] 程亚华,王健,伍新春.小学低年级儿童汉语语素意识在阅读理解中的作用:字词阅读流畅性的中介效应[J].心理学报,2018,50(4):413.
[6] 李利平,伍新春,周宁宁,等.汉语儿童读词者的认知特征及其影响因素[J].心理学报,2016,48(10):1270.

(二)字源识字教学的加工策略

字源识字教学中的加工策略需要一个综合性的能力。有研究表明,"语言形式、认知加工和学习策略都会影响神经解剖功能的发展,它们反过来又改变了语言加工的神经环路。汉语阅读不仅需要语音加工能力,还需要更强的视空间加工能力,以及形、音、义的'协调和整合能力'"[1]。

儿童全面地掌握汉字是一个相对漫长的过程。有实验观察表明,初入学儿童掌握汉字是一个细致复杂且反复的过程。字形是掌握汉字的难点,熟记字形需经历三个发展阶段:即从识记字形结构粗略轮廓的泛化阶段起,经过建立字形结构各组成部分和形音义三者统一联系的初步分化阶段,到最后形成字形结构各组成部分和形音义三基本因素统一联系的牢固精确分化阶段。因此,要彻底完成识字四会的任务,必须经过识字、阅读、写作几个基本教学阶段的反复练习和实践[2]。汉字包含的知识能被学生充分掌握并被运用到语言实践中需要一个由生疏到熟练,由局部到全面的过程。

汉字的区分包括汉字与汉字之间(外部)的区分和汉字内部的区分。汉字与汉字之间的区分在难度上要低于汉字内部的区分。汉字外部的区分是识字的初级阶段,而汉字内部的区分是更高一级的识字阶段。余贤君认为"在小学生汉字心理词典的发展、建构过程中,字形是最主要的表层线索,字音是暂时的中介联系,字义是心理词典的深层表征。小学低年级要注重区分同音字的不同意义,中、高年级要注重区分近义字和多义字的不同意义"[3]。小学低年级的识字学习重在横向的对汉字字形的准确认知,高年级则重在汉字内部字义的纵向学习。

汉字的特点重在形义结合,以形见义。汉字中以形表义的方法包括了以局部特征代替、比喻等多种方式。汉字内部的发展也包括了多种方式,学生通过视觉辨认汉字的形义,这种方式在识字的程度上就要高于仅以语音学习汉字的儿童。有的研究发现,阅读水平低的儿童在阅读过程中更加依赖于语音线索[4]。孟

---

[1] 李秀红,静进.汉语阅读脑功能磁共振的研究进展(综述)[J].中国心理卫生杂志,2010,24(7):560.
[2] 万云英,杨期正.初入学儿童学习汉字的记忆特点[J].心理学报,1962(3):227.
[3] 佘贤君,王莉,宋歌,等.小学识字教学难点与汉字心理词典的发展[J].上海教育科研,1998(12):30.
[4] 宋华,张厚粲,舒华.在中文阅读中字音、字形的作用及其发展转换[J].心理学报,1995,27(02):142.

祥芝等人的研究发现阅读水平低的儿童容易产生更多的同音替代错误,这说明阅读水平低的儿童在词汇加工中较多地使用语音信息。汉语阅读比拼音文字需要更广泛的神经网络协同活动,该网络涉及左右脑。同时汉语言形式本身的特点会影响神经解剖功能的发展,而不同的人采用不同的认知加工和学习策略也会影响神经解剖功能的发展[1]。这样一来,我们可以假设如果语文教师采用了积极有效的汉字认知和加工策略进行汉字教学,则极有可能影响学生的神经解剖功能的发展,并反过来改变语言加工的神经环路。所以,汉字的识字教学策略需要关注到汉字加工的各个方面。周兢等人的研究表明,"汉语儿童早期书写发展与汉字本身的象形文字、方块字等视觉特征联系紧密,儿童的早期书写发展呈现'从图像到文字'的清晰轨迹"[2]。总之,识字教学是一项复杂的教学活动。

四、对已有研究的评价

(一)已有的字源识字教学研究

已有的字源识字教学研究初步论证了字源识字教学的意义,并进行了相应的字源识字教学实践。已有的字源识字教学实践为位育视域下的小学字源识字教学研究奠定了实践基础。

在研究过程中,汉字字源运用于实践的优势与劣势均得到了彰显。汉字字源不仅具有形象性,它还具有整体性、模糊性。汉字字源相应情境在识字教学中的表达形式多样化。汉字字源相应情境包括汉字指称对象的图片、汉字字形演变形体、多媒体模拟的汉字字源原生语境。汉字字源中的文化信息深浅不一,有的汉字字源中的文化信息需要有文化认知经验基础才能理解。汉字字源中的文化信息量大,在教学内容上进行选择具有必要性。小学字源识字教学依附于学校语文教材,其教学内容、教学步骤、教学目标均受限于语文教材的内容安排,这

---

[1] 孟祥芝,舒华,周晓林,等.不同阅读水平儿童的汉字字形输出与再认[J].心理学报,2000,32(2):136.
[2] 周兢,刘宝根.汉语儿童从图像到文字的早期阅读与读写发展过程:来自早期阅读眼动及相关研究的初步证据[J].中国特殊教育,2010(12):69.

是小学字源识字教学必须面对的一个规定性。从位育的视域看已有的字源识字教学研究，笔者认为以下几个方面还有待深入的研究。

1.已有的字源识字教学研究未充分运用各种教学策略

有的教师在运用字源识字教学方法的过程中逐一使用了汉字各字体的字源形体，字源形体教学占用的课堂时间较多，影响了课堂教学的效率。首先，在成年人看来，甲骨文等文字具有形象生动的特点，但对于一年级的小学生来说，大量的符号呈现在他面前的时候，他很难准确理解象形字表达的主要内容。虽然有一部分象形字的确容易辨认，比如"日""月""山""川"，但如上文提到的"犬"字，学生看上去像他们知道的所有四足动物。其次，因小学阶段的学生能力有限，没有必要学习所有汉字中包含的文化。比如我们最常见的"教"字，甲骨文字形为，对于汉字形体的学习意义不大，在学校中学习的小学生对这个汉字的音义很熟悉，所以在只是识字教学的情况下，"教"这个字是没有必要进行字源识字教学的。再次，学生难以理解离自身生活较远的汉字文化。已有的字源识字教学研究认为字源识字的必要性主要有两点，一是更有利于学生进行汉字形义关系的理解和识记；二是汉字字源字形信息中包含了丰富的传统文化信息，在认识汉字字源的过程中，学生可以认识并了解中华优秀传统文化。多数教学实验在小学识字教学的课堂上进行，许多实验一进入学校就遇到了意想不到的困难，教学时间不够用、学生不感兴趣、教师操作困难等问题相继出现，对传统文化的滋养、民族文化认同等重要主题，教师更是无从下手。即使有所作为，但也局限于汉字分析，因为让小学生在字源识字教学中同步实现那么多目标，本就违背以人的发展为核心的位育初衷。字源字形中的文化信息在这里成了固定讲授的知识。

汉字中蕴含的中华优秀传统文化是广泛的，其深刻性决定了汉字文化被小学生理解是一个长期的过程。小学低段学生通过易于辨识的象形字了解汉字的物性，逐步学会从合体字的部件中看懂合体字里的组合情境。文化的学习，则从表现身体、自然、节庆这样的可以在生活中感知到的事物开始，认识规则的来龙去脉。然后到了小学学习的高段乃至初中、高中的古诗文学习中，再通过更多的汉字去学习、了解古代文化中的生活习俗等内容。因此，字源识字的教学应该使用多种教学策略。

2.字源识字教学研究不仅需要关注字源，还需要关注其他教学要素

字源识字教学的显性评价主要为听写作业的字形再现，朗读时汉字形音准确结合；隐性评价，同时也是最主要的评价的重点在于字源识字教学后阅读和写作中汉字词义的输出，汉字词义的输出体现为一个"词"的意义。已有的关于语素意识的研究内容主要是对儿童语素意识与言语技能发展关系的揭示，这些研究成果对于识字教学的有效性的检测、识字教学方法的选择具有较好的参考作用。这表现在以下三个方面：证明字源识字教学首要阶段组词教学的必要性；组词教学的过程中以汉字不同的语素进行组词是识字教学中应该被重视的内容，掌握了一个汉字的多个语素才是全面认识了这个汉字；受小学生语素意识研究的启发，语素意识在字源识字教学中的运用可以将汉字事实知识和价值知识的诸多"相对性"进行"客观化"，避免教师在讲这两类知识的过程中"不着边际"地发挥。字源识字教学中字源的运用可以帮助学生进行知识建构，而语素能协助他们将这两类知识在实际上"落地"，当这些知识成为他们心理词典中的词汇以后，汉字知识的全面教学才能实现。所以，本研究的实验教学设计中引入了语素这一概念。

学前儿童口语表达中词汇的丰富性在一定程度上说明了其认知的丰富性。这种丰富性包括认知的范围，即词汇种类的繁多；包括认知的方式，即在局部和深度上对事物的描述能力；包括了认知的策略，在认知中使用对比、类比等认知策略。所以学生具备的前语言学习能力对小学阶段正式的汉字学习是存在潜在影响的。这就启示我们，学生在字源识字教学的起点可能首先受到的是口语能力的影响。汉字识字教学中教师教授的汉字加工策略能影响学生的识字水平和能力。7—10岁的汉族儿童在对汉字（以及拼音文字）的辨认上表现出左半球优势，这样的研究启示汉字识字教学活动注意以下问题，小学低段的学生在学习生字时首先会将汉字与心理词典中的字音、字义进行联系，在小学低段的识字教学中教师需要充分利用学生心理词典中字音、字义的储备，并利用汉字部件的知识加强学生的同音语素意识，使其逐步学会运用字形去区分同音汉字的不同语素。

汉字部件对汉字读音和汉字意义的辨认都具有重要的线索作用，现有的多种识字教学方法都注重运用汉字的部件，字源识字教学方法需要运用汉字部件的字源信息将学生的已有认知和汉字意义进行链接。汉字加工的策略水平与汉字识字的能力成正比例关系，加工策略水平高，汉字识字能力更强，认识的汉字更多，认识的汉字增多，又反过来影响汉字加工的策略水平。所以教师教授汉字识字的策略如果要对学生的学习能力形成积极影响，则教师必须注重汉字加工策略的科学性。

3. 字源识字教学从应然走向实然的研究不够深入

字源识字的教育理论建构基础不明确。首先，字源识字教学的目标不具体，即没有明确字源识字教学的目标是字源本身，还是规范化的简体字。我们常说字源识字可以帮助学生理解汉字形义关系，但这种形义关系是简体字的形义关系，还是字源的形义关系，也没有定论。因为小学字源识字的教学活动发生在学校教育的课堂上，教学的目标应该是规范汉字，但是我们现有的字源识字教学方式向学生展示了一个汉字的所有字形的演变过程，并且学生还需要知道和理解每个字形变化后面的理据，教学的目标在实际上变成了汉字字源形体。其次，字源识字教学的文化育人目标不清楚。字源识字教学所要实现的文化育人目标是教授汉字文化还是中华优秀传统文化尚无定论。汉字文化属于汉字形义发展变化过程中形成的汉字自有的文化体系。比如汉字结构上的对称美，汉字构字分析的六书，汉字与中国古诗文共同具有的叙事手法和比喻手法，取局部以表现整体的方法等等。中华优秀传统文化的内涵要大得多，"天人合一""道法自然""以民为本""崇尚和谐""德行仁善""承担责任""自强不息""爱国奉献"等都是中华优秀传统文化的精华所在。在字源识字教学中要教给学生哪一种文化？教给学生这种文化的目的和方式是什么？现有的字源识字教学研究是没有说清楚的。再次，字源识字教学教给学生的汉字形义关系不清楚。独体象形字的字义单一，发展变化较小。但许多合体字的本义已经消失，或者其本义在语文教材的文本中并未出现。在分散识字的情况下，以什么样的形式能把字源中的形义关系讲清楚，都是需要继续思考的。

教育理论,对大众而言,具有启蒙价值;对教育实践中的教师而言,具有对其教学行动的指导价值;对政府的行政官员,具有决策参考价值。字源识字的教育理论在识字教学活动中处于边缘的地位,说明它没有发挥出应有的价值。本研究中的字源识字教学以分散于语文教材中的汉字为对象,避开分散识字对汉字以形表义系统性的不利,而利用分散识字中丰富具体的文本情境对汉字字源的形义表达进行诠释。尝试对汉字字源与语文教材中的其他内容(文本、插图)和学生生活经验中的情境进行整合教学,在不增加学生学习量的前提下,通过增强知识的综合性,加大知识的容量和深度,以全面实现汉字知识的价值,将其工具性、人文性整合为一。在字源识字的具体教学中,结合汉字部件、汉字语素等汉字重要而具体的下位要素,对汉字字源中的情境、事实、思想内容进行选择和规定,实现无限与有限、抽象与具体的结合。

(二)现有的相关汉字研究对汉字文化育人功能研究不足

1."字本位"观点认为汉字具有双重身份

在马建忠的《马氏文通》出版之前,中国汉语研究以文字学为主,只研究文字,不研究语言[1]。《马氏文通》的语法体系是模仿拉丁文法而建立的,企图以此建构汉语言的语法,一则促成汉语言的研究;二则探索汉语言教学的新方法。但是中国汉语言文字学沿着这样的道路去进行研究以后,出现了新的困难,一是基本结构单位不同,汉语是字,印欧语是词和句;二是研究的核心内容有别,汉语重语义的研究,主观的因素会参与语义的解释,而印欧语重语法的研究,讲求对形态变化规则的把握,排斥主观因素的参与;三是汉语重视觉的"形"的研究,汉字在汉语研究中占有重要的地位,而印欧语重听觉的"音"的研究,遵循索绪尔的"语音中心主义"原则,排斥文字在语言研究中的地位[2]。由此,徐通锵提出了现代"字本位"的理论,即以"字"为汉语语法的基本单位来研究汉语言。原因在于汉字的字形即能解释清楚汉字的"字义",汉字不仅仅是汉语言的书写符号,汉字更

---

[1] 传统的汉字研究包括三门学问:文字学、音韵学、训诂学,三门学问分别研究汉字的字形、字音和字义。
[2] 徐通锵.汉语字本位语法导论[M].济南:山东教育出版社,2008:3.

具有能脱离汉语言的"相对"独立性。[1]汉字的形体的创造包含了人的主观认知，具体表现为汉字形体对事物具有分类的作用，体现着某些事物的性质，积淀着一定认知的思维方式等。所以，汉字不像拼音文字那样是"符号的符号"，而具有能够脱离语言的相对独立性。[2]

由"字本位"的观点出发去分析汉语言的教学，就可以承认汉字的双重身份：汉字既是汉语的书写符号，即表形单位，也是形音义单位。汉字具有双重身份是其能够成为书面汉语基本单位的决定性因素。所以，可以做出如下的推论：汉字的学习不必然发生在汉语言的学习完成之后，汉字的学习可以与语言的学习同步，或者汉字的学习可以离开汉语言的学习而进行。这样的教学现象的出现早于现代"字本位"理论的提出。1956年，黑山县北关实验学校进行了集中识字教学实验。实验的出发点是低年级的语文教学以识字为重点，解决"边读书边识字"过程中出现的"少慢差废"问题。集中识字的思路是"先识字、后读书"，这是汉字教学独立于汉语言教学的表现之一。首先，集中识字的实验得以展开，在一定程度上证明了汉字相对的独立性是存在的；其次，集中识字教学实验中，识字周期较长，增加了学生的学习负担，因为教学不能与语言运用相结合，识字巩固率不高。这也说明了，汉字字形包含的认知内容层次多元，依据字形掌握的汉字只能与学生的认知能力相匹配，我们不能要求低龄阶段的孩子学会超越其认知能力的内容。

2."词本位"理论认为汉字仅是"符号的符号"，不可单独解释汉字

与"字本位"理论相对应的是"词本位"理论。首先，"词本位"理论认为"词是有确定意义的固定形式的、能够自由运用的最小造句单位"[3]。其次，"汉字是记录汉语的第二性符号体系，汉字构形系统与汉语词汇系统是两个不同的系统"[4]。与"字本位"理论相反，"词本位"理论在汉语语法的分析上坚持词为最小单位，汉字是"符号的符号"。

---

[1] 徐通锵.汉语字本位语法导论[M].济南：山东教育出版社，2008：11.
[2] 王玉新.汉字认知研究[M].济南：山东大学出版社，2000：23-24.
[3] 王宁.汉字汉语基础[M].北京：科学出版社，1996：206.
[4] 王宁.论汉字与汉语的辩证关系：兼论现代字本位理论的得失[J].北京：北京师范大学学报（社会科学版），2014(1)：87.

由"词本位"理论出发去分析汉语言的教学,需要坚持如下观点:"基于以上原因,识字教育必须依赖于语言习得,识字教育的效果必然滞后于语言能力的培养,最多与语言习得同步,而无法超越语言能力。阅读能力是对书面语言把握的能力,培养这种能力不是汉字教学单独可以完成的,所以,识字教学一般应当与语文教育同时进行。"[1]同样地,更早的教学实践已经产生。1958年,斯霞老师的分散识字教学实验,即根据"字不离词,词不离句"的原则进行教学。

3. 两种观点都肯定汉字的形义关系,但不重视汉字的文化功能

值得注意的是,虽然上述两种理论在语法意义研究单位上分歧鲜明,但是在汉语言文字的教学实践上却有相似的地方。

其一,二者都认同在识字教学中分析汉字部件。王宁认为,汉字属表意文字系统,科学地讲解和分析汉字即通过构形讲解它的构意,可以帮助我们理解和记忆字所记录的词义。"那么讲解汉字的构形如何着手呢?首先,反对"流俗文字学的主张"。汉字形义统一的历史事实只能解释,不能杜撰;如果随意杜撰,还会破坏每一个字在汉字的构形系统中与其他字的字际关系。其次,正确讲解汉字的构形部件:不能随意编造汉字构字理据;汉字结构生成具有层次性,不能把汉字的所有部件看成同一个层次的东西。吕必松认为汉字的三级结构单位具有层次性,成字由笔画与笔画组合生成,或者由笔画与部件、部件与部件组合生成,由笔画到成字的组合,或由笔画到部件再到成字的组合,都是由小到大、由简单到复杂的层层组合[2]。王宁坚持"词本位"的观点,认为语言第一性,汉字第二性,同时,其以汉字构形学解读汉字的形义关系,提出了汉字字义解读的具体方法和原则。她否定了汉字作为汉语言基本的语法单位的观点,但肯定了汉字形义关系。吕必松肯定了汉字作为汉语言基本单位的观点,但主要强调了汉字字形的构成形式和层次。

其二,二者都强调将"字"的教学作为起点,由"字"到"词",再由"词"到"句子"。吕必松认为,"以汉字为基本教学单位,就意味着汉字不但是书面汉语的基本教学单位,而且也是口头汉语的基本教学单位;以汉字为基本教学单位,还意

---

[1] 王宁.汉字教学的原理与各类教学方法的科学运用(上)[J].课程·教材·教法,2002(10):3.
[2] 吕必松.我们怎样教汉语:兼谈汉字教学在汉语教学中的地位和作用[J].汉字文化,2012(1):24.

味着汉字教学必须跟词、句教学相结合,做到'以字组词,以字词组句'"①。只有这样,才能体现汉字作为汉语言基本单位的特点。斯霞认为,有些汉字必须存在于具体的某个词中才具有意义,或者说一个字有多个意义,只有进入词的分析中,我们才能明确其具体意义。她还在分散识字教学中创设了"字不离词,词不离句"的教学原则。

总之,相当一部分汉字的形义关系是密切的。同时,汉语言记载、保留、发展了汉字的形义关系。要注意的是,不能完全离开汉语言谈汉字的形义关系,因为汉语言的运用是以汉字形义的表达为基础的。汉字字源以更为形象具体的方式表现出了汉字形义之间的规定性。

现有的相关汉字研究主要关注的是汉字显性的工具性价值,人们对汉字隐性的文化育人功能及其在教育中的运用的研究不够充分。但现有的相关汉字研究成果为汉字隐性的文化育人功能在教育中的运用提供了重要的基础。

第三节 小学字源识字教学中的问题

识字的重要性日益凸显,汉字从文化的角度来看,具有三个层面的知识,即汉字的事实知识(物质层面)、形式知识(制度层面)、价值知识(精神层面)。汉字的事实知识体现在汉字的镜像功能上,比如民族进化史的显现、农业文化的映像、宗法制度的呈示、生活习俗的写照、思维方式的昭示等;汉字的形式知识体现在汉字的构字规范和传播功能方面,主要指汉字形音义相结合的符号知识;汉字的价值知识包括汉字所蕴含的各种思想(比如天人合一、仁、义、礼、智、信)以及汉字所体现的审美方式和情感态度。汉字字源被运用到识字教学中,解决的是两个问题,一是发挥汉字的形义关系,帮助学生见形知义;二是以汉字字源进行文化阐释,实现以文化人的目的。但汉字字源与简体字在形式上不是一

① 吕必松.我们怎样教汉语:兼谈汉字教学在汉语教学中的地位和作用[J].汉字文化,2012(1):24.

一对应的,有的汉字字形变化大,其字源已经无迹可寻,这样的字无法以汉字字源的形式进行教学;有的汉字古今形体变化不大,从简体字中即可以看到字源形体;有的汉字古今形体差异甚大,但字源形体的形象鲜明,文化意蕴深刻。在汉字字源"家族"关系复杂的背景下,目前课堂教学中字源阐释的原则不齐,方法多样,以文化人的目标还未实现。汉字字源的运用处于初级阶段,主要服务于汉字的工具性,即只将汉字作为记录文化的符号,还没有在教学中挖掘其本身的文化价值。

一、小学字源识字教学内容上存在的问题

(一)小学第一学段的学生区分同音字的能力薄弱

识字是语文阅读和写作的基础,学校其他学科的学习也要以识字为基础。所以识字教学在小学低年级的教学中,其教学任务就显得极为重要。汉字的认读、复写是检验汉字识字效果的基本方法。在汉字形体的书写中,汉字笔画包括6种基本笔画,25种派生笔画。多一点,少一点都会被判为错字。在初学阶段,由于年龄尚小,小学生往往在字形上不能完全认准汉字的笔画,或者容易混淆形近字,如先学了"写",再学"考",那么在写"考"字时就经常将下半部分写成"与",这样"考"字多了一横便成了错字。多数孩子对汉字语音的学习从入学前的生活语言中就已开始,但是正规的汉字书写开始于学校学习。汉字内部的笔画顺序、笔画名称、笔画结构、书写规范是识字教学的重点,这鲜明地反映了制度层面对识字教学的指导意义。在上文所列的任何一个语文教学大纲或者课程标准里都有对书写的具体而详细的指导和要求,比如1963年《全日制小学语文教学大纲(草案)》要求"掌握汉字的基本笔画、笔顺规则、偏旁部首和间架结构"。所以在小学第一学段的识字教学中,规范汉字的书写教学是重点。

课堂实录:一年级下册生字学习。

1.学习"金":jīn,上下结构,"人"字头。组词:金子、黄金、金星。

书空:一撇,二捺,三横,四横,五竖,六点,七撇,八横,共八画。

2.上课期间教师停下表扬坐姿、写姿较好的同学。

3.学习"单":板书示范。

教师语言强调:上面有两点;去了上面两点就是"甲";一竖是"悬针竖",从"口"里开始写;中间一横不沾边。

学生书空:单(dān)。一点,二撇,三竖,四横折,五横,六横,七横,八竖,共八画。组词:单(dān)人、单(dān)元、姓单(shàn)、单(chán)于。

4.学习"丝":板书示范。

教师语言指导:上面两个部件左小右大。

学生书空学习笔画。

师:请同学们用"丝"组词。

生:蚕丝、丝房钱、丝瓜、丝人、真丝。

师:丝房钱、丝人是不对的。"私房钱""私人"才是对的。

5.一起把所学生字写一遍。先写字帖,再在空本上写。

汉字中同音语素(一音多字)和同形语素(一字多义)的情形比较普遍。学生只要开始学习汉字就会碰到这样的问题。学生在进入学校前是有一定生活语言积累的,但是这种积累一般不能与字形对上号。在上面的一段课堂实录中,当教师让学生用"丝"组词时,学生便组出了"丝房钱""丝人"这样的词语。所以演化为偏旁的独体字的汉字字源学习是一个持续的过程。同音语素(一音多字)的区分依据主要来自汉字的表意形旁,表意形旁来自汉字中的独体字,表意形旁的字源学习能帮助学生进行形义结合的学习。

(二)小学识字教学中生字组词关注汉字个体内部字义不够

汉字字义表现在词汇中。小学生在识字教学中多运用组词的方式学习生字。而组词的主要作用在于确定字义,学生将字义放到一个最小的语言单位情境中,进行词汇储备,奠定语言学习的基础。在大量的识字教学课堂中,从字义的角度来看,组词具有随意性。比如"咬",组词为"咬牙""咬住"。看上去是组了两个词,实际上只使用了一个字义。两个词里面的"咬",意义相同,均指"上下牙交错合力啃嚼食物"。"咬"字的常用义还有一个:"齿舌配合,切声连韵,拼读字音",组词为"咬文嚼字"。"奋",组词为"奋斗""奋进",两个词中的"奋"皆为副词,指"全力地""猛烈地"。"奋"的常用义还有两个:动词"使劲、拼搏",组词为"奋不顾身";词性引申为形容词"有劲的""令人振作的",组词为"奋勇""兴奋"。单个汉字字义的多义性被忽视,会影响学生语文学习的整体水平。

(三)小学字源识字教学更重视汉字形旁的字源教学

教师对汉字偏旁类属性的有意识的教学,促使学生初步形成对汉字偏旁系统性的认识。教师出示字源后,学生能顺利同化新学的汉字知识与已有的生活经验。在二年级下学期,学生已经能分析出诸如形声字形旁表义、声旁表音的信息。比如:"膀"字是形声字,"月"表示是身体的一部分,加"旁边"的"旁"构成"膀"字;"翅"字中的"支"首先表示支撑,飞行需要平衡力,形成平衡力需要支撑,"羽"字表示翅膀上的羽毛。

课堂情景展示:二年级下册学习新课文。

1.教师让学生书空生字。

2.教师出示"支"字籀文图片:🀄。

师:请大家翻看语文书前面,竹子的古文字是怎么写的呢?

这个籀文的意思是:手拿竹子,用来拄住地面起支撑的作用。

今天课文里有个"翅膀"的"翅"字,大家看看,它和"支撑"有关系吗?

生1:有关系,"支"首先表示支撑,飞行需要平衡力,形成平衡力需要支撑,"羽"字表示翅膀上有羽毛。

生2:"翅"就是翅膀,右边有"羽"字,是因为翅膀上有羽毛。(有的学生理解到位,迅速将知识串联起来,有的学生无法理解)

师:大家再查查字典,找到"支"字部,看看带有"支"旁的字还有哪些?

生:找到了,在字典57页。

师:大家找一找带有"支"字部的和"支撑"有关系的字有哪几个,举个例子来说说。

生1:鼓。(念了字典上关于"鼓"的解释)"a.打击乐器,圆柱形,中空,两头蒙皮:~乐(yuè)。~角(jiǎo)。大~。b.形状、声音、作用像鼓的:耳~。石~。c.敲击或拍打使发出声音:~吹。~噪。d.发动,使振作起来:~励。~动。~舞。一~作气。e.高起,凸出:~包。~胀。f.古代夜间击鼓以报时,一鼓即一更。"(但是不能说出"鼓"与"支撑"的关系)

生2:(在座位上说到"歧"字,只是没有举手。)

生3:左边有"月"字的那个"肢"。我们都有"肢体","肢体"就是支撑我们身体的部位。

师:大家一起写下"肢"字,"肢"指的是我们身体的哪个地方?

生4:"肢"指的就是我们的"手"呀,"腿"呀。

师:我们常常把它们称作"四肢",对不对?

生齐:对。

生3:四肢可以支撑我们的身体,平衡我们的重心。

师:小朋友们下次再碰上新的有"支"字部的字时,就要想一想这个字和我们的"支"表示支撑的意义有没有关系。

汉字的系统性常常让教师讲到汉字系统就"欲罢不能",极容易讲得"停不下来"。在上文展示的课堂中,在学生发言完毕后,教师补充了一部分信息:"'支'字由支撑引申出了很多意思,'支撑'的时候需要承受重力,所以就引出'支持''支援'这样一个动词的意义;再看'',从中间截断后,一半用来支撑我们走路了,多余的劈下的竹枝,引申泛指后,就被称为'枝',加了'木'字旁,板书为'枝',用于树枝和带枝的花;我们再往前引,用来支撑我们走路的这个竹竿就称为'一支竹竿','支'成为量词,用于描述杆状的东西;再往前引,一个主体被分成很多部分,就有'支流''分支'的意思;竹子从树上取下来,被分解成很多不同的部分,就产生出'支离破碎'的意思。"教师补充的信息包括了"支"字与"木"字合成的名词"枝";量词"支";动词"支离破碎"。其出发点是利用一个字的字源学习一串字,但是小学二年级的学生,其专注力的维持时间有限,逻辑思维能力也还有待发展。所以在教师进行这部分知识的讲解时,有相当一部分学生开始走神或者讲小话。其实,结合其他识字方法及汉字与语言关系的特点,这一节课利用"支"的字源讲两个合体字"翅""肢"即可。教学的过程应始终以学生的心理特点为基础,离开了学生心理特点这一客观的条件,学习的有效性就不能得到保证。教师在进行字源识字教学的过程中,必须兼顾汉字学习与语文课程教学,注重经验建构与知识客观性相结合,提高课堂效率。

二、小学字源识字教学方法上存在的问题

(一)汉字字源阐释随意性强,背离了汉字字源制度层面的规定性

汉字的六书是我们从汉字构形特点上初步认识汉字分类的方法。经过六书的分析,可以初步选出适合进行字源识字教学的汉字。汉字的六书具体指象形、指事、会意、形声、转注、假借。六书大致反映了战国末到汉代以及后世人们对汉字的结构和使用情况的认识。六书基本上是建立在小篆的基础上的,是一个完善周密的条例。特别是对古文字,它能够予以充分的说明。依据汉字的六书,我们可以初步判断哪些汉字适宜字源识字教学,大部分的象形字、指事字、会意字形义关系紧密,适宜进行汉字阐释。形声字的字源阐释集中于其形旁的意义分类。

象形、指事、会意和形声字具有鲜明的物性,多数汉字的物性在今天仍然具有鲜明的时代性。所以部分汉字字源能够用今天的生活情境去理解和阐释,这是字源在识字教学中得以运用的重要前提,但同时,情境是一个丰富的内容,容易产生随意性,这导致字源识字教学有时不符合汉字字源的规定性。

案例:二年级上学期期末复习课评析生字作业。

师:怎样区分"深水"的"深"与"生活"的"生"?

生1:"深"是前鼻音;"生"是后鼻音。

生2:"生"的一撇应该是像打火机一样,它正在点燃三根"蜡烛"。

生3:"深"与"水"相关,表示水很深,左边是"氵"。

师:"棵"与"颗"的区别呢?

生4:"一棵苗","苗"是植物,所以它的偏旁是"木"字旁。

师:"颗"有"小的""圆的"的意思。带"页"字旁的字指的是脖子的部位。比如"领"字也是"页"字旁,表示"领头的"。现在,请同学们说说怎样记住"虎"字和"虑"字。

生5:下面的"几"像两条腿,"虎"中除"七"以外的部分是老虎的身子,"七"是跳跃着捕猎的老虎的中间部分。

生6:老虎想着要不要出去打猎,所以"虑"是"虍"字头。

生7:考虑要用"心",所以是"心"字底。

师:"渴了"这样组词是不对的,在组词的练习中不能使用"了""吗""呢"。

生8:老师,怎样区分"攻"和"功"。

师:同学们有办法吗?怎样区分这两个字?

生9:第一个是"攵",第二个是"力"。

生10:学好功课要花力气,所以用"力"字。

生11:"攻"打要成功不能只花力气,还要有谋虑,有文化,所以用"攵"字。

汉字的形义关系总是让它产生字理,因为汉字产生之初有字理依据。小学二年级的学生喜欢说字理,而这些字理各有特点。教师对字理的讲析有以下特点:首先,使学生认识到汉字形符所具有的类化作用,再以具有类化作用的形符来解释字义,识记字形。其次,让学生意识到对汉字字理的某些解释来自望文生义,例如"攵"被广泛地称为"反文旁",所以学生就认为这是与"文化"有关系的内容。再次,在教学中合理运用学生的个体经验。比如学生对"生"字的解释:"'生'的一撇应该是像打火机一样,它正在点燃三根'蜡烛'。"这样的内容解释来自学生过生日时点生日蜡烛的经验,因为"生"可以组词"生日",而过生日的重要活动就是点蜡烛。于是学生就编出了这样的"释字"方法。

学生的学习思考习惯性地与之前从生活中、学习中积累的经验相联系,学生已有的经验如果能被很好地利用,将是教学实践中的宝贵资源,这就是知识建构中的同化和顺应。例如,"生"字组词意义与"生日"相关,生日的相关场景与活动是学生原有的内在经验,它没有增加关于"生"的新结构、新知识:"生,其甲骨文字形㞢,像地面上长出了一株嫩苗。本义是'生长、长出',发展衍生出其他的意义,如'生育''生命''生活'等。"按照学生的回答,他就是将"生"字的形义同化到了"生日"这一经验中。在"生日"一词中"生"字的意义是一个靠近本义的引申义,即"从无到有"。"生"是一个过了上千年"生日"的汉字,其不是近现代才出现的一个汉字。在本质上小草萌芽和孩子出生是一致的,"小草萌芽"的经验小学二年级的学生是可以理解和接受的,将其迁移到自己的"出生"这个经验中也不难,再兼顾汉字知识的"客观性",那么这时我们认为以字源来释义是更恰当的。

汉字的阐释成为一片自由"创作"的天地,不仅教师有极高的创作热情,小学二年级的孩子也可以"佳作连篇"。但汉字的阐释如果演变成没有任何"客观性"的"任意性学问",那么伤害的不仅是汉字体系本身的知识系统,也会影响到学生的思维方式,使其养成不严谨的思考方式。

(二)小学字源识字教学课堂评价思维融入教学不足

字源的情境提供了阐释的空间。在阐释字源的过程中,教师和学生的经验碰撞在一起,实际上也给学生提供了一个思维训练的机会。当学生把字源情境中五花八门的理解讲出来以后,教师要进行及时有效的教学评价,引导学生在语言表达中提高异中求同、同中辨异的能力,从而提升学生的思维水平。

案例:二年级上册期末复习课。

师:针对剩下的生字,大家有三分钟的时间进行交流,想一想怎么记住它们。

学生交流。

生1:"怕",是"忄"字旁,表示是心里害怕。

生2:如果一个人要向他的女朋友表白心里话,他的心里会很害怕。

学生开始三三两两窃窃私语,关于"表白"的话题让他们很激动。

师:安静!

生干部:安静!

师:那表白是什么?你接着说。

生2:表白就是一对爱人告诉对方,自己爱对方。

师:就是说清楚爱对方,对吧。

生2:是的。

师:"白"是说清楚,那么对于"说清楚"人为什么会有害怕的心理?

生2:因为害羞和担心被嫌弃。

生3:"忄"表示心理的意思,"白"是说大脑一片空白,什么都不会,所以很害怕。

师:(带读)pà,pà,点,点,竖,撇,竖,横折,横,横。

各个学科的知识内容具体化于符号的表达中。符号能在文化传承和创新中发挥作用的关键,就在于其具有被人类群体共同约定和承认的"意义"。所以教师在课堂教学中教给学生"客观性"知识,就是将这种"约定"接近于客观科学,并"准确"地传递给学生。在这节课前,教师在将"怕"字的形义解释教给学生的时候,是以学生学习过"忄"和独体字"白"的意义为基础的。学生在理解这个字的形义关系时便结合了这些基础知识和自己的生活经验。在这节课中,第一个学生只考虑到了"忄"的意义,即形声字形旁的表义功能,所以准确地说,应该是"忄"表示这个字是一个与心理活动相关的字。从内容的全面性来说,第二个学生试图全面解释两个部分的内容,"如果一个人要向他的女朋友表白心里话,他的心里会很害怕"。其对"白"字的意义理解来自其心理词典中已有的词汇"表白"。在教师紧追不舍地提问下,这个学生仍然只能将其解释为"表白",但是第三个学生思考清楚了,"白"字在这里的意义应理解为"空白"。所以他说"忄"表示心理的意思,"白"是说"大脑一片空白,什么都不会,所以很害怕"。他认为"一片空白"的原因是"什么都不会",而第二个回答问题的学生认为"一片空白"的原因应该是"表白时害羞和担心被嫌弃"。教师力图用学生自己的经验建构起这个字的形义关系,学生也实现了建构的过程。但是从课堂记录上没有看到教师肯定性地对"怕"字形义关系知识的总结性表达。比如教师可以这样总结:"'怕',由'忄'和'白'构成,'忄'表示一种心理活动,'白'表示'意识中断,大脑空白',对心里没有把握的事情感到畏惧、不安的一种心理状态。"表白时担心失败,所以感到畏惧、不安,大脑一片空白。所以这个字的正确解释是第三个学生的解释。"怕"的字形最早的便是篆体字"帕",其意义解释如下:"'怕,无为也,从心,白声。';'害怕,畏惧。'"教师在给学生建构的时间和空间的同时,不能忽视知识传承的"客观性",在学生充分地发言和讨论后,需要给学生进行知识的归纳和总结,明确什么是正确的,正确在哪里。

在字源识字教学的实践过程中,学生看到情境以后的表达是一个综合能力的表现,包括了其生活经验的积累、语言归纳、信息提取等方面。课堂上的发言所产生的效果,很重要的一点是表现学生背后的综合思维能力。课堂实录中三个学生在看到相同的一个汉字后,做出了三种不同的回答,实际体现了三种思维水平的层次。第一个学生回答问题时仅仅扣住了形声字的特点,形旁表义,声旁表音,他用的是形声字的知识。第二个学生没有这么强的规则意识,她就是天马行空,因为有对"表白"这个情境的了解和理解,她更想说的是"表白"这件事,而不是对汉字的解释。第三个学生将"白"字理解为"空白"。实际上,在形声字中,有相当一部分汉字的声旁同样表义。在开放的情境中,课堂教学的及时评价可以实现对学生思维能力的训练。在这一次的教学中,教师未能及时进行评价,是一个可以改进的不足之处。

三、小学字源识字教学中教师的教学准备不足

(一)小学字源识字教学中缺少文化育人内容

字源的情境表现方式多样,可以是汉字字源形体中的情境或者是多媒体模拟的原生情境。这些情境中的文化内容丰富且形象,但是作为学校教育的教学,一定要紧扣教学目标,实现教学的有效性。文化的范围再广,如果没有以文化人,它就不是文化,充其量是知识。以文化人的实现需要将学生带入文化情境,进行生命的体验和对话。在下面的案例实录中,"经"(生产生活)、"赤"(刑法)、"坚"(巩固城池,保家卫国),三个字的甲骨文形体包含了丰富的文化知识。以"经"为例,"经"来源于古代原始腰机上的纵线,使用腰机纺线织布,这是中国先

民的生产生活内容之一。由于古代腰机上纵向的线的排列特点,由"经"引申出身体里"纵向运行的气血通路",也就是"经络"的意思;地球仪上纵向的"经线";时间里的纵向发展,"经历";检验过的、有依据的,"经典"。就三个字涉及的主题来说,都可以成为宏大的主题,比如赞美古代劳动人民的智慧、勤劳的品格;或者学习汉字发展的思维特点,以具体的物象的相似性,不断发展引申义;再或者学习汉字本身工具层面的意义,用一词多义,丰富学生的认知词汇,提高其阅读和表达的能力。

如果在教学中,我们不做出文化的选择和判断,仅仅呈现情境、现象、知识,那么这些由情境、现象、知识构成的"文",就仅仅只是"知识",没有"化"人,没有将学生"化"为具有某种共同信念、共同思维方式、共同审美情趣的社会人。我们很多教师在常规识字教学中加入了字源的教学运用,这本身是一种较大的教学突破。教师的职责和使命本就重大,必须再往前走,往深处走,才能真正实现以文化人。

案例实录:二年级下册学习新课文。

第一课时节选。

1.检查预习。

预习包括三个内容,给生字注音、分析生字的结构、用生字组词。

2.齐读生字。

梢:左右结构,"木"字旁,"树梢""梢头"。

赤:独体字,"赤"字部,"赤脚"。

劲:左右结构,"力"字旁,"有劲""使劲"。

妹:左右结构,"女"字旁,"姐妹""妹妹"。

射:左右结构,"寸"字旁,"射击""射箭"。

奋:上下结构,"大"字头,"奋斗""奋进"。

短:左右结构,"矢"字部,"短粗""短小"。

师打断发问:左边这个偏旁是什么?

生1:是一根线。

生2:"刀戈弓矢"。

粗:左右结构,"米"字旁,"粗细""粗心"。

咬:左右结构,"口"字旁,"咬牙""咬住"。

3.一人一句,诵读课文,特别阅读有轻声的句子。

第二课时节选。

1.师生合作:将课文内容分为四节。

2.介绍作者:冰心。

3.读第一小节,思考以下问题:为什么刚出生的孩子快乐得像神仙?广场很深,广场能成海洋吗?为什么嫩绿的树梢会闪金光?

教师讲解"赤"字,出示甲骨文图片:。

师:如果我们踩到火山,会怎样?

生1:火灭了。

生2:鞋子烧没了。

生3:脚变成了红色。

师:"赤子"是什么?刚刚生下的孩子有什么特点?一个是"纯",一个是"不着外衣"。为什么说像神仙?因为他们很快乐。那我们把这种快乐读出来好不好?

学生读课文。

第三课时节选。

1.阅读第二节、第三节生字。

师:"糟糕"与"发射出兴奋和骄傲"是相互矛盾的吗?

学生讨论后,教师进行讲析。

2.教师讲解。

师:第二节有两个生字,一个是"劲",你们是怎么记这个汉字的呢?

生1:我们以前学过"经",把"绞丝旁"去了,再加"力"字旁。

师:"经"是什么呢?

教师展示幻灯片：原始腰机(图4-3-1)

师：这是什么呢？

生2：我在大理见过，这个应该是用来织毯子的织布机。

师：织布机上竖直的线叫经线，水平的线叫纬线，地球仪上也有经线和纬线。

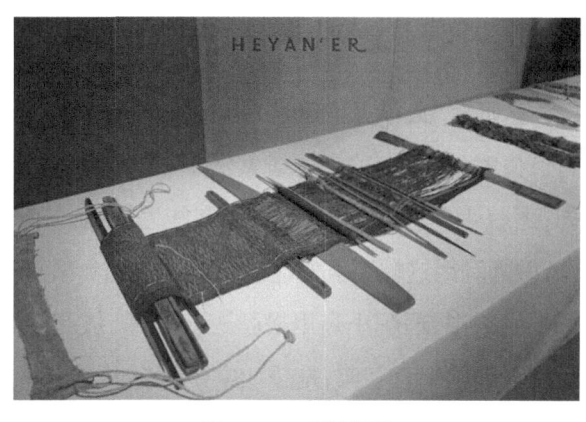

图4-3-1　原始腰机

3.学习其他生字。

师："坚"，谁来说一说它的笔画？

生1：jiān，竖，竖，横撇，捺，横，竖，横

生全：jiān，竖，竖，横撇，捺，横，竖，横

生2："坚"，两竖是两个人，"又"是石头，下面是"土"。

师：(出示字源，并解释字源中的情境，国王用手召集他的大臣们用土加固壁垒、城堡等防御工事，使敌人攻而不破。)我们之前学过"硬"字，是"石"旁，石头很硬，"土"同样也可以达到"攻而不破"的效果，是不是？它们两个字放在一起，就是"坚硬"。

生3：石头已经很硬了，那比"石"头"更"硬的东西能够不"硬"吗？

师：太厉害了。那我们再看看楷书的"坚"，下边是"土"，上面右边是"又"，左边是什么呢？

生齐：大臣的"臣"。

师：那为什么变成了两竖了呢？在汉字演变简化的过程中，这一部分逐渐变成了两竖。

(二)小学字源识字教学中教师的知识准备不足

教师在"二年级下册学习新课文"的生字学习中选择"支"来做字源分析是极有价值的,"支"字的字源线索清晰,字理解释与字义联系紧密。"支"字除本义以外,还有诸多引申义,而且其构字能力较强。"支"的甲骨文本就是一幅生动的图画,教师利用这幅图画对"支"字的本义进行解说,学生容易接受。对于喜欢观察的学生来说,理解小鸟用翅膀进行支撑,从而平衡重心、飞上天空是不难的。教师接着请学生查字典,是想让学生明白一个道理,合体字字义多与其构成部件相关。但学生在查字典的过程中发现了一个问题,有的汉字虽然出自同源,但是"后代"纷繁复杂。第一个学生查到的字是"鼓",恰好"鼓"字的右边表示的是一只手拿着鼓槌,这一部分的字形在演变的过程中也变成了"支"的形体,其意义与前文讲的"支"字意义相差甚远。学生不知道这一点,所以在把字典上的注释念完以后,无法进行拓展。也可能是因为在这之前学生也不知道"壴"表示的是"鼓"的形状。教师如果之前没关注过"鼓"字的字形与字义,这个时候也就无法进行讲解。教师由"翅"这个生字的学习引出"支"的甲骨文。学生顺利引出了"翅"字的含义和解释,并引出了"肢"字的学习。没有站起来发言但是在座位上低语的学生,所选择的是"歧"。"歧"字意义与"支"的引申义相关,即主路的分支,"岔路、岔道",与"支撑"意义不相符,但与"支"字甲骨文中那根细竹竿似的形很相似,岔道相对于主道来说确实更细。在实际的教学实践中,汉字偏旁的演变非常复杂,对这些内容的探索在消磨教师很多时间的同时,也会打击其使用字源教学法的积极性。

第四节　小学字源识字教学中的应然目标

在现代社会,文化的传承和转化越来越受到重视,因此与文化密切相关的教育中的目标适切、方法协调就显得尤为重要。语文教学中的识字教学方法一直在取得新的进步,实现新的发展。但是站在新的历史起点上,我们还可以思考得更多,从辩证的角度看问题,解决问题,以期更为全面地发展学生的综合性能力。

一、字源识字教学要解决缺"中"失"和"的问题

语文学科兼具工具性和人文性。学生在语文课程学习中形成和发展的核心素养,能为其他课程的学习打下基础;语文课程在铸牢中华民族共同体意识、建立文化自信方面具有独特的优势。语文核心素养指的是汉语言文字运用能力、思维能力、审美创造和文化自信的综合体现。就小学语文课程来说,铸牢中华民族共同体意识和建立文化自信的教育,需要以汉字和语文文本中包含的文化结构和文化历史阶段的传承、转化为基础。语文文本中的文化结构在汉字知识中可以从三个层次来理解,即汉字的事实知识(物质层面)、形式知识(制度层面)、价值知识(精神层面)。语文文本中的知识结构也可以相应的分为三个层面,文本叙述的事实知识,文本叙述中的文法知识,文本蕴含的价值知识。在语文教学中,汉字识字教学的目标集中于学习汉字的形式知识,以此为理解语文文本中的事实知识服务,而语文学科教学中的价值知识以语文文本的阅读理解为主。在新的时代背景下,汉字自身蕴含的价值被公认为是传统文化的载体之一。但在目前的汉字价值知识教学研究和教学实践中存在一个现象,即汉字识字教学的目标就是让学生能通读文本,对汉字能够形音对应并能了解汉字的一个意义,识字教学仅以完成对汉字形式符号的学习为主。这样的教学过程中就缺少了一个对"中"的定位,即自然环境、人文环境与学生的交叉点。在字源识字教学中,教师没有考虑到对这个交叉点的选择和运用,那么学生的学习便置身于自然和社会之外,即使教师讲授了文化知识,这些知识也不能成为学生自己与自然和社会互动的经验。

汉字字源也可以被看作怀特海在其《自然的概念》一书中提出的"事件"。怀特海认为"事件"是自然世界的终极要素,"事件"时空维度的基本单位是"绵延"和"体"。"事件"的显著特点便是其时间的延续性和空间的存在性。当汉字

字源中的历史文化和现实生活被师生共同复演时,它便成为了"事件"。师生共同创造的"事件"使教学生活更有意义和内涵。所以,在汉字字源的教学运用中,我们要善于创设与字源相关的具有文化内涵的"事件",在"事件"的讨论和创生中,需要产生观点、思想、价值观。需要注意的是,无论是符号阐释的"事件"概述,还是"事件"产生的观点,都具有与主持"事件"发生的教师和学生的个性相关的独特性。符号阐释的侧重点和内容选择是由教学中师生的需要决定的,价值的阐释也是如此。如果教师将字源作为一种固定不变的知识,没有任何选择和创造地传递给学生,那么字源就只是一种封闭的、孤立的、静止的知识,而师生之间的关系就是传授与接受、控制与被控制的关系,汉字字源学习的过程中就不可能产生人文体验,而汉字字源运用于教学的重要意义恰恰在于其可以产生丰富的人文体验性。如"碧"字,其字源信息中明确规定了其字义取自碧玉,并且是碧玉的颜色。其人文体验源于"碧玉"在中国传统文化中代表的文化价值及其在颜色上与"柳条""天空""海水"的相似性。如果将其创造为"白马王子坐在石头上",看似抓住了"中",形成了教学"事件",实际上并未顾及"中"内含的"自然环境"(对自然物"碧玉"颜色的认知)和"人文环境"("碧"字固有的文化价值)。"中"的错位和失位,必然导致失"和"的结果,即人与自然和社会的不相和。

　　汉字中丰富的人文体验在识字教学中理应被重视。因为汉字中丰富的人文体验有助于学生更好地理解汉字构成的文本。古人所谓"书读百遍其义自见",即在于通过反复地吟诵去理解汉字符号所蕴含的思想价值、审美艺术。所以,汉字蕴含的人文体验与文本的学习之间不是对立的,而是可以统一和相互强化的关系。同时,汉字作为一种文化符号,其本身具有文化体验的价值。

　　实践中的字源识字教学重知识传授、轻人文体验的原因在于以字源形成的教学"事件"需要在教学观念、教学能力的层次上进行更多的理论准备。教师在教学"事件"中要形成价值判断,敢于做出价值判断,而不是仅仅围绕着教参和试卷亦步亦趋,惧怕个性、惧怕创新。

二、字源识字教学需加强对文化生长的动态研究

在曲折的现代化进程中,中国传统文化与外来文化、与现代化之间存在冲突和矛盾,对传统文化的理解、运用,存在一个多元重构的选择困难。文化创新不仅是指文化内容的激活,更是指整个系统模式的革命和转型。它是原有价值体系、心理定势、思维方式的解构,也是新的观念、思想、规则的建构;是传统惯性的消解,也是传统精华的重铸,是社会生活的变革,也是人身心的新生。我们往往通过文化比较、文化采借、文化整合等方式实现文化的传承创新。在学校教育中进行传统文化的转化,不仅要将传统文化置于社会主流话语体系中,还要将之置于教育的情境中,传统文化转化的再解释不仅仅是要回到文化的"初始世界",更是一个置于多重语境中的创造性活动,需要分门别类地思考和转化。

汉字作为一种文化基质,承载了中华民族集体共有的文化心理。这些文化心理体现在文化习俗、诗词歌赋、生活生产等形式中。语文教学作为一个综合性的教学"事件",在时间上能看到过去、现在乃至未来,在空间上足以促使教材文本、生活实践、教育中的两个主体(教师和学生)形成互动的场域。

具体到汉字字源,其包含的文化与"初始世界"更为接近。针对汉字字源意义的范围,我们可以借《尔雅》的主要内容提供一个框架。辞书《尔雅》分为19个大类,"释诂""释言""释训""释亲""释宫""释器""释乐""释天""释地""释丘""释山""释水""释草""释木""释虫""释鱼""释鸟""释兽""释畜"。其中"释诂""释言"为语言学的内容;"释训""释亲""释宫"则有伦理道德的许多内容;余下的14个大类主要表现的是自然山川的各种形态。汉字字源描绘的内容与这些分类下的内容具有极大的相似性,主要包括传统的伦理道德、传统的生活方式以及对大自然的描绘。

描绘大自然的汉字字源易于在教学中被再解释。古人对大自然的描绘内容丰富,形象逼真。从汉字的产生情境看,这一类汉字的"初始世界"与我们今天的生活情境具有极大的相似性,是教育活动中师生共有的经验,以之展开教学"事件",师生互动易于形成。从汉字的表达内容看,这一类汉字多用于描述自然环境和人与自然互动的行为,属于常用意义。如汉字"春",甲骨文 ,由"日""艸"

和一棵破土而出的嫩芽构成。阳光照耀着大地，许多植物的嫩芽长出来了，这是对春天来临的实际描绘，一种对于生命的尊重和喜悦之情洋溢在汉字形体里。以春天植物的生长昭示万物生长和蓬勃的生命景象。"斗"(dǒu)字，其甲骨文为𠬠，字形描绘了古人日常生活中的量器——斗。在天象观测的基础上，古人将北方的七颗恒星——北斗七星命名为"斗"，因其与舀酒的斗在形状上相似。北斗七星由天枢、天璇、天玑、天权、玉衡、开阳、摇光七星组成。天枢、天璇、天玑、天权组成斗身，古曰魁；玉衡、开阳、摇光组成斗柄，古曰杓。"斗"生于天之中央，天下人均可以观测到，其在标识空间、地理位置方面具有极其重要的作用。"斗柄东指，天下皆春；斗柄南指，天下皆夏；斗柄西指，天下皆秋；斗柄北指，天下皆冬。"北斗七星在古人的心目中是神圣的，毋庸置疑，但它又与生活用具的"斗"相联系，这是古人对自然规律演变的认识过程，从中我们可以看到古人辩证地对待自然规律的观念——不是对抗自然，让自然屈服于人，而是顺应、适应、利用自然规律；自然规律不可违抗，但它又是可以被人类了解、为人类的生活服务的。

　　表现传统农业活动与传统节日的汉字字源再解释需要进行内容选择。中国古代以农业立国，农业生产具有鲜明的周期性和季节性。春播、夏耘、秋收和冬藏，围绕着农业活动的节律，产生了二十四节气和十二时辰。从历法节气、原始崇拜、禁忌与祭祀、多种信仰等中衍生出了中华民族多种多样的传统节日。因为现代生活方式的变更，很多农业生产方式在生活中已经不常见。因此，相关种类汉字字源的再解释对学生来说具有一定的理解难度，同时因为这类汉字字源的生活情境一般远离学生生活，汉字字义的使用频率相应地不高，为了满足教学的要求，对这一类汉字我们需要有选择地进行阐释。以"示""祭""察"为例。"示"与"祭"均表示以"以牛羊等牺牲敬供祖宗和神灵"，"察"字篆文为𥨍，"宀"表示祭祀活动的位置在庙宇，"察"字本义为"审视、细究祭祀时显示的神迹"。结合现代语境，这三个字在小学字源识字教学中的再解释侧重有所不同。"示"字转化为一组与祭祀相关的汉字的偏旁，其形式和意义与"衣"字旁相区别。"祭"字在现代汉语语境中多表示"以献礼告慰的仪式追悼死者"。而"察"字的本义可以帮助学生理解"察"字与"观"字在意义上的区别，比如"明察秋毫"与"走马观花"。

记载传统文化中伦理道德的汉字字源需要进行价值观的转化运用。价值观的转化包括两个方面的内容,一是在理论上进行合乎时代发展的再解释;二是再解释的过程要循序渐进,以可以理解的"事件"启发学生,激发其向"善"的意识,使其生成自觉的价值观念。在伦理道德方面的文化再解释中要注意反对以下几种思潮,复古主义、历史虚无主义、功利主义、经院主义[1]。文化的复古主义主张全盘复古;历史虚无主义主张全盘西化;功利主义将中华优秀传统文化浮躁化,随意编造;经院主义则是让中华优秀传统文化逐渐走向学科化,变成一种知识规训。把中国传统伦理道德的基本内涵用儒家"五常"(仁义礼智信)来说,"仁"的含义极其广泛,其基本精神是克己复礼和爱人。"仁"的"克己复礼"包含四个层次:推己及人、责己恕人、非礼勿视、杀身以成仁;"仁"的"爱人"思想渗透于政治互动中,这便是"仁政"。"义"是社会利益和根本利益的总和,用来处理公与私、付出与收获、权利和义务之间的关系。"礼"是社会等级制度、法律规定、伦理道德规范的总和,同时也是处理人际关系的重要规范。"智"包括理智、理性、智慧、学识、明辨、远虑。同时,"智"与"德"是紧密联系的,在儒家伦理思想道德体系中,只有"智"的思维而无道德与之统一,便算不上智慧。"信"是真、诚、实的总和。对个人而言,信是人格,言而必须有信。对社会而言,社会秩序的维系依靠以信为基础形成的权和威。围绕着"五常",儒家传统文化衍生出一系列伦理道德,但在长期的发展中,也产生了许多消极的内容:宣扬了道义却制约了自然人性,道德决定论过分夸大了道德的作用,反省内求造成了保守的人格特征,过分渲染和谐,社会便缺少了竞争。所以首先要去除"五常"思想中消极的因素,在方法上也需要改变宣传式的理论教育。

部分文化内容的消极因素大于积极因素,便是因为其在发展过程中离开了人、自然与社会三者交叉的实践。从某种程度上说,不是文化出了问题,而是文化传承过程中缺少了对文化生长的动态研究,文化理解、文化宣传日益狭隘化、脱离实践,造成了文化本身的不足或者说文化育人成效的低下。字源识字教学中的位育失当有其深刻的社会原因。

---

[1] 董成雄.中国优秀传统文化的系统解读和传承建构[D].华侨大学,2016:100.

第五章

字源识字教学提升小学生语素意识的研究

第一节 汉字语素是分析汉字字义的基本单位

汉字字义的科学分析有助于小学识字教学的研究,也会为汉字识字教学的具体方法提供帮助。汉字语素是现代汉语研究中的一个单位。本节将分析汉字语素在小学生识字教学中的作用。

一、汉字与汉字语素

语文课通过由言语构成的作品来培养学生的语言能力。而学生理解文意要以理解作品中的词为基础。这里使用的是词,而不是字。原因在于现代汉语中许多字只有进入词这一单位以后,也就是进入一个最小一级的语言情境中以后,我们才能准确说出它的意义。从功能上说,词是有确定意义和固定形式的、能够自由运用的最小的造句单位[1]。定义中的"最小",不是指数字的最小,而是指意义的最小,指一个词在具体的语言中是一个整体,不能再拆成更小的单位[2]。所

---

[1] 王宁.汉字汉语基础[M].北京:科学技术出版社,1996:206.
[2] 王宁.汉字汉语基础[M].北京:科学技术出版社,1996:207.

以词有单音节词和多音节词的区分。词形成以后便具有了固定的形式和确定的意义。语文课的工具性价值便是由最小的单位词的固定形式和确定的意义决定的。我们说的识字教学虽然从单个的汉字开始,但理解文本的基础还是汉字构成的词。所以在识字教学中我们必须关注一个语文教学中的基本概念——词。也就是关注汉字字源释义与词的关系。

依据汉字组成的词对文本意义的构建功能,词被分为两大类:实词和虚词。一般地说,实词的词汇意义比较实在,而且能够单独充当句法成分;虚词的词汇意义比较空灵,主要起句法成分的连接作用和语气作用,不能单独作句法成分。[1]现代汉语中的虚词具有语法意义和语法功能,但自身没有完整的意义,包括介词、连词、助词、叹词。实词包括名词、动词、形容词、数词、量词、代词和副词。实词中的数词和代词虽有完整的意义,但其意义较为单一,字源识字研究可以将之排除。所以,针对汉字的多义性,从词类的角度来说,我们主要关注名词、动词、形容词、量词和副词。从汉字构字方法的角度来说,我们关注的是六书中的四类:象形、指事、会意、形声。

词是最小的构句单位,杨锡彭认为语素(morpheme)在汉语研究中的通常的定义是最小的音义结合的语言单位,一个语素常以大致相同的意义出现在其他复合形式中,语素不能进一步切分为更小的语音—语义形式[2]。所以一个汉字可以对应几个语素,这也可以表述为一字多义,一个汉字除了基本义,还有比喻义、引申义等。

"语素是最小的语音语义结合体,是构词单位。"[3]同形语素:几个语素与一个音节对应,用一个汉字记录;几个语素与几个音节对应,用一个汉字记录。所以同形语素有两种情况,第一种是一字同音同形多义,如"天"有8个方面的义:①在地面以上的高空:天空。②在上面:天头(书页上面的空白)。③气候:天气;天冷。④季节,时节:冬天。⑤日,一昼夜或专指昼间:今天。⑥神仙或他们所住的地方:天宫。⑦自然界:天堑;天时。⑧自然的、生成的:天然;天性;天职(应尽的

---

[1] 王宁.汉字汉语基础[M].北京:科学技术出版社,1996:208.
[2] 杨锡彭.汉语语素论[M].南京:南京大学出版社,2003:38.
[3] 王汉生.现代汉语实用教程[M].合肥:中国科学技术大学出版社,2009:99.

职责);天才(a.卓绝的创造力、想象力,突出的聪明智慧;b.有这种才能的人);天伦之乐。第二种是一字多音多义。如"哄":①哄(hǒng),说假话骗人:哄人;哄弄;哄骗。②哄(hǒng),用语言或行动逗人喜欢:哄逗;哄劝;哄小孩儿。③哄(hōng),好多人同时发声:哄动。④哄(hòng),吵闹,搅扰:起哄;哄抢;一哄而起。同音语素:几个语素与一个音节对应,用几个汉字记录。比如发bó这个音的有以下这些字:博、搏、膊、薄、驳、泊、柏、舶、伯等。

一个汉字在构词过程中成为多个语素的现象在汉字运用中比较常见,与拼音文字语言强调派生和屈折两种构词方式不同,现代汉语词汇中70%以上是复合词,一个常用语素平均可构成约15个复合词。无疑,学生在汉字学习中应该具备较强的语素意识。在汉语学习中,学生只依靠汉字的语音和字形信息是无法完全理解语境中的词义的,学生只有在理解该汉字的语境和语素后,才能完全理解汉字所在语境中的词义。由两个或者两个以上的语素组成的构词单位叫作复合语素。

二、语素意识干预的一般方法

有研究表明,英语语素意识干预的最佳时间在1—3年级。Bringer等人采用曲折和派生语素意识的任务,以1—6年级的学生为被试,发现语素意识增长在6个年级中持续发生,但是最显著的增长发生在前3个年级。这个研究结果对发展学生语素意识的时间具有指导意义,即最好从小学低段开始对学生进行语素意识的教学,如果到小学中期才开始发展,可能浪费了宝贵的教学时间。

对语素的逻辑分析有助于提高学生的语素意识。英语语素意识干预内容与英语单词的特点相关。Bowers和Kirby认为语素复杂的词通常由多个语素组成,对语素的逻辑分析可以帮助学生从熟悉的词素中获得意义来推断不常用的词的意思。因为词形结构意识似乎有助于学生快速识别书面单词的发音,从而有效地解码包含多个语素的单词,所以学生可以运用熟悉的基本词汇和后缀来推断陌生的派生词的意思,从而充分理解课文的意思。Reed发表了从1986年至2006年间对从幼儿园到12年级的单词和阅读学习困难者进行的英语语素干预研究,探究语素分析干预对提高1—12年级阅读困难学生相关的阅读成绩有何影响。干预集中在2周至20周之间,时间长短从1小时至160小时不等,在干预内容方面,三项研究指导学生学习词根,四项研究在词法教学中仅使用词缀,两项研究将语音意识和语素意识干预同时进行。其中六项干预措施由研究人员实施,一项由心理学家或研究生实施,一项由普通教育教师实施,一项由其他专业人员实施。研究结果表明,一些语素意识干预措施提高了学生的单词和阅读学习能力。学生受益于与他们的阅读发展年龄相一致的语素知识指导。此外,这种教学可以与其他阅读技巧的教学结合起来,并嵌入到内容区域的课程中,而不需要占用更多的课堂时间。

汉字语素意识的干预教学以汉字形义关系分析为基础。Wu等人基于汉字独有的特点,认为汉字和词汇所包含的意义信息往往是显而易见和可靠的;汉语书写系统将整个音节与汉字联系起来;语素意识在阅读和写作中可能特别重要,因为汉语包含许多同音词。他们利用汉字偏旁对汉字意义的规定性,进行同音字区分,用字形启发学生对字义的理解,并以组词的方式使其认识一个汉字的不同语素。他们的干预教学包括直接教学法和引导发现法,旨在阐明象形文字和表意文字之间的形义关系,语音和部首对复合字读音和意义的作用,以及部件对二字词和三字词意义的影响。教学干预的实施者是学校的普通教师,干预对象为具有正常学习能力的学生。通过研讨会和提供的资料,教师能够顺利地进行干预教学。同时,研究助手每周观察其中一个实验班,以确保干预教学的正确实施。研究证明,此方法下的语素意识干预提高了学生的读写能力。在语素意识强化教学的影响下,小学二年级学生比一年级学生得到了更大的提高。

徐玥从汉字的基本意义出发,通过组词、造句练习和形近字、同音字练习提高学生语素意识,并将语素意识干预对汉语阅读困难儿童言语技能的影响带入了教学实践。经过每节课60分钟中30次的语素意识干预训练,存在语素意识缺陷的阅读困难者在字词识别、语素意识和阅读理解方面的成绩明显改善[①]。

---

① 徐玥.语素干预对阅读困难儿童字词识别与阅读理解的效果研究[D].陕西师范大学,2015:2.

三、以字源增强小学生汉字语素意识的准实验研究[①]

本研究中的字源识字教学实验有三次。第一次实验,一年级市区学生相对比较集中,样本数量易于保证,各试验相关因素易于控制。同时为了避免前测带来的练习效应,以及不同班级教师和不同学生等因素带来的效度问题,采用了真实验设计中的被试内设计,即相同班级的被试和相同的教师,对具有近似笔画数、结构、字频和语素构词数量的两组字(每组12个字)同时进行不同的识字教学,随后进行同形语素意识水平的测试。为了不影响教师的正常教学进度和要求,实验字来自语文教材中要求会认的字,使用一般方法教学的字为要求会写的字。第二次实验,同时选择了两个村完小和一个镇中心校,对日常用语为彝族语言的一年级学生进行了前实验设计,实验具体以单组前测—后测设计的形式进行。因为三个学校人数分布不集中,我们难以同时监控各实验点的实验因素,所以采用前实验设计的方式进行实验研究。此次实验所选汉字同样是语文教材中要求会认的字,教师在前测以前不知道将要进行的教学实验,在采用一般汉字识字教学方法的识字教学结束后,将对选出的12个字进行同形语素意识要求下的组词测试,随后教师进行字源识字教学,在教学结束后的第二天进行测试。虽然单组前测—后测设计中的因果结论条件的充分性还有待加强和论证,但是我们也能初步看出字源识字干预对语素意识提升的影响。为了验证以语言阐释汉字字源意象图式的同形语素构词教学能否提高学生的语素构词能力,第三次实验在市郊小学进行,采用的是"2(两个班级)×3(三种教学方法)"的实验方式。

三个实验的教学设计都是以小学一年级的学生为对象,原因在于一年级学生阅读的文本有限,其心理词典中的词汇积累处于小学阶段中最低的水平,基于此,实验可以相对有效地检测字源识字教学的效果。

三次实验使用的教学设计供教学参考选用,不代表汉字字源识字教学的方法必须使用这样的完整教学设计。

---

① 此实验是在教育的实际情境中进行的,因而具有一定的外在效度,属于准实验,下文在节的题目中称准实验,在具体内容上简称为实验.

第二节 以字源提高学生汉字同形语素构词能力的被试内准实验

我们对环境的知觉形成了意象。意象仅是单个事物在心理上的象似符号，意象图示是能图示出事物之间构造关系的符号的组合模式。构成汉字的形声符号就是能意向性地表示原初概念的象似符号，它们的形声会意构形正是通过比喻来揭示事物间构造关系从而表意的隐喻性意象图示。[①]意象的作用不仅是再现不在场的事物，还是保留一个人对不在场的事物的情感和感知。比如"囚"字中的"框"，是一个很像牢房的符号。不同的人对这个很像牢房的符号会产生不同的情感，有的人喜欢它，认为它关住了产生危险的坏人，有的人则可能很厌恶它。在这一组实验中，因为针对的是小学一年级的学生，我们先提供了形成意象的图片（情境），再展示汉字字源，也就是意象图示，力图先呈现认知情境，再呈现认知初步结果的意象图示，以帮助学生更好地理解汉字形义之间的关系。

一、研究设计

（一）研究假设

字源识字教学法是一个综合性较强的方法，本实验只涉及其中的一个内容，即论证在识字教学中加入以图片表现的字源情境能提高学生汉字同形语素构词能力，以及以图片表现的字源情境教学能提升学生的语素意识。

（二）实验因素分析

1. 自变量和因变量分析

实验的自变量为在识字教学中运用的以图片表现的字源情境。实验的因变量是对一年级学生进行12个字的字源情境干预教学后，他们的12个字的同形语素构词得分比。

[①] 张维鼎.意义与认知范畴化[M].成都：四川大学出版社，2007：92.

具有相似结构、笔画、字频、语素数目而没有使用字源情境教学的12个字的同形语素构词得分高。

2. 无关变量分析

需要控制的无关变量为教师的教学水平,学生的学习能力,对比字与干预字的汉字特征差异。本次实验设计为了控制这些变量,选择了被试内设计,教师和学生相同,比的是相似度极高的两组汉字。

(三)实验条件

1. 实验时间

2020年5月22日至6月23日。

2. 实验地点

创建于1958年,位于文山市市中心的一所学校,属于云南省21所实验学校之一。学校多次参与课程改革的教学实验,教师愿意进行教学改革创新的尝试。

3. 实验对象

实验以学校里小学一年级三个班级的154名学生为教学干预对象。这些学生以汉语为第一语言,平均年龄7.4岁,男生79人,女生75人。选择一年级学生的原因是因其受阅读量和接受正规识字教学的时间的限制,此阶段掌握的词汇量相对有限,从整体上看来,针对提高同形语素词汇量有一定的教学空间。

4. 实验方法

本实验采用被试内设计,如果我们用下标a和b来区分不同的具体实验处理,其最简单的形式如下图5-2-1所示。

小组	时间→	
组一	Tx_a	Obs_a
	Tx_b	Obs_b

图5-2-1 被试内实验设计图示

二、实验的控制与实施

(一)教学内容选择

汉字字源和它所展示的情境可以将汉字这一符号与生活经验中的情境相结合,以学生生活经验中的情境来辅助学生的汉字学习,从正面影响学生的同形、同音语素意识,增强学生的汉语语言技能。

小学生在学校的课堂学习时间是有限的,如果将楷书以前的所有字体展示给学生,信息量过大,无益于激发学生学习汉字的兴趣,并且信息量过大将增加学生的学习负担。只用汉字字源(甲骨文、金文、篆体等)字形中的一个,能够有效对汉字形义关系的字形结合字源产生的原生语境图片进行意义分析。同时,我们还可以用同形语素构词检测学生对一字多义的掌握。

本次实验着重考察在小学低年级学生的识字教学中使用字源识字教学提升学生同形语素意识的效果。由于以小学生课堂教学的形式进行试验教学局限于课本中已经编排好的字,所以本次实验仅关注学生的同形语素构词能力,即学生对一字多义的掌握情况,旨在运用实验相关成果提高学生同形语素意识。

实验过程包括选择一年级下册语文课本中每课识字要求部分(写字要求的部分汉字在一年级上学期已经有过一次学习,所以不选)的12个字作为字源干预的对象,再选出12个不用字源干预的汉字进行常规教学。两组对比汉字的笔画、结构、一字多义的义项数相近,常规课前预习、课堂教学、课后练习一致,针对干预字教师以课前发放导学资料的方式让学生在预习时接触汉字字源和与字源相关的情境,再通过课堂讲授,揭示字源与汉字形义相关的内容,并配以相关的情境图片。两组字的字频、笔画、结构等见表5-2-1和表5-2-2。

表5-2-1　干预字

干预字	笔画	结构	常用义项	字频
吹	7	左右	4	20278
降	8	左右	3	75042
喜	12	上下	3	91415
阴	6	左右	6	31411

续表

干预字	笔画	结构	常用义项	字频
夹	6	独体	3	11341
阳	6	左右	3	99588
种	9	左右	4	614657
支	4	上下	4	177927
急	9	上下	3	73266
香	9	上下	3	131743
身	7	独体	3	297459
架	9	上下	4	50000

表5-2-2 对比字

对比字	笔画	结构	常用义项	字频
吃	6	左右	4	115893
招	8	左右	4	58575
想	13	上下	4	450668
动	6	左右	6	683263
阵	6	左右	3	49062
伙	6	左右	3	44301
观	6	左右	4	213994
走	7	独体	6	274763
告	7	上下	3	191937
官	8	上下	3	118555
事	8	上下	3	685890
尝	9	上下	3	15775

(二)教学设计

针对12个干预字,教师在常规教学的基础上加入字源讲析进行教学,以与字源相关的且学生能理解的生活情境,强化和加深学生对所学生字形义的认知。比如识字内容里第一课的"吹"字。

第一步按常规学习汉字字音,分析汉字结构;第二步用多媒体呈现"吹"字甲骨文字形,并展示一个人张嘴向嘴前的气孔吹气的画面。

出示图片：

提问与教学：这位男士在干什么？"吹气球"（"吹"的常用语素：合拢嘴唇用力出气）。

出示图片：

提问与教学：大家知道图中的男孩在干什么吗？古代黄河沿岸人们渡河时，会使用皮筏子。皮筏子多用羊皮袋制成，羊皮袋体积较小，可以用嘴直接吹到涨满的程度，但是吹的人也要体格强壮、肺活量很大才能做到。而牛皮袋由于体积太大，想用嘴直接吹到涨满根本就不可能。所以，当一个人嘴里说出的话与其实际能力或水平不相符时，我们就说这个人在"吹牛"。（吹的常用语素：说大话）

出示图片：

提问与教学：图中的树叶与树梢为什么向右倾斜？因为自然界中风吹起来了（"吹"的常用语素：类似吹的动作）。

同时，针对12个对比字，只进行常规教学。

一般方法为在分析汉字偏旁和结构后，让学生课堂发言组词，教师不做其他干预。比如，"笑"，分析这个字是上下结构，偏旁是"⺮"，学生举手组词，"微笑""开怀大笑""笑容"等，只要组的词是正确的，教师不做其他提示。

三个班的教学由三个教师执行。

教师水平控制：同一个教师教授同一个班的学生，分别采用字源干预和不干预的教学方法。

学生能力控制：同一个学生接受两种教法。

教学时间：对比字与干预字同时教授。

在控制教师水平、学生能力、教学时间变量以后,因变量是语素意识的高低,自变量是两种教学方法,把学生针对字源干预和未经干预的两组汉字的同形语素意识水平进行比较,以验证字源和字源相关情境干预是否能提升学生的同形语素意识。24个字分布的课文课时为5个星期,5个星期结束后,对24个字进行语素意识检测。

(三)实验实施

研究人员预先同实验学校的校长以及参与实验的教师沟通交流。提前了解教师授课特点、班级学生学习情况。讲清楚实验的目的、目标、教学实施过程中需要控制的因素,与参与实验的教师充分交流实验教学的内容。根据交流对部分设计进行改动,保证实验教学的可行性。

实验中需要控制的主要因素是教师对课程实施中两种教学方法不同之处的把握,因为教师要同时使用两种识字教学方法,在教学过程中有时难免会将实验教学的方法交叉运用到常规教学方法中。实际上,教师在知道汉字不同语素组词的意义之后,并不能在常规教学中突出强调这一点,而是要尽量保持以前的教学方法。为了做到这一点,教师一是要在教学中注意区分,二是要在实验过程中全程进实验班级听课,做听课记录。

在与实验教师分析实验教学内容的过程中,在坚持实验设计原则的前提下,部分内容根据授课教师的建议做了调整。以"降"的一个语素干预运用为例。教学的目标是"降温"一词的教学。实验指导材料开始准备的语句是:"5月7日,下了一场大雨,降温了,真舒服呀!"材料之所以这样写,是因为那几天刚好下雨,学生有比较近的生活感受,但是有两位教师认为不够恰当,一位教师说:"正值夏天,下大雨的话,我们得到的第一感受是很凉快,不容易想到'降温'这个词语。"另一位教师说:"我一看到时间便首先想5月7日我要干什么。"随后,我们将情境语句换为:"立冬的那天,降温了,我们穿上了羽绒服。""立冬"二字的提示和"羽绒服"的信息,让学生有一个鲜明的落差感受,学生才更容易掌握对"降温"的运用。所以无论是图片的经验,还是语言的经验,首先这个经验必须有反映客观现实的逻辑意义,其次这个经验要与学生心理词典中的经验相关,这样学生的学习才能产生有意义的学习结果。

三、实验数据统计和结果分析

(一)实验检测方式

因为对象是一年级学生,因此教学、测试前练习、测试均以班集体形式进行。两组汉字的同形语素意识测试参考已有研究[①]编制而成,主要考察学生对干预字和对比字的一字多义的理解和掌握程度。实验包括测试前的两个练习和测试的24个题目,每个题目中有一个目标字和由这个目标字组成的目标词(如目标字"表",目标词"手表"),分别要求学生使用这个目标字组成三个新词,一个新词中目标字的意思与目标词中的目标字意思相同(如"钟表");另外两个新词中目标字的意思与目标词中的目标字意思不同(如"表现"和"表格")。按要求组对一个词得1分,每一组最高分为36分,如果组的新词中有一个与目标词中的目标字意思相同,则得分为1分;剩余两个新组的词,如果与所给目标词中的目标字意思相同,则不得分,不相同则分别得1分。最后用干预组和对比组的得分进行比较。

(二)干预字与对比字得分均值对比

表5-2-3统计了干预字与对比字得分均值。

表5-2-3 干预字与对比字得分均值统计

	最小值	最大值	均值
干预字得分	2	33	5.79
对比字得分	2	21	3.61

干预字得分最小值是2分,对比字得分最小值也是2分,干预字得分最大值为33分,对比字得分最大值为21分。干预字与对比字得分均值相差2.18分。

[①] 董琼,李虹,伍新春,等.语素意识、语音意识和快速命名在学前儿童言语能力发展中的预测作用:来自追踪研究的证据[J].心理与行为研究,2014,12(02):207.

(三)配对样本 t 检验

表5-2-4为干预字与对比字配对样本 t 检验的数据统计。

表5-2-4　干预字与对比字配对样本 t 检验

	配对样本 t 检验							
	平均值	标准偏差	配对差值标准误差平均值	差值95%下限	置信区间上限	t	自由度	Sig.(双尾)
配对1干预字得分-对比字得分	9.7124	4.41287	0.35560	9.01177	10.41680	27.318	153	0.000

基于上课教师不变、上课学生不变的前提，对比字组和干预字组的字在结构、笔画、常用多义项上具有相似性，故使用配对样本 t 检验来推断参试学生在接受传统识字教学和字源识字教学后的测试成绩的总体均值是否存在显著差异。$p=0.000<0.05$，对学生进行干预前的成绩与干预后的成绩具有明显的差异性。从总体上来说，字源教学的干预对学生的测试成绩产生了明显的影响。实验假设成立。

(四)参试学生上学期期末语文成绩与同形语素干预后成绩的相关性

参试学生上学期期末语文成绩与同形语素干预后成绩的相关性统计数据见表5-2-5。

表5-2-5　参试学生上学期期末语文成绩与同形语素干预后成绩的相关性

	相关性		
项目		干预字与对比字之差	上学期期末成绩
干预字与对比字之差	皮尔逊相关值	1	0.314**
	Sig.(双尾)		0.000
	个案数	154	154
上学期期末成绩	皮尔逊相关值	0.314**	1
	Sig.(双尾)	0.000	
	个案数	154	154

参试学生上学期期末语文成绩与同形语素干预后成绩的相关性 $p=0.000<0.05$，说明学生上学期期末考试成绩与同形语素干预后的成绩呈正相关：语素意识对小学生言语技能发展有正向作用。但皮尔逊相关值 $r=0.314$，可以看出其相关度为低相关。在学生的实际成绩中，相当一部分语素意识干预后获得较高成绩的学生，并不是上学期语文考试成绩较优秀的学生。之所以出现这种现象的原因是部分在上学期期末成绩较好的学生的前测成绩比较好，所以相减的值不高。

干预字与对比字成绩得分差与上学期期末成绩值的对应分布如图5-2-2所示。

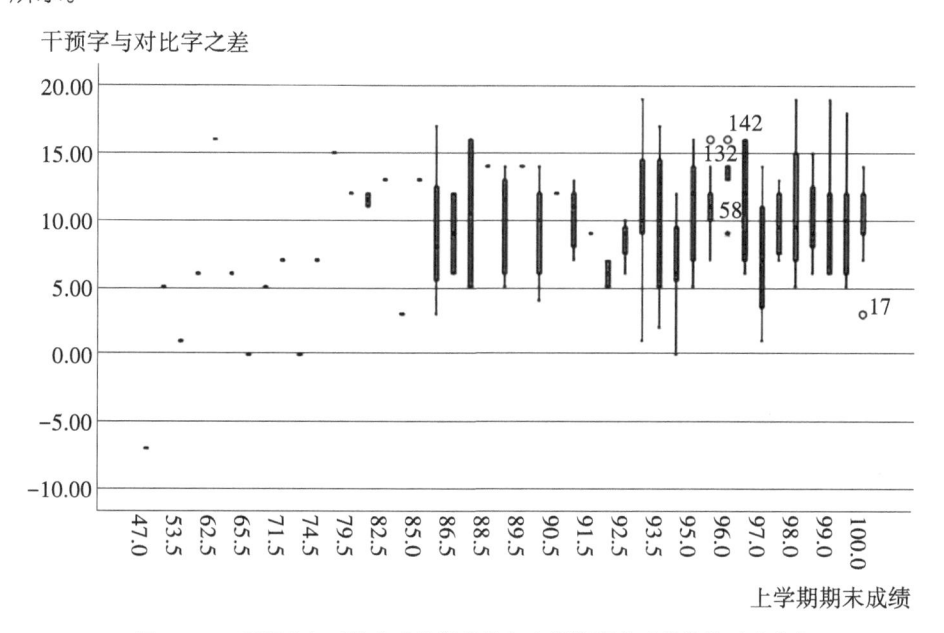

图5-2-2　干预字与对比字成绩得分差与上学期期末成绩值的对应分布

注：1.图中的"小黑点"代表"异常值"或"离群值"，即在该分数段中，成绩得分差与大多数数据差异较大的个体。

2.图中的"圆圈"标注的数字（如142、132、58、17），表示该分数段内的样本数量。

四、实验小结

字源情境图片在识字教学中的运用，提高了学生汉字同形语素的构词能力。字源识字教学以其情境深化了学生对汉字形义联结的认识，使其在扎实的基本意义理解的基础上,对同形语素(一字多义)的理解和运用能力得到增强,针对同一个汉字不同语素的组词能力明显得到提高。字源识字教学提升学生语素意识的基础可能有两个,一是字源情境教学的方法唤起了学生已积累的不同语素的词汇知识,强化了这种认知;二是字源识字教学的经验建构让学生学习到了不同语素的词汇知识。

第三节　提高学生汉字同形语素构词能力的单组前测-后测准实验

一、研究设计

(一)研究假设

汉字常规教学结束后,再进行一次加入汉字字源情境图片的教学能提高学生汉字同形语素的构词能力。

本次实验同时选择了两个村级完小和一个镇中心小学,对其中日常用语为彝族语言的一年级学生进行了前实验设计,实验具体以单组前测-后测设计的形式进行。因为三个学校人数分布不集中,我们难以同时监控各实验点的实验因素,所以采用前实验设计的方式进行实验研究。此次实验所选汉字是语文教材中要求会认的字,教师在前测以前不知道将要进行的教学实验,在采用一般汉字识字教学方法的识字教学结束后,将对选出的12个字进行同形语素意识要求下的组词测试,随后教师再对这些字进行字源识字教学。在教学结束后的第二天进行测试。虽然单组前测-后测设计中的因果结论条件的充分性还有待加强和论证,但是我们也能初步看出字源识字干预对语素意识提升的影响。

（二）实验因素分析

1.自变量和因变量分析

实验的自变量为在识字教学中以图片表现的字源情境。实验的因变量是一年级学生接受字源识字教学干预后，其汉字同形语素构词的得分明显提高。

2.无关变量分析

需要控制的无关变量为教师的教学水平，学生的学习能力。在本次实验设计中，为了控制这些变量，教师和学生相同，前后两次使用不同的教学方法。不能排除前测对学生学习意识的影响，以及第二次教学受第一次教学基础的影响，但是可以用这样的教学方法发现前后两次教学是否发生了改变。

（三）实验条件

（1）实验时间：2020年6月20日和6月23日两天。

（2）实验地点：两个村级完小和一个镇中心小学。

（3）实验对象：两个村级完小和一个镇中心小学的一共三个班级的一年级彝族学生。

实验以93名彝族学生为干预对象。学生以彝族语言为第一语言，汉语为第二语言。平均年龄7.8岁，男生49人，女生44人。

（4）实验方法：本次实验采用单组前测-后测设计，检测在识字教学中运用以图片表现的字源情境能否强化学生对汉字各语素的认知，并使其形成构词能力。

二、实验的控制与实施

（一）教学内容选择

选择一年级下册语文课本每课识字要求部分（写字要求的部分汉字在一年级上学期已经有过一次学习，所以不选）的12个字进行字源识字教学干预。课堂通过讲授，揭示字源与汉字形义相关的内容，并配以相关的情境图片。相关字的字频、笔画、结构等见表5-3-1。在传统识字教学结束后,进行前测,在以字源的字形和语素情境干预后,进行后测。表5-3-1中的汉字为前后测实验用字。

表5-3-1 前后测实验用字

字	结构	笔画	常用义项	字频
游	左中右	12	4	121705
观	左右	6	4	213994
张	左右	7	3	213994
急	上中下	9	4	73266
保	左右	9	4	341580
井	独体字	4	3	25192
种	左右	9	4	614657
乐	独体	5	4	140414
支	独体	4	3	177927
阵	左右	6	4	49062
安	上下	6	4	335583
道	半包围	12	4	593396

实验开始前对教师进行培训。教师让学生以每个字组三个词的要求和形式,在干预前进行前测,方法是请学生组词,每个字所组的三个词要求成为与这个字相异的三个语素,每组一个不同的语素得1分,如果三个词的语素相同,则只得1分,最高分36分;测试前对学生进行提示,以"吹"为例,组词"吹气""吹风""吹牛",要从不同的意义出发去组,不要组成"吹笛子""吹箫""吹气球",因为这三个词的"吹"的意义一样;测试时间20分钟;教师用两节课的时间使用字源和语素的情境讲析对学生进行干预;干预后随即进行后测,再用相同的组词材料让学生进行组词,后测要求与前测要求一致。

(二)教学设计

采用汉字字源与字源造义情境和语言情境相结合的方式,实施每个汉字三个语素的构词教学。教师在教学结束后,在黑板上书写所组词语,学生书写一遍。

所用教学内容如图5-3-1所示。

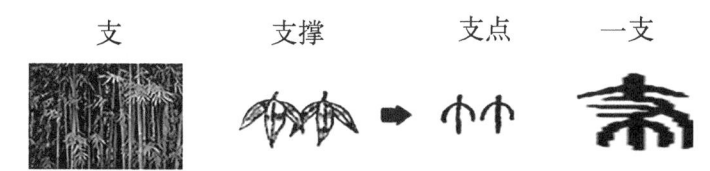

支　　　　　支撑　　　　支点　　　一支

一只手拿着一支被砍下来的竹枝,那用它来干什么呢?(支撑)
竹棍与地面接触的那个点叫作(支点)。

图5-3-1　教学内容

(三)实验实施

研究人员预先同实验学校的校长以及参与实验的教师沟通交流。提前了解教师授课特点、学生学习情况。讲清楚实验的目的、目标、教学实施过程中需要控制的因素,与参与实验的教师充分交流实验教学的内容,根据交流对部分设计进行改动,保证实验教学的可行性。

在12个字的常规教学结束后即进行实验的前测。两天后请教师加入以图片表现的字源情境的教学,教学时间为两个课时。早上结束教学,下午进行后测。

三、实验数据统计和结果分析

(一)前后测平均值比较

前后测平均值比较见表5-3-2。

表5-3-2　前后测平均值比较

	得分最小值	得分最大值	得分均值
前测总	0	20	7.84
后测总	1	33	16.73

前测得分最小值为0分,后测得分最小值为1分,前测得分最大值为20分,后测得分最大值为33分,后测得分均值比前测得分均值高出8.89分。

(二)配对样本 t 检验

因参试学生、任课教师、对比字具有相同的特点,故使用配对样本 t 检验来推断参试学生在接受传统识字教学和字源识字教学后的测试成绩的总体均值是否存在显著差异。具体数值统计见表5-3-3。

表5-3-3　前后测成绩的配对样本 t 检验

	配对样本 t 检验							
	平均值	标准偏差	配对差值标准误差平均值	差值95%下限	置信区间上限	t	自由度	Sig.(双尾)
配对1前测总和-后测总和	−8.89247	5.65005	0.58588	−10.05609	−7.72886	−15.178	93	0.000

前后测成绩的配对样本 t 检验 $p=0.000<0.05$,对学生进行干预前的成绩与干预后的成绩具有明显的差异性。字源教学的干预对学生的测试成绩产生了明显的影响。

(三)参试学生上学期期末语文成绩与同形语素干预后成绩的相关性

参试学生上学期期末语文成绩与同形语素干预后成绩的相关性数据统计见表5-3-4。

表5-3-4　参试学生上学期期末语文成绩与同形语素干预后成绩的相关性

相关性			
项目		干预字与对比字之差	上学期期末成绩
干预字与对比字之差	皮尔逊相关值	1	0.443**
	Sig.(双尾)		0.000
	个案数	93	93
上学期期末成绩	皮尔逊相关值	0.443**	1
	Sig.(双尾)	0.000	
	个案数	93	93

参试学生上学期期末语文成绩与同形语素干预后成绩的相关性统计p=0.000<0.05，说明参试学生上学期期末语文成绩与同形语素干预后的成绩呈正相关。本次实验的假设成立。但皮尔逊相关值r=0.443，可以看出其相关度为低相关。这个结果给了我们一个提示，在低年级的时候，如果在教学中有意识地使用加强语素意识的教学方法，相当一部分学生有希望在语文学习中取得更好的成绩。

四、实验小结

前后测成绩对比差值较大的学生集中于一个学生人数较少的学校，全校六个年级学生总数不足100人，一年级只有12人。实验前的上学期期末成绩集中在73到75分。这些学生的前测分数较低，不到10分，干预以后得分较高。

教师在给学生提供字源和相关的情境时，留给了学生较大的自由发言和讨论的空间和时间，字源与汉字形和义的关系及同形语素中的多义引申，都从学生的回答中引导而出，这些学生虽然在上学期的期末考试中成绩不拔尖，但在这样的课堂组织和交流中，其同形语素意识方面有比较大的提高。由此可知，相同的教学内容，由于教师和教学对象的不同，教学结果也不一样。

第四节 以字源提高学生汉字同形语素构词能力的组间比较准实验

前两次实验发现在字源识字教学的过程中使用具体的图片，有利也有弊。利处是图片容易唤起学生心理词典中的词汇记忆，弊端是图片可以捕捉到的信息量过大。本次实验不使用图片，仅使用语言阐释汉字字源意象图式进行同形语素构词教学，再次设计了一次字源识字教学的准实验。

一、实验设计

(一)实验假设

以语言阐释汉字字源意象图式的同形语素构词教学能够提高学生的同形语素构词能力。

(二)实验因素分析

1.自变量和因变量分析

实验的自变量为在识字教学中使用语言阐释汉字字源意象图式。实验的因变量是一年级学生接受字源识字教学干预后,其汉字同形语素构词的得分明显提高。

2.无关变量分析

需要控制的无关变量为教师的教学水平,学生的学习能力。在本次实验设计中,为了控制这些变量,教师和学生的样本选择为随机选择。经过两个班的学生对会认的字的同形语素构词能力的测试对比,确保了两个班级的学生在汉字学习中的构词水平基本持平。教师进入学校工作的时间为同一年,均为新入职教师。

(三)实验条件

(1)实验时间:2021年6月21日和6月28日两天。

(2)实验地点:安宁市市郊小学。

(3)实验对象:实验班级为该校8个班级中随机抽到的两个班级(称为a班,b班),每个班级学生47人。除去第一次检测不在场的学生、上课请假的学生以及证明过有智力缺陷的两个学生,每班参与实验的学生为40人,平均年龄7.1岁,两个班级男女生刚好各20人。

(4)实验方法:采用的实验方式是"2(两个班级)×3(三种教学方法)"的实验方式。

第一种教学方法,两个班的教师分别用课堂随文识字教学方法进行识字教学,研究人员不做任何干预和提示。教学结束后,两个班同时进行一次测验,这些成绩为对比字成绩。一周后,两个班进行准实验控制的语素意识教学。

第二种教学方法,对其中一个班,教师对12个实验字进行"每个汉字直接组三个词"的教学。教师不做语素的有意识区分,但是对组词的数量进行控制,必须组三个词。组词由全班一起进行,教师在黑板上写,学生在本子上写。

第三种教学方法,对另一个班,教师对12个实验字进行字源讲解后,再以区分语素的方式组词并写下来。

采用第一种方法时,两个班同时进行教学,并同时进行组词测试;采用第二种和第三种教学方法时,教学分开进行,分开测试。测试成绩比较的方式为两个班级间的比较和同一个班级间的自我比较。

二、实验的控制与实施

(一)教学内容选择

第三次实验选择的24个字,见表5-4-1。

表5-4-1　第三次实验对比字与实验字统计表

对比字	字频	结构	笔画	基本义	实验字	字频	结构	笔画	基本义
伙	44301	左右	6	4	吹	20278	左右	7	4
飞	114591	独体	3	3	支	177927	上下	4	3
节	147658	上下	5	10	架	50000	上下	9	4
阳	99588	左右	6	5	阴	31411	左右	6	5
红	130868	左右	6	4	观	213994	左右	6	3
招	58575	左右	8	4	喜	91415	上下	12	3
吃	115893	左右	6	4	张	231916	左右	7	4
花	164082	上下	7	4	安	177927	上下	6	4
看	517226	半包围	9	4	急	73266	上下	9	4

续表

对比字	字频	结构	笔画	基本义	实验字	字频	结构	笔画	基本义
种	614657	左右	9	4	照	131583	上下	13	5
香	131743	上下	9	3	息	132480	上下	10	4
清	186495	左右	11	4	游	121705	左中右	12	3

（二）教学设计

常规方法：教师使用常规的识字教学方法进行对比字12个字的教学，包括认读、分析汉字结构和笔画、书空、组词、抄写、听写等。两个班级在方法上一致。

多语素直接教学方法：对实验字12个字进行每个字三个语素的组词教学，进行汉字结构的分析、认读后，再教组词，学生发言组词后，教师补充教授，但不针对字形和字义进行讲解。教师在教授的同时将词写在黑板上，学生将词写在自己的作业本上。教学时长为一节课（40分钟）。

字源教学方法：进行汉字结构的分析、认读，以字源形体解释汉字的基本意义。在基本意义解释的基础上，学生发言组词，教师补全不足的语素组词。教师板书示范于黑板上，学生书写于作业本上。教学时长为两节课（80分钟）。

（三）实验实施

研究人员同实验学校的校长以及参与实验的教师沟通交流。提前了解教师授课特点、班级学生学习情况。讲清楚实验的目的、目标、教学实施过程中需要控制的因素。这一次实验教学内容已经比较成熟，没有改动。研究人员全程参与教学前测试与教学。

三、实验数据统计和结果分析

本次实验结果分析因为人数较少，采用了分值得分段的统计方法。这种数据统计和分析方法的好处在于可以更为直观地发现在不同教学方法下和在班级不同但教学方法相同的情况下学生每个汉字得分的细微差距,同时也可以更直观地发现有较大差距和没有差距的数据。

(一)a班教学测试数据分析

a班常规教学测试数据分析,见表5-4-2。

本次实验教学中,a班除去较高的极端值的学生和两次测试中有一次缺席的学生后,余40人。0分阶段的学生人数即为还不能准确记住汉字形义的学生人数,在此次测试中,针对"看""香""清"三个字,各有一个学生出现不会写的情况;2分阶段的学生227人次;1分阶段的学生242人次。a班在常规教学下,12个字同形语素意识的得分测试均值为1.50,两个高值:1.88和1.82;三个低值:1.00、1.08和1.05。两个高值对应字中的"种"为多音多义字;三个低值对应字为"阳""花""看",其除了基础语素以外,其他语素不常用。因为是随文识字,所以在阅读和书写的过程中,学生至少能掌握一个语素意义。基本的书写和阅读为识字教学的必要步骤,每一个汉字的语素组词得分围绕着1.50分的均值,不偏高也不偏低。

表5-4-2　a班常规教学测试数据

分段(分)	字/人数(个)											
	伙	飞	节	阳	红	招	吃	花	看	种	香	清
3	1	0	1	0	1	0	0	0	0	2	0	3
2	33	21	25	0	26	30	16	3	3	29	19	22
1	6	19	14	40	13	10	24	37	36	9	20	14
0	0	0	0	0	0	0	0	0	1	0	1	1
得分均值	1.88	1.53	1.68	1.00	1.68	1.75	1.40	1.08	1.05	1.82	1.45	1.68

a班多语素直接教学测试数据分析,见表5-4-3。

在这一组测试中,出现了四个近二分之一的学生未能记住形义的字:"观""急""照""息"。一个字是左右结构,三个字为上下结构。这四个字因为有近二分之一的学生不能正确辨别字形,所以得分均值很低。多语素直接教学后,出现了两个较高的得分均值"2.23"和"2.00"。"吹起""风吹""吹牛"这三个词语在教学前在学生心理词典中应当已经有积累,因此在教学过程中全部提出来以后,学生书写出来的情况较好。"游泳"和"游玩"是学生比较熟悉的词汇,而对"游学",学生相对陌生一些,但是仍然有9个人可以记住并将之写下来。

表5-4-3　a班多语素直接教学测试数据

分段(分)	字/人数(个)										
	吹	支	架	阴	观	喜	张	安	急	照	息	游
3	15	1	3	9	2	2	2	0	0	1	1	9
2	19	11	26	19	22	18	20	24	9	11	5	24
1	6	26	8	10	14	15	11	16	15	14	13	5
0	0	2	3	2	13	5	7	0	16	14	21	2
得分均值	2.23	1.28	1.73	1.88	1.05	1.43	1.58	1.60	0.83	0.98	0.65	2.00

(二)b班教学测试数据分析

b班常规教学测试数据分析,见表5-4-4。

本次实验教学中,b班除去最高和最低的极端分数以及前后测缺席的人数后,参与数据统计的人数为40人。在常规教学下,12个字同形语素意识测试的得分均值约为1.46分,这个分值与a班的1.50分接近。"飞""种"二字得分均值较高;"阳""花""看"三个字得分均值较低,与a班的情况类似。在使用统一教材并且汉字的形义、学生的身心发展、教师教学方法的形似性等特点都在无意识追求一致的情况下,两个班语素组词测试分数高度相似。

表5-4-4　b班常规教学测试数据

分段(分)	字/人数(个)										
	伙	飞	节	阳	红	招	吃	花	看	种	香	清
3	1	0	0	1	0	2	0	0	0	7	1	6
2	27	34	27	1	17	14	5	3	4	18	19	17
1	12	6	13	38	23	22	35	37	36	15	20	17
0	0	0	0	0	0	0	0	0	0	0	0	0
得分均值(分)	1.73	1.85	1.67	1.08	1.43	1.40	1.13	1.08	1.10	1.80	1.53	1.73

b班字源教学测试数据分析,见表5-4-5。

b班在字源识字教学方法下学生的汉字识字组词得分均值约为2.16分，比常规教学要高出0.7分左右。但具体到个别汉字的测试情况，在总体上与a班具有相似性。"吹"字组词分值达到3分的人数最多，得分均值也最高。在a班有近二分之一的人不能识别字形的"观""急""照""息"四个字中，"观"字能被b班所有学生识别并组词，不能识别"急""照""息"的人数也比较少。可以看出，字源识字教学方法的一个教学效果趋势是能在一定程度上减少学生机械学习的学习量。在字源识字教学中形义结合的讲授可以使学生在一定程度上减少其机械训练的学习时间。

表5-4-5　b班字源教学测试数据

分段(分)	字/人数(个)										
	吹	支	架	阴	观	喜	张	安	急	照	息	游
3	35	17	13	13	14	12	11	12	10	6	19	12
2	5	18	24	21	17	24	23	28	12	22	9	20
1	0	5	3	6	9	4	6	0	13	9	6	8
0	0	0	0	0	0	0	0	0	5	3	6	0
得分均值	2.88	2.30	2.25	2.18	2.13	2.20	2.13	2.30	1.68	1.78	2.03	2.10

四、实验小结

研究结果：以语言阐释汉字字源意象图式的同形语素构词教学能提高学生同形语素构词能力的假设成立。

两个班级的情况综合起来可以看到识字教学中的一些趋势。在小学识字教学中，一定程度的机械性的读写训练是学生学习汉字的基础。同时，字源识字这样的方法，对学生汉字学习的形义联结可以产生极大的帮助，能在一定程度上减少学生机械学习的学习量，因此教师可以在识字教学中适当加入这样的教学方法。字源识字的教学与规范汉字的字形教学相结合是必要的。一定时期内，使用字源识字教学方法的汉字数量需要教师依据学生的语言经验进行选择。

第五节 同化和顺应：
基于研究试验的字源识字教学讨论

皮亚杰将人的智力结构称为图式,图式把有机体所感知的事物,按其共同特征编成组,这种编组的过程是可以重复的心理活动。[1]就汉字的工具性来看,汉字概括出了事物的名称、事物的性质、事物间的关系,进而构成汉语言以表达更为复杂的逻辑推理关系以及更为复杂的概念。在识字教学过程中,我们便是逐步提升小学生所知图式的数量和图式的复杂性,以使他们能够对环境做出越来越多的区分。图式发生变化的方式有两种,同化和顺应。通过同化,人们把新认知的材料整合到已有的图式或者行为模式中,同化影响图式内蕴的增加。顺应发生在认知主体遇到的刺激与原有图式不匹配的情况下,这个时候,主体"要么创造一个能够把刺激置于其中的新图式,要么改造现有的图式,使刺激能够符合于它。所以顺应是新图式的创造和旧图式的改造"[2]。在汉字识字教学过程中,新学习的汉字是新图式的创造,汉字多个意义的学习属于旧图式的改造。

一、多语素的同化和顺应过程

小学生在交往活动中获得的汉字语音、语义知识与教学中新学习的汉字语音、语义(课堂中获得的刺激)相一致,那么学习就获得了同化的过程;新学习的语音、语义与原有经验相冲突则产生顺应的过程,学生建立新的图式,学习到新的汉字。这是学生识字过程中最常见的顺应。识字教学过程中还有一种顺应发生在汉字个体内部,即汉字多语素的学习。在识字过程中,学生碰到已学汉字的相同语素,即为同化过程;遇到与已学汉字语素不相同的语素,即为顺应过程。学习新汉字的过程为数量上增加的顺应,学习汉字内部新意义的过程为认知深度的增加。例如学生在学习了"飘"字以后,又碰上了"漂"字,这是两个字,学生

---

[1] 瓦兹沃思.皮亚杰的认知和情感发展理论[M].徐梦秋,沈明明,译.厦门:厦门大学出版社,1989:15.
[2] 瓦兹沃思.皮亚杰的认知和情感发展理论[M].徐梦秋,沈明明,译.厦门:厦门大学出版社,1989:18.

意识到两个字的不同,并且学会了形义的区分,那他在识字的数量上就进行了一个顺应的过程。第一次学习"漂"字时,组词为"漂浮",当下一次学生学习到"漂亮"这个词的时候,他可以尝试对这两个语素进行区分。前者为本义"动词,在水面上浮动慢流"。后者为引申义,"干净,清丽的"。此例即可体现学生在识字学习中可能发生的两种顺应。

在识字教学的制度性文件和教学实践中,汉字数量的增加一直是识字教学的重要目标,但是对汉字语素学习的关注则较少见。语文教师应该明确意识到这一点,学生在语素学习中也需要不断地经历顺应的学习过程。学生意识到几个语素具有的不同之处,他们才能通过语素顺应的过程在心理认知中对不同的情境进行区分和认识,为语言文字的理解和表达做好准备。以增加汉字的数量为目标的教学是一个数量上不断顺应的过程,通过不断的顺应达到同化的平衡,再增加新的顺应。学校里语文课堂中的汉字学习应该超越类似于"扫盲"的识字教学。汉字字义的发展有多种衍生形式,学生在随文识字的过程中学到的汉字字义可能是汉字的基本意义,也可能是汉字的延伸意义。如果不重视汉字多语素的学习,汉字多语素中的文化基质就会在这种"窄化"的学习中被忽略。

学生学习汉字多语素有两个方面的作用。一是汉字多语素的学习增进了学生对汉字多义项的理解,使学生对文本中蕴含的字义的理解能力增强。学生阅读文本和语言表达的能力在质上得到提高。二是许多汉字语素记载了中华文化一以贯之的文化基质,当掌握这种语素以后,便可以以汉字中的文化基质去记忆文化现象、理解文化内涵。

在汉字字义的教学中,我们需要区分汉字学习的两种不同的顺应发生过程,以此为基点,适当地在教学中增加给学生的学习支架,实现汉字的工具价值和文化价值。

二、字源识字教学中对多语素学习的评价

汉字多语素的学习评价是一个重要的问题。学生在校外的语言认知发展能力不一样,对汉字语素的积累水平层次也不一样,有的学生语素意识很强,有的

学生语素意识较弱。做统一的硬性要求，增加了一部分学生学习的难度，反而不利于识字教学活动的展开。汉字多语素的教学需要循序渐进、因材施教。初期的语素区别教学以容易理解的多语素汉字为例，引导学生通过字典的帮助在组词的练习中培养语素辨别的能力。随着学生学习能力的增强，不断增加有文化意义的语素学习，再引导学生认知多语素现象产生的原因和各语素之间的发展关系，最后在识字教学的组词学习中使其学会以多语素发展自己深层的语言能力。

维果茨基认为："对学校而言，重要的不是儿童已学会了些什么，而是他有能力学会什么。"[①]这句话指出了学生在学习中应有的发展目标，这也是培养学生的一种方法。教学的着眼点不仅是看到儿童的今天，更重要的是看到儿童的明天，不仅看到其在发展过程中已达到的东西，而且注意到正在形成过程中的东西，这样我们就可以"判明儿童发展的动力状态"。[②]学生学习汉字的能力在两个层次上都应该获得培养，即增长汉字学习的数量和增长汉字学习的语素数量。多语素学习的必要性不以学生当前是否完全掌握多语素来判断。学生获得的知识，有一部分被储备了起来，在未来的实践中才能被转化为能力。同时，这些知识的获得过程也培养了学生学习的能力。

三个实验设计中的前两个加入了具体的生活情境图片，这样的情境接近学生的生活经验，利于学生对知识进行建构理解。缺点在于图片总是能被解读出很多意义，图片在分析时也容易引起学生的发散性思维，这对教师管理课堂的策略要求较高。第三个实验紧扣汉字字源的字形，以字源的字形作为情境解释的材料，在解释的时候，教师需要以准确的语言讲清字源背后的基本意义。实验统计数据表明，在运用字源教学方法的情况下，学生能更好地理解汉字的基本意义并进行其他语素的迁移学习。学生心理词典中原有的词汇对其语素意识的培养有较大的影响。所以，幼儿园和小学低段的学生可以有针对性地增加以听为主的"阅读学习"。

---

① 黄秀兰.维果茨基心理学思想精要[M].广州:广东教育出版社,2014:94.
② 黄秀兰.维果茨基心理学思想精要[M].广州:广东教育出版社,2014:98.

第六章

字源在小学语文教学中的转化运用

自古而今,汉字符号的约定意义具有稳定性,汉字符号所传达的价值观念、审美方法趋同。但同中有异,汉字符号承载的"异"体现在时间和空间上。时间上的不同在于,字源形体所概括的中华民族共有的精神特质和心理文化场因时代的变化而略有差异;空间上的不同则是指生活在不同区域的人,有独属于他们的共有的生活经验。利用汉字字源的意象图式对不同时空中的具体事件进行整合,可以培养小学生对中华文化生生不息、一脉相承的特点的初步感知力,奠定其文化分析、文化自信的基础。汉字字源的意象图式具有整体性和模糊性,其中这种简洁的整体性使之成为一种具有包容性的意象图式,可以将不同文本中的共同性表现出来。在教学活动中,教师可以引导学生将不同的文本同化到一个字源的意象图式中,使其更好地去理解文化的本质。

第一节 字源发挥整合作用的基础

汉字的外部整合包括两种情境:语文教材中的文本情境和学生学习生活所在的情境。就抽象意义而言,它们都与汉字产生的原生语境具有内在的一致性。不同种类的情境具有不同的意义。而语文教材中随文本相配的情境有三种,首先是字源识字教学中运用的情境,其次是学生生活经验中比较熟悉的情境,再次是运用多媒体技术和网络获得的学生生活经验之外的情境。本章重点讨论后两类情境。调动学生已有的生活经验,可以进行深层次的知识整合教学,包括运用"形异质同"的地方性经验讲授具有普遍性的汉字知识,使学生理解文本中建构的价值观念。

一、字源中蕴含着以天人合一观为基础的直觉思维和整体思维

汉字符号具有直觉思维。《汉语大字典》解释:"'文'与'字'最初有异,依说文系统,独体为'文',合体为'字',后来'文字'连用,再无区别。"从汉字名称的演变过程中可以看到汉字的表意性。汉字的表意性决定了它同时具有事实与价值的功能。汉字字源中的历史事实和历史经验,具有"述"的特征。"述"的特征使汉字字源的"知识"呈现开放的状态,字源的"知识"内在于具体的境遇之中,它不同于具有绝对真值的符号系统。如前文所述,汉字在汉以前称为"文",而后被赋予了"字"的意义,字在发展的初级阶段,取材于客观的物象,但又不同于物象本身。汉字的创造是人与世界互动之后产生的经验表达。独体的象形字对事物对象具有区别性的局部特征或者整体进行取象,比如"羊"和"牛"两个字,其甲骨文字形为 、 ,两个字在细节上的区别很鲜明。这是一种观物—比类—取象的过程。具有一定的形象性,同时具有模糊性。

汉字符号具有整体思维。整体思维首先是指中国古人对物象的范围和物象之间关系的整体关照。"整体性思维把人与自然、人间秩序与宇宙秩序、个体与社会看作是一个不可分割、互相影响、互相对应的有机整体。在这个整体结构中,身心合一,形神合一,精神与物质、思维与存在、主体与客体合一。"[1]例如现代汉语中的"暮"字,其本字为"莫",甲骨文字形为 ,表示太阳下山,阳光隐没进丛林。"朝"的甲骨文是 ,表示东边的太阳还隐藏在远处的山巅草木丛中,西边的晓月还没有落尽,天色微明但还没有大亮。两个字的造字本义都是表示时间。两个

---

[1] 连淑能.论中西思维方式[J].外语与外语教学,2002(2):42.

字中都包含了天上的太阳,地上的植物,"朝"字中还有月亮。以天空的太阳和月亮以及地上的植物构成一幅整体的画,表现时间。汉字字源具有观照事物整体性的特点,在具有模糊性的同时,也能让人体认到汉字表达的意义。汉字中的整体思维还表现在汉字表义所取的意象上,包括了中华版图内各种动植物、自然景观,以及人类的行为和生活方式。

二、字源的整体思维使汉字具有大一统的文化功能

"汉字是中国通用的唯一交际工具,唯其如此,它是中国文化的脊梁。"[1]汉字在中华民族的人文生态环境中具有举足轻重的作用,它不仅传播文明、传承文化,而且在民族认同、国家统一方面也发挥着不可小觑的作用。汉字形义紧密相关的特点,使不同方言区的人都能认读同一个汉字,这个特点使汉字可以自上而下,传承文化、传达国家意志;自下而上,丰富发展不同时代的文化,表现民间诉求。从承担"跨越时空传播语言"的使命来说,汉字跨越的空间是七个方言区。在汉语的七大方言区中,虽然各方言之间的语音对应关系严密,但是音位系统却截然不同;粤方言、闽方言与普通话之间的差异并不亚于英语与德语之间的差异。以至于国外有的语言学家把粤、闽方言视为独立的语言。之所以能实现这样大的跨越,与汉字以形表义的特点是紧密相关的,即使汉字的发音天差地别,但汉字字形表现的生活是客观的,是可以被统一认识的。因此汉字经历了产生、发展的历史过程,在这个过程中,其包含的思维学、哲学、心理学、行为学等内容不断影响着一代代人,同时,汉字的包容性也让使用它的人反过来不断丰富它,如此循环往复。

大自然的物性具有客观性和相对的永恒性,汉字符号具有整体性和模糊性。因此汉字具有了强大的包容性和可生长性,这种包容性和可生长性体现为中华民族随着生产生活的需要不断壮大,从而使汉字内部的字义也不断增长。

---

[1] 帕默尔.语言学概论[M].李荣、王菊泉,周焕常,等译.北京:商务印书馆,1983:99.

三、字源的整体思维使汉字成为一种叙述事件的载体

汉字字源跨越时空的物性、整体思维和模糊性使得汉字字源形体可以成为不同历史事件和不同空间叙述的载体。例如,"暮"与当代社会的时钟相比,它几近于没有表示时间的功能,因为这个字的字形仅仅"述"了一个场景。需要人们去"意会"它的意思,去领悟它蕴含的诗意。但正是如此,我们可以去加入人的认知角度,补充"暮"下的意象,这些意象丰富多样,可能是放牛娃;可能是载着放学回家小朋友的自行车;可能是密密麻麻的在马路上排队的汽车;可能是金色的天空,阴沉沉的乌云等。"朝"字甲骨文 ,"日"字与"月"字呈东西相对的状态,当月亮从西边落下的时候,太阳从东边升起,整个画面呈现出一个整体的状态。由此可以看出,汉字字源的叙事注重人们生活中的实践经验和整体思考,其思维方式非实测验证,而以直觉思维为主,强调在直觉思维的叙事中静观、体认和顿悟。将这样的符号作为叙事框架,学生容易直接而快速地获得整体感觉,并逐步把握其概括的内蕴。

以事件思维组织的教学体现了过程哲学的运用。魏善春等人认为"事件具有有机整合、普遍联系、融于实践及生成创造等特性"[1]。事件的内容包括教学事件、学习事件、教学活动中的事件、日常的事件、教学内容的"文本事件"等各种事件。在此,我们主要以汉字字源和语文文本为对象探讨"文本事件"。汉字字义的理解是文本理解的基础,而理解是师生之间围绕文本展开的经验对话,主体间经验的对话可以解决理解过程中的问题和困惑。教学中"文本事件"的理解过程与照本宣科式的文本分析不一样,后者强调汉字字义或者文本意义的答案是唯一的,即作者表达的是唯一的观点。而加入了个体经验的理解是一种参与文本经验建构的理解,以这种理解为基础的语文教学便具有了过程性、主体性。教学语文,就是激发、促进并帮助学生达成自身生活世界与语言世界的同构对应,并在这种生命境域与存在世界的豁然贯通中,使学生获得鲜活的语言体验、意义理

---

[1] 魏善春,李如密.从"实体思维"到"事件思维":过程哲学视域中的教学生活图景[J].2017(6):115.

解,使其在自身通畅而自由的意义建构、表达中提升生命的智慧和启悟,进而发展为他们生活的勇气和底蕴。①

四、运用字源的叙事性可转化存储在文本中的文化记忆

文化记忆具有质的稳定性,在不同时代的具体条件下,又会表现出与时代性相吻合的特点。文化记忆是一种机制,它被外化、对象化并以符号的形式储存,不像言语的声响或手势的视觉,这些符号形式是稳定的、超越情境的:它们可以从一种情境向另一种情境迁移,并从一代传递给另一代。作为记忆载体的外部对象在个人记忆的层面上发挥作用。②文本中的文化记忆存储在具体事件中,字源则以其形式的稳定性对不同情境中的文化记忆进行整合。文化记忆在本质上就是人类社会中处理人与人之间关系和人与自然关系的机制传承,其也指向了教育中位育实践的四个方面。

教育中位育实践包括四个方面的内涵:人与自然之间的位育、个体与个体之间的位育、个体与群体之间的位育、群体与群体之间的位育。处理个体内部的关系是个体自身的情、志、欲相协调的过程。《大戴礼记·文王官人》里讲,"民有五性:喜、怒、欲、惧、忧也。"《荀子·正名》:"性者,天之就也;情者,性之质也;欲者,情之应也。性之好、恶、喜、怒、哀、乐谓之情。"人的情欲主要有五个方面:生存欲、感官欲望、好利、嫉妒心、权力欲。孟子的性善论则认为人皆有四心,即"恻隐之心""羞耻之心""辞让之心""是非之心",四心分别与仁义礼智"四端"相对应。"喜、怒、欲、惧、忧"倾向于人的本性需求表现,而"四端"倾向于社会培养出来的文化性。

个体与个体、个体与群体、群体与群体这三种关系都涉及主客之间的关系,所以具有一定的相似性。比如"和而不同"对于这三种关系都是适用的原则。个体内部的修养对于这三种关系具有基础性的作用,个体修养的基础的质性方向决定了这三种关系的发展方向。

---

① 曹明海.语文教学本体论[M].济南:山东人民出版社,2007:172.
② 阿斯曼.交往记忆与文化记忆[J].管小其译.学术交流,2017(1):11.

第二节　以字源整合不同文本，全面认知中华文化内核

字源的整体性和模糊性对不同时间和空间下的具体经验具有概括的包容性。在语文文本的学习中，师生对每一个文本经验中的情感、审美、思想、道理都会进行归纳总结。这些归纳总结受制于具体的文本经验，它们一个个相对独立，又与作者本意大致符合。但是，语文教材中文本的学习始终是相分离的、相对独立的、各自表达的独立经验，难以形成一种文化传统、文化体系的认知维度。以字源的包容性对不同的文本进行整合以后，我们可以培养学生离开文本做价值判断、价值归纳的能力，使其不局限于具体的文本经验，在循序渐进的培养中，学生才能奠定下文化自信的基础。

一、化虚为实，认识生活中的文化

在小学六年三个学段的语文学习中，汉语言文字的表达技能与文本审美的学习是逐步推进、循序渐进的。在循序渐进的技能培养和情感熏陶中，学生的认知能力获得进步，情感熏陶得到强化。通过对不同文本各个角度的理解，学生可进行通畅而自由的意义建构，在阅读和表达中提升生命的智慧。

（一）人与自然节律相符

关于"时"。"时"字在甲骨文中最早的写法是🕰，上边的"𡵂"，是"止"，表示用于行走的"足"，下边的"⊙"是"日"的象形。"时"的篆文字形为🕰，左边是个"日"字，右上边是个"𡵂"，为"足"，右下边是个"彐"，为"手"。"🕰"表示人行动所用的"手"和"足"的行动节奏随太阳的运行而变化。

在部编版语文教材中共有三篇文本涉及人与自然节律的关系。二年级上册，《田家四季歌》里有"麦苗儿正肥""采桑养蚕又插秧""稻上场""新制棉衣"。

二年级上册,《寒号鸟》里有"趁天晴,快做窝。现在懒惰,将来难过"。二年级下册,《寓言二则》的《揠苗助长》里有"禾苗好像一点也没有长高""一棵一棵往高里拔"。《田家四季歌》以短诗的形式描述了四个季节中农家的主要农业活动的内容和形式,表现农事应时而动。《寒号鸟》以寒号鸟不按时筑巢、垒窝,最后冻死在寒风中的过程和结局,警示读者如果不守时遵时,不好的结果将会发生。《田家四季歌》从正面表现人与自然节律相符的重要性,《揠苗助长》和《寒号鸟》则从反面表现不遵守时序和规律的后果。

三篇文本经验的文本总结如果只站在文本的角度,就会产生局限性,要突破这种局限性,我们就要引导学生了解文本背后的教育意义。《田家四季歌》:按照春夏秋冬的顺序,描绘了农民一年的农事活动,赞美了农家人的辛勤劳动,抒发了他们收获的喜悦。学习本文,既可了解一年四季农作物生长和农事活动的常识,又能感受辛勤劳动带来的愉悦。《寒号鸟》:以寒号鸟的懒惰和喜鹊的勤快形成鲜明对比,寒号鸟好逸恶劳,得过且过,不听喜鹊的劝告,最终冻死在冬天寒冷的夜里。《揠苗助长》的基本含义是教育人们万物都有自身的发展规律,不能违背。

"时"字的字源整体性能概括三篇不同文本在经验活动上的共同性,遵守时序是人做事的基本出发点,"守时"属于做事方法的层面。文本中的农家和喜鹊成功的原因除了勤奋以外,方法上的守时也至关重要。寒号鸟和将秧苗拔起来的人忽略的是做事的基本方法,没有把握住时空的具体特点。在文本的阅读和理解中,如果教育仅以文本经验的感悟为主,随着故事情节这一经验的模糊,学生的认知便会逐渐消失,而以具有概括性的字源符号"時"进行文本外共性的升华,能深化学生的认知,提升学生的认知能力。

(二)"道"存于实践

《老子》第一章讲"道可道,非常道",第二十五章接着讲"有物混成,先天地生,寂兮寥兮,独立而不改,周行而不殆,可以为天地母。吾不知其名,字之曰道,强为之名曰大。大曰逝,逝曰远,远曰反。故道大,天大,地大,人亦大。域中有四大,而人居其一焉。人法地,地法天,天法道,道法自然。""道"何其大矣,那我们怎么了解、学习它?答曰:"反。""反"朝哪里?"反"朝人自身,"道"在我们自己这里,反求诸己,反观自省,才有悟道的希望。王弼注:"法,谓法则也。人不违地,乃得全安,法地也;地不为天,乃得全载,法天也;天不为道,乃得全覆,法道也;道不违自然,乃得其性。"反求诸己,但"己"与"道"又是有距离的。在老子那里,道是第一个层次(道),由此而有第二个层次,即天地万物(天道),而人类则是第三个层次(人道)。本来人也是万物之一,不过人有知有欲(用西方的说法就是有自由的意志),能够脱开道的直接性,于是就分开为单独的一层。而在第三层人道中,因为人的欲望和知识常常容易背离前面两层,背离了前面两层中的大势,则行为往往会遭遇失败,而人在自食其果之后,再重回到顺应大势的层面,便能获得成功。由此,我们可以发现,"人道"中的"道"具有鲜明的主观能动性,这种主观能动性受客观规律的制约。

中国传统文化中"道"的概念是大而远的,具体到"人道",其因为关乎人类社会生活经验而被描述在文本中。小学生可以从文本中获得关于"道"的基本经验和认知。"道",甲骨文字形为 𧗟,表示一个人行走在四通八达的路上。隶化后楷书为 道,由"辶"和"首"字构成,前者表示实践,后者表示人的大脑的思考,强调人的主动性。两者组合起来义为四通八达的大路,组词"道路";引申为途径、方法,组词"门道";表示法则、规律,组词"道理"。"道"是人行走的道路,也是事物发展的规律和我们作为社会人要思考和遵循的道理。

一年级上册《四个太阳》:"高山、田野、街道、校园,到处一片清凉。""道"在这里表示的是"道"字的本义。"街道",因居住之地势而成行走之"道"。

二年级上册《大禹治水》:"开通了很多河道"。此处的"道"指人观察自然、尊重自然,依据自然规律为水找的可以流通的"水道"。

二年级下册《小马过河》:"孩子,光听别人说,自己不动脑筋,不去试试,是不行的。河水是深是浅,你去试一试就知道了。"句中的"道",强调了实践中"方法"的重要性。

五年级上册《冀中的地道战》："有了地道战这个斗争方式,敌人毒辣透顶的'扫荡'被粉碎了。""地道"在这里指"地下通道"。

三年级下册《慢性子裁缝和急性子顾客》："这位顾客歪着头想了想,不得不承认裁缝说得有道理。"慢性子裁缝抓住了人在冬天才穿棉袄这个规律,说服了急性子顾客在他这里做衣服。"道"在这里是"法则、规律"的意思。只有符合事物发展规律的"道"才是行得通的办法。

四年级上册《西门豹治邺》："西门豹发动老百姓开凿了十二条渠道,把漳河的水引到田里。庄稼得到灌溉,年年都获得好收成。"与大禹治水之"道"相似,这里的"道"是让水通过的"水道",同时也表现了遵循自然山势水势规律的重要性。

通过具体的经验,人类知道了"道"就是万事万物运行的内在规律,在日常生活中要遵循"道"去做人、做事。"道"包括大自然的规律,文化的规律,学习知识的规律等。在做人做事的过程要去"知常",要去悟"道",在生活中发现"道",找到"道",运用"道"。

(三)和而不同

"和"在中国传统文化中的基本内涵有四个方面,中和之道、和生万物、和而不同、天人合一。"中和之道",即事物处于一种最佳的对立统一关系中,处于不偏不倚的平衡状态;"和生万物","和合"是一切事物存在和发展的基础;"和而不同",这种状态"就自然本身而言,是自然世界和谐而有序的运行;就人之生存而言,是个体的身心处于一种和谐而安宁的状态;在价值观方面,是允许多元价值并存;就人与人之间而言,是人与人之间的和睦和友爱;就人与自然而言,是人与自然的协调与合一;就人与社会而言,是人之融于社会"①;"天人合一",人与自然之间的统一、感应与和谐。

和,金文字形 ,表示用嘴吹芦管做的多管排笛,比喻不同人的言论或者不同的声音相互响应、相互协调、合拍,组词"和(hè)诗"。引申为形容词,表示没有冲突的、平静的,组词"和气""和谐";引申为介词,义为"与""向",组词"和你一起";

---

① 陈守聪,王珍喜.中国传统文化的价值与现代德育构建[M].北京:光明日报出版社,2012:122.

引申为连词,表示并列,组词"火车和汽车"。另一个引申方向是名词和动词。名词指加法中各数的总和。动词,指连带,组词"和(hé)衣而卧";在粉状物中搅拌或揉弄使粘在一起,组词"和(huó)面";粉状或粒状物掺和在一起,或加水搅拌,组词"和(huò)稀泥"。"暖和""掺和""搅和"中读音为"huo"。"和"的各意义均来自其本义的多管齐鸣、多而不杂、多而不乱,主张"和而不同",同一个整体由具有不同特点的个体构成,同中存异。

1. 感官上的"和":没有冲突,平静

四年级上册《一个豆荚里的五粒豆》:"春天的一个早晨,当母亲准备出去工作的时候,阳光温和地从那个小窗子射进来。"这里的"和"表达的意思是太阳的温度使当时的环境不冷也不热,刚刚好。"太阳今天在我身上照得怪暖和的。"

四年级上册《走月亮》:"是在洱海里淘洗过吗?月盘是那样明亮,月光是那样柔和。"这里的"和"表示月光温和而不强烈。

2. 语法上的连词,表示并列

连词"和"的运用极其广泛。广泛到我们几乎忘记了它的本义,表示并列,如"海螺和贝壳""它们和乡下人一起""我和阿妈走月亮";还有多篇课文的题目也含有表示并列的"和":《小柳树和小枣树》《陶罐和铁罐》《父亲、树林和鸟》。

3. 中华文明的追求:和谐、和睦

三年级上册《父亲、树林和鸟》,文中的父亲最快活的时刻,也是"树林和鸟最快活的时刻"。父亲了解树林里的一切,了解鸟的脆弱和鸟的欢乐,却不以此去捕鸟。我的一句"真高兴,父亲不是猎人",表达了我与父亲一样热爱大自然的意识。总体说来,文章表现了人与自然和谐相处的主题。

四年级下册《乡下人家》:"天边的红霞,向晚的微风,……归巢的鸟儿,……它们和乡下人一起,绘成了一幅自然、和(hé)谐的风景画。""和"在这里指的是大自然中环境和生物的多样性与人的生活不冲突,人不去干扰大自然中的环境和其他生物,它们也不和人相冲突。这是人作为地球生物之一在自然中的恰当的生存方式,是中国传统文化中提倡的"天人合一"观的具体体现。

四年级下册《三月桃花水》："那忽大忽小的水声,应和(hè)着拖拉机的鸣响。"这里的"和"指"水声"和"拖拉机的鸣响"相互响应、合拍,共同演奏春天的这一首播撒希望的奏鸣曲。

以上三篇文本表达的是人类与自然的和谐之美。下面四篇文本表现的人与人之间的和谐共生。

二年级下册《小柳树和小枣树》使用了拟人化的描写。小柳树:"我不能像你那样结果子呗!"小枣树:"你虽然不能结出人们喜欢的果子,可是一到春天,你就发芽长叶,比我绿得早;到了秋天,你有时比我落得晚。再说,你长得也比我快,等你长大了,人们在树荫下乘凉,那有多好哇!"小枣树以"恕"的方法,理解并宽慰小柳树,两棵小树得以和谐相处。

三年级下册《陶罐和铁罐》,也使用了拟人化的描写,表现了一个道理,即任何事物都有自己的价值,不要只看到自己的长处,而故意忽略自己的短处。对他人要保持相互尊重的态度。

二年级下册《手影戏》,兔子压小鸡——猫咬兔子——狗咬猫——熊咬狗——虎吃熊——鸽子与鸽子。经过一系列的变化,两个小朋友终于发现,"斗"不是生存之道,"和"才能让人体会更多的快乐。

五年级上册《将相和》:"从此以后,他们俩成了好朋友,同心协力保卫赵国。"蔺相如精神上的境界让廉颇豁然开朗,蔺相如精神上的境界在于知道国家重臣之间"恕"的重要性。"恕"就是理解他人言行的合理性,尊重他人的选择,将心比心;即使他人有过错,我们也应该以宽恕之心对待他人。于是廉颇背着荆条去向蔺相如请罪。两人的共同目标与追求成就了"将相和"这一段佳话。

四个故事包括了寓言和史实。故事矛盾中的一方都以偏狭、自我的形象出现,而另一方总是显得宽宏大量,或明德知礼,或者以大胸襟、识大体的气度,去感化另一方,促成和谐的发生。值得一提的是,"和"字作为连词的词频远远大于其本义的词频。但针对"和"所代表的传统文化和文明内涵,我们有必要在整合课程的基础上引领学生进行分析和思考。

(四)一视同仁奠定信与威

孔子思想中的"仁"的特质是对于他人的关爱,一是对他人的"恕",将心比心,尊重他人的选择,宽恕原谅其过错;二是"别",即关爱因血缘关系的亲疏而有差别[①]。

"仁",等而视之,将心比心,同情包容。

二年级上册《朱德的扁担》:"大家看了心疼,就把他那根扁担藏了起来。"大家以自己的辛苦看到朱德同志的辛苦;"朱德同志又找来一根扁担,写上'朱德的扁担'",朱德同志以自己的辛苦看到战士们的辛苦,在挑粮这件事上一视同仁,将自己看作一名普通的士兵。朱德同志以自己推己及人的仁爱之心对待战士们,战士们以发自内心的敬爱之情藏朱德同志的扁担。

三年级上册《灰雀》,列宁知道男孩喜欢灰雀,放任其将灰雀捉了回去,因为知道男孩与自己一样都喜欢鸟儿,将心比心,一视同仁,并没有责骂他。所以,男孩在被尊重和理解的情况下,知错就改,将灰雀送了回来。

三年级上册《一块奶酪》:"盯着那一点儿掉在地上的奶酪渣,蚂蚁队长想,丢掉,实在太可惜;趁机吃掉它,又要不犯偷嘴的禁令。怎么办呢?它的心七上八下。"最终,蚂蚁队长将奶酪渣分给了最小的蚂蚁。一个对蚂蚁队员一视同仁、严格执行禁令的蚂蚁队长的形象跃然纸上。队长控制住了自己想要吃奶酪的欲望,为所有的蚂蚁队员做了表率。这个一视同仁建立在遵守规则的基础之上。因此,要管理好群体内的成员之间的关系,既需要制定规则,更需要每个成员具有遵守规则的素养。

五年级上册《小岛》:"我说和战士们一起吃,你劝我说我去了他们会拘束,我就听了你的,现在倒好,战士们有蔬菜吃吗?"将军走过去,"把手中的菜倒进汤里,而后拿起汤勺,在桶里搅了几下"。将军舍不得独自吃了那一碗蔬菜,这是因为他等而视之,一视同仁,在珍贵的蔬菜面前,将自己与士兵们放在同等的位置。在这篇文本中,我们还可以从侧面看出海防战士的爱国之情、报国之志。

[①] 张涅.中国文化的基质:先秦诸子的世界[M].杭州:浙江大学出版社,2020:12.

二、多情境理解，从不同维度解读传统文化

对事物的认知不够全面，那么对事物的认知便不会在个体的意识中生根发芽，成为信仰。人若经受不住考验，认知教育就会沦为片面的宣传，不能正确引导其行为，更不会使其生发文化自信。对传统文化的全面解读强调的不是建立在概念、判断、推理这样严密的知识系统上的全面，而是指传统文化在流变的过程中，人们对其在不同情境中的具体理解。

（一）"诚信"文化的两面性

"信"，篆文字体为㐰，指许下诺言。"诚"，金文字形为諴，即言，"承诺"。

二年级上册：与朋友交，言而有信。——《论语》

三年级下册《我不能失信》，"人而无信，不知其可也"；"一个人在家，是很没劲，可是，我并不后悔，因为我没有失信"。人不能因为一些诱惑或者其他原因，就忘记了自己守信的原则，守信的人，只要没有忘记原则，就一定会坚持下去。

五年级上册《珍珠鸟》："信赖，往往创造出美好的境界。"

三年级上册《灰雀》："灰雀没有告诉列宁昨天它去哪儿了。列宁也没有再问那个男孩，因为他已经知道，男孩是诚实的。"面对抓走灰雀的男孩，列宁以温情引导代替大声斥责，使男孩认识到自己把鸟儿囚禁起来是不对的。列宁有尊重他人的品质，而男孩有诚实、知错就改的品质。

二年级上册《狐假虎威》，狐狸借老虎的威风吓跑了百兽，老虎哪里知道，它还真以为百兽都害怕狐狸。这个故事告诉我们生活中有些人借着别人的力量吓唬人，其实自己没有本领。寓言讽刺了仗势欺人者的奸诈狡猾。文本中的狐狸的"言"与事实不相符，它是不诚信的典型代表，《狐假虎威》是与上面四个文本相反的典型事件。

"诚"与"信"是需要提倡、坚持和实践的美德。但不能否认在实践中存在违背诚信的大量事实，小至个人，大到群体乃至国家。一个真正能坚持诚信的个体，一定具备识别行为是否诚信的能力，以及应对不诚信的思想准备。狐狸的"不诚信"使它从

老虎的口中死里逃生。狐狸这一"不诚信"的行为使它得到了巨大的利益,保住性命。狐狸的"不诚信"错在哪里,这是值得师生一起去讨论的。

(二)"勤"与"思"的辩证关系

"天道酬勤",意指上天会酬报勤奋的人,付出的努力一定会有所回报。勤奋自古而今,在中国文化中是被推崇的。🖹是"勤"字的金文字形,右边的部首表示劳役。同时,孔子说"学而不思则罔",思也是重要的。🖹是"思"的篆文字形,上面形似头部前面的囟门,下面为心脏的意象,表示审慎地考虑。

二年级上册《鲁班造锯》:"相传鲁班是我国古代有名的工匠和发明家,木工用的锯,就是他发明的。"鲁班受到划伤他手指的小草的启发,发明了齿状的锯子。

三年级上册《不懂就要问》,孙中山先生不满足于将书背下来,大胆地对先生提问:"先生,您刚才让我背的这段书是什么意思?"这说明他喜欢思考,不懂就问。

二年级下册《李时珍》,"走遍了万水千山","拜访了千百个医生、农民、渔民和猎人,向他们学到了书上没有的知识。","整整二十七年,终于编写成了一部新的药物书,就是著名的《本草纲目》"。李时珍走遍了千山万水,花了整整二十七年编写《本草纲目》,这是"勤"的表现,更是他不断思考的结果。

六年级下册《真理诞生于一百个问号之后》:"如果说科学领域的发现有什么偶然的机遇的话,那么这种'偶然的机遇'只会给那些善于独立思考的人,给那些具有锲而不舍精神的人。"

因为我们的传统文化相信"天道酬勤",所以在文本的解读中,我们首先尊"勤"、赞"勤",但是如果只是勤劳而不思考,那我们很可能进步很慢或者南辕北辙。所以"思"是一种重要的学习方法,也是我们传统文化中的重要内容。筑巢的喜鹊不仅是勤劳的,也是聪明的,因为它懂得遵守自然规律。鲁班、孙中山、李时珍无不兼具"勤"与"思"的品质。

(三)立志需践行

"志",金文字形🖹,🖹即"之",表示前往;🖹即"心",指思想。两者合起来表示心之所向,内心追求的目标。二年级上册的课文中有三句话:"有志者事竟成"——《后汉书》;"志当存高远"——诸葛亮;"穷且益坚,不坠青云之志"——王勃。第一句话表示立志的重要性,第二句指出立志当要有所选择,第三句指出在人生的逆境下,志气仍需长存。

二年级下册《李时珍》:"李时珍看到医生能救死扶伤,解除病人的痛苦,就从小立下志向,要像父亲一样为穷人看病。"

二年级下册《蜘蛛开店》,蜘蛛开口罩店遇上河马先生,蜘蛛开围巾店遇上长颈鹿先生,蜘蛛开袜子店,遇上了42只腿的蜈蚣。蜘蛛开店失败在于心中无志,所以在开店的过程中,它朝三暮四,遇到困难不是想办法解决,而是一味逃避。

四年级上册《为中华之崛起而读书》:"为中华之崛起而读书!""好哇!为中华之崛起,有志者当效此生!"

四年级上册《梅兰芳蓄须》:"拒绝的借口都用尽了,梅兰芳最后只能蓄须明志,表示对日本帝国主义的抗议,表明不给侵略者演戏的决心。"

"𢓅",字形中的上半部分,意指脚前进的行动,强调了"志"的实践性特征。李时珍、周恩来、梅兰芳,都是立志之后不畏艰险,克服一切困难,为着心中的目标和理想去努力奋斗的。"志"的字源丰富形象的特征可以将"立"与"行"全面概括出来。在教学文本中反复概括其基本内容,可以强化学生对立志与实践辩证统一关系的认识。

三、重现基本概念,多层次认识汉字

学生学习了有意义的材料不等于发生了有意义的学习。通常所说的有意义的材料只是指具有逻辑意义的材料。这种有意义的材料对学生来说,可能并没有实际意义,或者至多只有潜在意义。如果不能考虑学生学习过程中有意义的学习发生的实际情况,即使材料具有潜在意义,或者整个学习材料的构成成分已经获得意义,它们仍然可能导致机械的学习。所以教师的课程设计既要基于学生的学习准备(包括学生年龄的成熟、已有的文化知识基础),又要关注教材的结构内容。在教材安排的内容之下,教师根据学生表现出来的具体情况再将知识(创造性地)改造成与学生智慧发展相适应的形式,用一条教师自己生成的"暗

线"实现育人目标里基本概念和原理的连续性教学。对于小学生来说,以不同的形式不断重现基础性的概念和观念,才能使认识不断深化。语文教材中的配图和文本的观看可以成为字源意义理解的解释性情境,字源的阐释可以加深学生对文本的理解。

以"春"的主题和"春"字甲骨文为例。小学生在一年级时知道"春"是什么,二年级时知道表达喜爱春天和认识到春天的价值,三年级时则会思考"春"这一符号在中国传统文化中的重要意义。

"春",甲骨文字形为"𣊽","ᵾ"表示"草","⊡"表示"太阳","𝟅"像一颗种子,上部冒芽、下部生根。整个字表示春天来了,在阳光的照耀下,大地升温,地里的种子破壳,开始扎根生长,林野逐渐遍布新绿。一年级下学期的小学生要记住"春"字的笔画并不难,并且在字形对应上,除了"日"这个部件的形状继承性比较清晰,其字形的上半部分已经有很大变化。所以对于学习汉字的工具层面的字形知识来说,其字源学习的价值不大,我们甚至可以选择不学习"春"这个汉字的字源。但是,"𣊽"这个符号结合文本的持续学习无疑属于汉字事实知识和价值知识的学习,这种学习方式和内容促进了学生对汉字的了解,提升了他们对自然的感知力以及概括阅读主题的能力。

(一)初识字源"𣊽",感知大自然中的春天

一年级上册对"春"字的识字要求为能"认"。结合学生刚入学的特点,不宜深入讲析。

一年级上册语文教材第四课《四季》中,所用插图和语言"草芽尖尖",如图6-2-1,正是对"春"字甲骨文字形的诠释。

教学设想:常规诵读后,展示甲骨文字形,并对两个部件分别进行释义,再请学生们说一说,他们在哪里见过这样的春景。

图6-2-1 《四季》课文截图

(二)二见"芚"字,突显太阳的力量

一年级下册中,"春"字是需要"写"的生字。课文内容的编排要求多角度认识"春""春天"。此时再学习甲骨文"芚",春的盎然(自然美),"太阳"于自然、于人类的重要性可以被突显。"春"是生命开始的季节,是希望的季节,是美丽的季节。春天的一切都是大自然的杰作。而春天开始的标志就是春天的太阳,它无私地照耀在天空,催发一切生命的轮回。"日"这个部件在甲骨文"芚"的中间位置,让人们感受到春天和煦的阳光,以及和煦阳光照耀下的万物生长。每一幅图画都是美丽的,具体的。而"芚"将每一幅具体的图画进行了浓缩。

教学设想:在常规诵读、理解等教学后,将有关"春"的图画集中展示,请学生想一想"春"字甲骨文这样写的原因。

(三)三见"芚"字,学习描绘春天

二年级下册《找春天》《田家四季歌》,描绘的都是"春天"主题的景和情。每一篇作品的作者所属的时间和空间都有其鲜明的特点,与一年级不相同的是,此时文本中的描写加入了拟人、比喻等修辞手法,在对春天的描写上出现了更多带着褒扬感情色彩的形容词。

(四)四见"芚"字,认识春的文化意义

在描写春天的古诗中,我们发现可以表现春天的事物还有从嗅觉感知的花香、从触觉感知的水暖、从视觉看到的动物等,但在"春"字的甲骨文里为什么没有直接出现这些内容? 由此,我们引导学生思考春的文化意义。古人认为春生秋熟,庄稼在春天开始生长,秋天成熟。农作物的种植是人们生存的根本。所以,中国古人也将"历史"称为"春秋"。春,是一年四季之首,俗话说得好,"一年之计在于春",春是万物生长的季节,在这个季节里,植物萌芽生长,动物繁殖,农夫下地播种,一年的希望在此时播撒。植物的萌芽具有最广泛的普遍性,植物的生长为自然界的生命循环提供了食物基础。

从前文列举的作品中可以发现,对于春天的感受,阅读性文本的描写是一个从视觉到触觉,再到他物(鸭先知)联想的一个过程。一年级开始学习春天,学习的文本促使学生对春天感受的角度在不断深化。文本中对春天的情感也是一个逐渐深化的过程,从知道它是什么,知道人们有喜欢它的情感,再到追问为什么喜欢它。"❀"出现在每一个阶段的学习中,可以引发师生多角度的思考,促使学生的学习思维得到升级。

"春天"这个现象作为一个认识对象,最终成为知识,它的知识内容包含了时间的观念;包含这个时间对应的空间中出现的事;包含这个特定时空中人的所思所感以及表达这一切的语言表现手法。如果一定要给所学的这一系列知识找到一个结构,它便是"❀"所代表的时空及时空中的内容。随着学生认知能力的提高和认知内容的丰富,符号所概括的内容有序地建构于学生的认知结构中,成为其创造的基础。

第三节 以字源整合同主题文本,深化认知中华文化内核

将学生培养为一个有社会责任感的公民是每一个学校的重要教育目标。如果只进行单个的具体模范人物或者事件的教学运用,往往会使教学效果陷于宣传层面的思想"灌输",难以实现教学目标。原因是单个模范人物的道德定位较高,模范人物本身的功绩是一般人难以企及的。张涅将《论语》中的人分为四类,他们分别是"圣人""仁人""君子""小人","圣人"道德圆满、成就辉煌;"仁人"道德修养圆满、大公无私,甘于为社会、国家牺牲个人利益,但少有政治地位;"君子"有道德信仰,也能考虑现实的可能性,注重礼仪、礼尚往来,遵循道德规范。低于"君子"的就是"小人"了。"很多年以来,要求每一个人都向革命领袖和烈士学习,即学习圣人和仁人志士,这样的道德标准,显然太高了。要求做

到,实际上做不到,结果必然是造假泛滥,全社会道德沦丧。"[1]另外,国际层面的文化形势也会对我国的文化建设产生负面影响。"文化弱势地位的时空境域下,具有鲜明意识形态性与价值指向性、用于开展实施爱国主义教育的文化载体,其性质容易遭遇改写,异化为承载他国价值观念的媒介工具;其影响力、说服力严重受限,对于国内民众的吸引力与公信力也将大幅下滑,国家主导思想观念、政治观点和道德规范无法正常传输,爱国主义教育文化载体的价值功能极大削弱。"[2]在内忧外困的文化竞争局面下,我们更需要适当地转化我们的文本教学方式,发挥中华文化内核的作用和力量,去积极地影响我们的下一代,进而产生世界性的影响。

中华优秀传统文化中的家国思想、现代历史上革命将士体现出来的牺牲精神、生活于当代社会的人应具备的国家自豪感、学生需要逐步养成的使命感,四者的内涵具有天然的一致性,基于这种一致性的教育能使学生在思想建构中获得更多的历史性,养成其内在的"浩然之气",最终达成教育目标。

在部编版语文教材中,有三个单元集中表现了爱国主义。这三个单元的爱国主义集中于从社会意识形态角度的理解。"爱国主义是一种对祖国无限热爱、忠诚,主张为祖国的独立、统一、繁荣富强无私奉献,英勇献身的思想感情,它属于社会意识形态,渗透于政治、法律思想、道德、哲学、文学艺术等社会意识的各种形式中。"[3]四年级上册第七单元,"天下兴亡,匹夫有责";五年级上册第四单元,"为什么我的眼里常含泪水?因为我对这土地爱得深沉……";五年级下册第四单元,"苟利国家生死以,岂因祸福避趋之"。三个单元表现爱国主义的形式均是以古诗和表现爱国主义的文本为主要内容,可分别以"志""灭""忠"三个字为核心进行整合。

---

[1] 张涅.中国文化的基质:先秦诸子的世界[M].杭州:浙江大学出版社,2020:14.
[2] 张然.爱国主义教育的文化载体研究[D].东南大学,2018:103.
[3] 商言,陈劳志,陈承镶,等.中华爱国主义新辞书[M].长春:吉林人民出版社,1992:1.

一、字源阐释：心有鸿鹄，志在报国

唐代王昌龄的《出塞》："秦时明月汉时关，万里长征人未还。但使龙城飞将在，不教胡马度阴山。"这是一首著名的边塞诗，表达了诗人希望起用良将，早日平息边塞战事，使人民过上安定生活的愿望。

唐代王翰的《凉州词》："葡萄美酒夜光杯，欲饮琵琶马上催。醉卧沙场君莫笑，古来征战几人回？""醉卧沙场"表现出来的不仅是豪放，更是视死如归的勇气；"古来征战几人回"，将醉卧沙场与为国捐躯相等同。这首诗成为打动无数热血男儿的千古绝唱，不少人将这首诗作为自己人生方向的指导。

宋代李清照的《夏日绝句》："生当作人杰，死亦为鬼雄。至今思项羽，不肯过江东。"这首诗开篇即提出了诗人赞同的人生价值取向：人活着就要做人中豪杰，建功立业；死也要成为鬼中的英雄，为国捐躯。南宋统治者不顾百姓死活，放弃中原大好河山南逃。这首诗以历史上的项羽拒回乌江，宁愿自刎而死一事来讽刺南宋统治者的苟且偷安。

近代，《为中华之崛起而读书》："为中华之崛起而读书！""好哇！为中华之崛起，有志者当效此生！"少年时代的周恩来耳闻目睹了中国人在外国租界里受洋人欺凌却无处可说理的事，从中体会到伯父说的"中华不振"的含义，从而立志为振兴中华而读书，这表现了少年周恩来的博大胸襟和远大志向。

近代，《梅兰芳蓄须》："拒绝的借口都用尽了，梅兰芳最后只能蓄须明志，表示对日本帝国主义的抗议，表明不给侵略者演戏的决心。"

现代，《延安，我把你追寻》：延安精神代表了革命先辈们吃苦耐劳、勇于开拓、奋发图强的精神。整首诗表达了诗人对延安精神的追寻，并且号召大家将延安精神发扬光大。

自古而今，人的志向可以多种多样，但相同的一点是，有志之人目光远大，将个体的命运与民族、与国家命运相联系，意志坚定。所以，在心中找到正确的前进方向，做有意义的事，才能成就自我的人生价值。围绕"志"的意思，我们可以引导学生想一想文中的作者，他们实践或者实现自己的"志"没有。

二、字源阐释：有国才有家，报国的动力

宋代陆游《示儿》：陆游"悲"的是九州的不"同"。同，甲骨文文字形，"冃（多人夯地的多柄夯桩）+口（共同劳动喊号子）"，表示"一致地、同一地"，自从1126年北方的金兵屡屡进犯，宋军节节败退，最后宋朝国都被金兵占领，从此山河破碎，国家不复统一。在被金兵占领的中原与华北地区，人民受尽折磨。病危的陆游仍然希望看到九州"同"的一天。

宋代林升《题临安邸》：1126年，金人攻陷北宋首都汴梁，中原国土全被金人侵占。赵构逃到江南，在临安即位，史称南宋。南宋朝廷并没有因北宋亡国的惨痛教训而发愤图强，不思收复中原失地，只求苟且偏安，对外屈膝投降，对内残酷迫害岳飞等爱国人士；达官显贵一味纵情声色，寻欢作乐。《题临安邸》这首诗就是在这样的背景下写出来的。这是林升忧国忧民的表达。

清代龚自珍《己亥杂诗》：1839年为己亥年，1840年鸦片战争爆发，已经腐朽的大清帝国对外卑躬屈膝，对内打压，官吏贪婪，民不聊生。龚自珍不拘一格的"我劝天公重抖擞，不拘一格降人才"表现了他热烈的希望，希望优秀杰出人物涌现，出现改革大势、新的生机，一扫笼罩九州的沉闷和迟滞。

三首古诗都表达了诗人忧国爱国的思想感情。诗人何以如此忧国，从《圆明园的毁灭》中可以看出，"他们把园内凡是能拿得动的东西，统统掠走；拿不动的，就用大车或者牲口搬运；实在运不走的，就任意破坏、毁掉"，"大火连烧三天，烟云笼罩了整个北京城。我国这一园林艺术的瑰宝、建筑艺术的精华，就这样化为一片灰烬"。

"灭"，金文字形，（战乱，兵灾）和（火灾）合起来表示兵灾和火灾对人类的摧残。篆文字形，在字的左边加了（洪水灾害），合起来表示水灾、兵灾、火灾对人类的摧残。其基本意义为战乱或水灾、火灾摧毁生命等，单独字义为"消失、丧失"，组词"灭族、灭口、灭火"等。课文《圆明园的毁灭》描述了圆明园当年的繁华，讲述了圆明园毁灭的过程，作者想让学生感受到的除了因祖国过去的贫病积弱而忍受的耻辱以及由此而生的愤怒之外，更重要的是想激发学生的爱国

情感以及增强学生振兴中华的责任感和使命感。使命感强调个体与社会的互动,强调个体对社会的建构作用,虽然使命感落脚在个体的实践上,但其也具有利他的特点。使命感是一种基于经验的积累,逐步在心中升华出来的自觉的情感。其必然经历一个感知的过程。在教学中以字源强化学生对汉字的认知,再以这样的认知对不同的文本进行整合,促进学生对爱国主义这样宏观的情感的理解,并使其转化为学生自己思想意识的一部分。

　　文本中的宋朝、清朝末期,朝廷的无能和无德使国家遭受了来自外部的兵灾,最终国破家亡,人民的生活陷于水深火热之中。战乱、兵灾带来的对国家毁灭性打击的后果,正是激发这些作者"悲""忧"之情的根源。同理,那些在战火中英勇地挺身而出的英雄,正是因为有着对祖国和人民的热爱,才能够在祖国危亡的时刻忠于祖国、保卫祖国,他们以自己的牺牲换来了祖国危机中的新生。四年级下册《黄继光》:"他张开双臂,向喷射着火舌的火力点猛扑上去,用自己的胸膛堵住了敌人的枪口。"《小英雄雨来》:"我们是中国人,我们爱自己的祖国。"六年级下册《董存瑞舍身炸碉堡》:"战士们冲过烟雾,沿着董存瑞开辟的道路杀向敌军司令部,消灭了全部敌人。胜利的红旗在隆化中学上空迎风飘扬。"除了文本中的这些内容,学生在课外学习到的其他内容,也可以整合到这个主题下。

三、字源阐释:忠于国家,报国的原则

　　忠,金文字形为 ,"中",旗子的形象,指核心位置;" ",心,感觉和思维器官,表示内心的中央。

　　唐代王昌龄的《从军行》:"黄沙百战穿金甲,不破楼兰终不还。"战事频繁,环境艰苦,金甲可破,打败敌人的决心却不可破。

　　宋代陆游的《秋夜将晓出篱门迎凉有感》:"遗民泪尽胡尘里,南望王师又一年。"表现了作者忧国忧民的思想感情。

唐代杜甫的《闻官军收河南河北》:"剑外忽传收蓟北,初闻涕泪满衣裳。"抒发了诗人看到国家一统,人民不再流离失所之后的极度欣喜之情。

《青山处处埋忠骨》中:"毛主席不由自主地站了起来,仰起头,望着天花板,强忍着心中的悲痛,目光中流露出无限的眷恋。"毛主席对于儿子的牺牲是痛心的,这是普天之下失去孩子的父母的共同心情。但同时,他也没有因为自己是主席的特殊身份,要求将儿子的遗骨运回国内。"青山处处埋忠骨"表现了出征者即便面临为国捐躯的情形,也仍旧为国家奋不顾身,视死如归的英雄气概。

《军神》中,刘伯承平静地回答:"沃克医生,眼睛离脑子太近,我担心施行麻醉会影响神经。而我,今后需要一个非常清醒的大脑!"刘伯承钢铁般的意志让沃克医生由"冷冷的"变为"肃然起敬"。刘伯承钢铁般的意志源于其对革命工作的忠诚和热爱,这种忠诚和热爱属于马斯洛需求层次理论中的最高一层次,即自我实现。

自我实现是一个动态的过程,追求自我实现的人能执着工作、富有创造力、具有奉献精神。[1]具有自我实现能力的人,当他将祖国的安危放在自己心中最核心的位置时,他便具有了无尽的勇气与力量。

以字源整合主题文本,将主题文本中的文化内核以具有整体性的字源形式提炼出来,可以培养学生凝练观点的能力,增强学生对文本主题的深度理解和转化的能力。

---

[1] 王廷芳.现代心理学理论新探[M].厦门:厦门大学出版社,1999:181-184.

第七章

字源识字教学的实践路径

个体在发展过程中既有对社会环境的适应,也有创新能力的发展。个体的发展可以从三个方面进行描述,即生理发展、认知发展和心理社会发展。生理发展(physical development)指身体和脑、感觉能力、运动技能和健康状态的变化和稳定性。认知发展(cognitive development)指智力上的变化和稳定性,由学习、注意、记忆、语言、思维、推理以及创造性等构成。心理社会发展(psychosocial development)由情绪、人格和社会关系等方面的变化和稳定性共同构成。三个方面的发展相互影响。生物遗传和环境是影响发展的两大因素,即理查德·道金斯的研究中所说的生物基因和文化基因(meme)。人类社会同时拥有生物和文化的复制因子;生物基因与文化基因常常相互支持、相互加强,但二者有时候也会发生矛盾,文化基因常常能控制、改变生物基因。[1]潘光旦认为生物遗传学的优生和后天的自由教育对个体的发展同时具有重要作用。

教育活动能够促进人的发展。教育活动中"经过恰当组织的学习能够促进心理的发展,并启动、激活各种发展过程;没有学习,这些过程是不可能发生的。因此,学习是经过文化组织的、人类独有的心理功能发展过程中必要而普遍的因素"。教而有道,既要尊重学生的身心基础,也要重视"经过文化组织"的组织设计,促进学生的全面发展。

---

[1] 道金斯.自私的基因[M].北京:中信出版社,2018:285.

第一节　全面的识字教学：
字源知识与规范汉字知识相结合

一、规范汉字识字教学的基本要素

语言是学习和交流的重要工具,语言符号的学习拓展了人学习的范围以及深度。规范汉字是社会通用语言的重要载体,因此,规范汉字的学习是汉字工具性实现的重要形式。小学低段特别是一年级的孩子在学习汉字时,重复认知汉字字形的基本知识是有必要的。本质上,一开始是学习一个普遍的观念,而不是学习技能,然后这个普遍的观念可以当作认识原先所掌握的观念的一些特例的后继问题的基础。这一种类型的迁移应该是教育过程的核心——用基本的普遍的观念来不断扩大和加深知识。规范汉字字形中的一些基本概念具有广泛的适应性,这些基本概念的学习通过以下六种教学要素完成。

(一)汉字语音

汉字的学习是一个形音义联结的过程,在语义提取的过程中离不开对语音任务的激活。特别是在学生学习汉语的第一阶段,语音激活是学生学习汉字的重要形式。胡超群、李漪的研究发现,7—10岁汉族儿童对汉字(以及拼音文字)的辨认表现出左半球优势,这与少年、成年以及老年被试不一样,而与使用拼音文字的被试相同。因为对儿童来说,首先掌握的语言是口头言语(音义联系),这与拼音文字相同。随着学习书面言语的进行,儿童逐渐开始以形辨义,并建立新的形音义联系。

学生的学习活动在进入学校之前就已经开始了,语言学习是社会学习中的一个重要内容。在上学前,很多在社会环境和家庭环境中学到的词汇已经进入学生的心理词典。在小学阶段,进入学校学习的孩子一般已经积累了很多以语音识别为主的语言经验。所以一年级的孩子在组词的时候特别容易出现同音语素意识不够强的问题,他们会使用很多的同音字来进行组词。在汉字学习的早期,语音的学习具有比较特殊的一个桥梁作用。在这个阶段,一年级的孩子会有近两个月的时间来学习汉语拼音,并且反复诵读生字和阅读文本。经历过渡阶段以后,随着年级的升高,语音学习在汉字学习中的地位会逐步降低,但是会一直存在。

(二)汉字笔画

汉字笔画的教学包括两个方面的内容:汉字笔画的书写顺序和汉字笔画数。汉字笔画的书写顺序规律基本为:先横后竖,先撇后捺,先中间后两边,先里头再外围等等。良好的书写顺序有利于学生正确地从细致的局部去分析汉字、认识汉字并书写汉字。所以可以说笔画顺序是汉字书写中比较基础的问题之一,学生拥有良好的笔顺书写习惯不仅关系着汉字书写的正确性,也关乎汉字书写的"形态美"。合理的笔顺是汉字书写过程中前人智慧的集中体现。在小学低年级进行汉字笔顺的教学是汉字教学的重要基础内容。汉字笔画数的正确划分和计算,同样是从汉字的最小单位和最基本单位出发对汉字进行的识别。

(三)书空

"书空"指学生用手指在空中虚画字形以熟悉每个字的笔画和笔顺。学生书空时可以边写边在口中念着所写字的笔画顺序,也可以只用手指在空中写生字。"书空"常用在教师在黑板上为学生示范书写的时候,教师写,学生说,这样使得学生在教师写字时候也在积极参与学习,使学生和教师的思维同步,师生一起完成书写任务,这是一种比较有意义方法。如果说构件分析是在字以下较大的拆分构件,那么"书空"针对的就是更小的笔画和顺序了。

(四)汉字部件分析

部件在汉字形体和意义的分析中有重要意义。汉字的构形单位是构件(普及领域也称部件)。当一个形体被用来构造其他的字,成为所构字的一部分时，我们称之为所构字的构件。如"日""木"是"杲"的构件，"木"是"森"的构件，"列"是"例"的构件。小学生具备了对汉字构件的分析和结合能力，就能解决因汉字笔画较多而使记忆单位过多的问题。如上面举到的例子"森"，可以按部件将其拆分为"木-木-木"，共三个部件，比起识记这个字有九画，构件的记忆方法只用三分之一的记忆单位（构件记忆单位为三，笔画记忆单位为九）。"三"代表多，多木为森，通过构件我们能同时识别汉字的形和义。汉字构件的分析方法值得探讨。例如"裹"可以拆分为"衣-果"，或是拆分为三个构件。拆为两个构件，一则可以减少学生的记忆单位，二则可以帮助学生识记意义。"喜"可以拆分为"壴"和"口"，上面是"鼓"的形状，下面是打鼓时咧开笑的"口"。有的教师也将其拆为"十-豆-口"。可以根据教学目标的需要，选择不同的拆分方法。

"喜"作为生字的学习目前安排在一年级下学期。遵循学生学习认知经验循序渐进的层次要求，在汉字笔画和部件学习的基础上，学生倾向于将"喜"拆为"十-豆-口"三个部件，但是为了将汉字"喜"的构字意图教给学生，我们应该将之拆分为"壴"和"口"，以"喜"字甲骨文解释字源后，再告诉学生依据"喜"字的"构意"，"壴"即被敲打的鼓的形状，下面是打鼓时咧开笑的"口"。整个字的情境即是社会经验中的"人逢喜事精神爽"的意境表达。"喜"字部件的三分法有利于学生从规范汉字的部件知识基础出发去分析汉字字形，这样的分析能帮助学生更好地在读写中辨认清楚汉字字形。在其部件三分法基础上的二分法则对"喜"的形义建构有积极作用。

加涅根据产生学习的情境，由简到繁，由低到高，把学习分成8类，再将它们顺次排列成一个层次，这个层次是从一个低级学习逐步向高级学习发展的过程，低级学习是高级学习的基础。它们分别是信号学习、刺激反应学习、连锁学习、语言的联合学习、多重辨别学习、概念学习、原理学习、解决问题[1]。这8类学习实际包含了奥苏贝尔有意义学习分类中的机械学习、有意义的机械学习、有意义的发现学习。运用加涅的分类，汉字"喜"的学习在汉字语音、汉字笔画刺激反应学

---

[1] 邵瑞珍.教育心理学(修订本)[M]上海：上海教育出版社,1997:50.

习的基础上,到部件划分这一学习步骤时,已然是"多重辨别"的学习。首先将12个笔画的汉字分为三个部件,接着将前两个部件相结合,合二为一,变为"壴",这是将具体的"鼓"抽象为具有事物抽象特征的"壴",再将之与开口笑的"口"结合,这其实是不同概念的联合,人类使用"鼓",而且开口笑,这是许多人类共有情绪当中的一种表达:"喜气""喜欢""喜事"。汉字"喜"的部件的三分法和二分法这两种分析方式,实际上是对学生两种不同学习思维的训练。"喜"字构件的二分法涉及汉字知识原理的学习,对思维的训练更进了一步。

位育视域的识字教学传承与创新并重。首先,教学传承汉字约定俗成的符号形式层面的知识和汉字内在的价值知识,并在教师创造性生成的课程知识教学过程中培养学生创造性的思维能力。所以汉字识字基本技能的培养是汉字知识传承的首要教学内容。其次,汉字知识的学习是一个在不同情境中持续重构的过程。就知识的内容而言,人们多从外在呈现的结果出发,把知识看成是相对静态的、因对象而分类的结构化系统,缺少动态地对知识内在的过程性、生长性和整体性进行深入分析。① 汉字符号的形和义产生于情境,并在基本意义的基础上通过隐喻等方式引申出多个意义。这使得汉字符号不仅在字义的引申发展上具有开放性,在适用的情境上也具有开放性。

(五)书写

在最早的语文教学大纲中,未见"识字"的提法,只见汉字"书写"的要求。汉字学习结果的输出,一种是口头语言的输出,一种是书面语言的输出。

(六)组词

"组词"常常被用于课前的预习,组词可以让学生在预习的过程中借助工具书等各种辅助手段,扩大词汇量,认识字的多个意义。它是教师布置给学生的可以课外完成的重要训练。在组词的练习内容中,教师可以有针对性地做部分指导,比如一字多义的组词,逐渐地让学生产生同形语素意识、同音语素意识。

---

① 蒙本曼.知识地方性与地方性知识[M].北京:中国社会科学出版社,2016:28.

在学生组词的时候,教师可对各种语素意识进行区分和提出要求,这样能更好地将组词练习做好。谭力海和彭聘龄的研究结果均表明语境类型对目标词的识别有明显影响,相关语境条件促进中文字词的识别,而无关语境对低频词起抑制作用,对高频词无抑制作用。①伍新春基于语境对字词识别影响的研究,认为分散识字的方法具有一定的合理性。②组词是单个汉字级别以上更高一级的语境。

二、机械接受学习和有意义的接受学习的内涵

学习的首要目的在于它将来可以为我们服务。汉字兼具工具性和人文性。汉字知识包括三个层次:汉字的形式知识、汉字的事实知识、汉字的价值知识。汉字作为工具性知识和人文性知识的结合体,具有重要的价值。汉字的形式知识体现在汉字的传播功能方面,主要指汉字形音义相结合的符号知识;汉字的事实知识则体现在汉字的镜像功能上,比如民族进化史的显现、农业文化的映像、宗法制度的呈示、生活习俗的写照、思维方式的昭示等;汉字的价值知识包括汉字所蕴含的各种思想(比如天人合一、仁、义、礼、智、信)以及汉字所体现的审美方式和情感态度。

在心理学的研究中,皮亚杰学派认为学习是从环境中获取特定的信息,并把这种信息同化进现有的图式之中。这种学习中包含着理解,所以机械记忆并不属于学习的范围,因为这种记忆并不需要理解,不需要对信息进行同化。某些理论(比如行为主义)把机械记忆也看作学习的一种形式,没有把记忆和这里所定义的学习区分开来。在皮亚杰学派看来,学习就意味着建构和理解③。在教育实践中,有的观点认为规范汉字的学习是识字教学唯一的教学任务和教学目标,规范汉字的相关知识只能通过机械学习中的反复诵读、抄写来完成巩固。关于情感、审美、文化的教育则主要依靠文本中的教学来实现。但有的观点认为,识字

---

① 谭力海,彭聘龄.快速呈现条件下语境与词频对中文语词识别的影响[J].心理科学通讯,1989(2):4-5.
② 伍新春.我国语文教学心理学研究的历史与现状[J].教育研究与实验,1996(4):60.
③ 瓦兹沃思.皮亚杰的认知和情感发展理论[M].徐梦秋,沈明译.厦门:厦门大学出版社,1989:205.

教学中的机械教学不利于学生积极主动地建构自己的知识体系,会伤害学生学习的积极性。在识字教学中要多从字理的角度,以生动形象的多媒体情境辅助,帮助学生识记汉字知识。

实际上,汉字三个层次的知识需要结合不同的学习方式进行教学。奥苏贝尔的有意义学习方法既包括接受学习也包括发现学习,因此应用多种学习形式满足汉字学习的不同需要。奥苏贝尔的有意义学习的实质,指的是在符号所代表的新知识与学习者的认知结构中已有的适当观念之间建立起非人为的和实质性的联系。在接受学习的教学中,教师提供给学生需要的定义、原理和规则,并提供例子指出其应用和含义。简单地说就是教师提出一个概念或原理时,学生把他记住,这也称为机械接受学习。发现学习包括三种:机械发现学习,即学习者在自己总结出概念或原理时,便把它储存在记忆中而没有和原有的其他知识联系起来;有意义的发现学习,即学习者将自己发现的概念和原理与他已有的观念有意义地联系起来;有意义的接受学习,教师能将有潜在意义的概念或原理和学生已有的认知结构联系起来,融会贯通,学生能采取和保持相应的学习心向进行这样的学习[①]。针对规范汉字的笔画名称、书写顺序、作为虚词使用的汉字等知识,可以使用机械接受学习的方式进行教学,同时辅以展示汉字的字源或者让学生画字源的方式,让学生感知汉字字义与生活认知的关系。合体字中的形声字和会意字产生了多语素的现象,对此,教师可以引导学生进行机械发现学习或者有意义的发现学习。有的形声字和会意字提供了一个具有丰富"通性"的叙事空间,针对这种汉字,学生需要在教师的引导下进行有意义的接受学习,教师将汉字的字形与学生原有的认知结构(事件、意义)联系起来,融会贯通,打破时间和空间上的限制,实现整合性的学习。

汉字语音、汉字笔画、书空、书写,属于机械接受学习的内容,汉字部件分析属于有意义的发现学习或者有意义的接受学习。

---

① 王廷芳.现代心理学理论新探[M].厦门:厦门大学出版社,1999:133.

三、机械接受学习中融入情境性认知

汉字形式知识的学习是汉字形义学习的基础。在识字教学的基础阶段进行思维训练,可使用以下策略:抓住字形关键,全面认识汉字字形;比较形近字,认准字形;替换中的反复学习;"字不离词",分析词汇,认识字义;运用字源信息,适当求真;汉字语素是汉字形义解释的根据。(如图7-1-1)

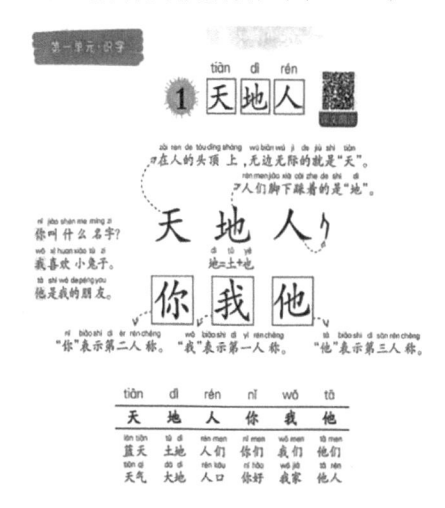

图7-1-1 部编版小学语文教材一年级下册识字第一课截图

(一)机械接受学习

1.汉字笔画学习

学生思维能力的训练贯穿在语文学习的全过程中。汉字字形的学习能培养学生的观察能力、比较能力、审美能力。汉字笔画常常在细微处有所区分,撇有斜撇、竖撇、短撇之分。捺有斜捺和平捺等的区别。点有左点、右点、长点和竖点等的区分。钩则有竖钩、弧弯钩、戈钩、卧钩等的区分。规范汉字的笔画学习是一个精细的学习过程。布鲁纳将学习一门学科概括为差不多同时发生的三个过程:获得、转换、评价。获得,是指新知识往往和一个人以前模模糊糊知道的知识相违背;转换,则是"分析知识,把它安排好,使所得的知识经过外插法、内插法或变换法,整理成另一种形式";评价,则指核对我们处理知识的方法是不是适合于

这个任务。"概括得恰当吗？外插得合适吗？运算得正确吗？教师在帮助学生进行评价中常常具有决定性作用。"教师评价在学生学习新知识的过程中就凸显了关键的作用。教师了解学生有哪些知识在融会贯通的过程中容易出错，可以针对这个点进行准确的提问，并作出及时有效的积极评价。

如以下的教学情境：

师：同学们看第二个字，怎么读？(指着黑板上的"风"字)

生：fēng。

师：(示范书写拼音，并在黑板上书写以下两个笔画：㇆，㇈)这两个笔画分别是什么？

生1：不会。(请生2帮忙读)

生2：第一个是横竖钩，第二个是横斜钩。

师：(黑板上书写"乙"，点名学生读该笔画的名称)请这位同学来说一下，这个笔画是什么？

生3：横折弯钩(声音细弱)。

师：声音不够洪亮，哪位同学声音可以洪亮地给我们读一读？

生4：横折弯钩(声音洪亮)。

师：这才叫声音洪亮。全班一起读这三个笔画。

师：横斜钩是这一课生字中常用的笔画，那之前我们还学过哪些字也有这个笔画？

没有学生想起来。

师：就在这一课里面，还有什么字也是含有这个笔画？赶快找找。

生5：飞。

师：对，这个字的第一个笔画就是横斜钩。

教师引导学生比较形近字，认准字形。针对这个字，教师将重点置于讲汉字的字形，涉及三个比较相近的笔画的对比，"㇆"、"㇈"和"乙"。在同一课文中有两个含有相同部件的字："风"和"飞"，它们的相同部件是"㇈"。以笔画的名称和书写的字形进行对比，这样的对比有利于帮助学生提高认清整体字形的能力，并使其掌握数清笔画、按笔顺规则书写的基本技能,这些也是一、二年级的识字教学重点之一。

再看下一个教学情境:

师:同学们,我们接下来看这个字——"雪"。(教师板书示范书写:横、点、横钩、竖、点、点、点、点。)我刚才写的这个部首叫作什么?

生1:雨字头。

师:举手回答。

生1:(举手)这个部首叫作雨字头。

师:雨字头和"雨"字有区别吗?

生1:不知道。

师:你来书空"雨"字,我来写。

生1:横、竖、横折钩、竖、点、点、点、点.

师:刚才她书空"雨"字,对了吗?

生:对了。

师:全班一起书空雨字头。

生:横、点、横钩、竖、点、点、点、点。

师:也就是说我们把"雨"字的"竖"变成了什么?

生:点。

师:把横折钩变成了什么?

生:横钩。

师:最后一个字是"飞",这两"点"呀要粘在小动物的翅膀上,要不然,没有翅膀就飞不走了。

雨字头和"雨"字的笔画仅有两笔之差,教师通过笔画名称和自己的示范书写,带学生反复观察、表达、揣摩。小学低段特别是一年级的孩子在学习汉字时,重复认知汉字字形的基本知识是有必要的。但学校教师不能倾向于过分地展示他的权威,盲目而又重复地让学生进行机械的训练。重复是有用的,但机械的重复是有害的。因为它容易导致极端机械化的行为习惯、盲目性以及依赖各种法则的倾向,使学生不肯自己思考。

2.汉字部件学习

汉字部件是比汉字笔画更大一级的汉字构成分析单位,从汉字部件中已经可以分析出形义关系。方燕红、张积家认为汉字的词汇网络系统与拼音文字不同,笔画、部件、词素和整词共4个层次构成的汉字词汇网络系统和它的语义网络系统之间存在联结,这种联结以汉字的义符为中介。"教学时,应该突出义符的标示事物类别的作用,帮助学习者尤其是儿童和外国学习者掌握义符的类别语义,进而掌握分类学概念,发展概念的分类学联系。"[1]王宁创立了汉字构形学。她认为汉字具有构形以表义的鲜明特点,所以汉字的字形中携带着可以分析汉字意义的信息。这些信息具体说来就是构成汉字的部件。所以,分析汉字的形义关系时必须使用汉字部件的概念。[2]孟祥芝等人的研究发现,规则形声字的声旁读音与整字读音一致加强了规则字语音与字形的联结,加快了语音到字形的传输速度,而不规则字和不知声旁的字,语音输入不能直接提供与声旁一致的语音线索,尤其是不规则形声字,整字读音和声旁读音还存在竞争,致使其读音的正确率最低[3]。由此可见,汉字部件是汉字字形分析和字义辨析的重要单位。学生在认知笔画的基础上,可以将每个汉字中的部件都拿出来分析,从一个较大的单位的角度来认识、区分字形。

如以下的教学情境:

师:(指着投影到黑板上的"花"字)这是个什么结构的字?

生1:上下结构。

师:上和下分别是什么?

生1:草字头和"化学"的"化"字。

师:对,到了初中大家会学一门课程,叫作"化学"。刚刚这个同学用的是加一加的方法,其他同学还有其他方法来认这个字吗?

生2:编谜语。

---

[1] 方燕红,张积家.汉字词和图片命名与分类的比较[J].心理学报,2009,41(2):121.
[2] 王宁.部件是汉字分析与汉字教学必须掌握的概念:谈小学识字教学科学化之三[J].小学语文,2015(4):4.
[3] 孟祥芝,舒华,周晓林,等.不同阅读水平儿童的汉字字形输出与再认[J].心理学报,2000,32(2):136.

师：你准备怎么编呢？

生2：草的化石。

生3：草字头加"化"。

师：你用的也是加一加的方法啊。

生4：我用的是换一换的方法，把"草"字下面的"早"换成"化学"的"化"。

师：加一加、减一减、换一换，这些方法大家都可以用，只要能帮助你记住这个字就行。那么课文里带双耳旁的是哪一个字？

生4：jiàng。

师：拼出来。

生4：j-i-àng，jiàng。

师：这个字呢？

生4：shuāng。

师：谁能找到这两个字音节的共同点和其他的共同点？

生5：它们都是三拼音节。

生6：它们都是后鼻韵。

师：还有呢？

生7：它们都带有一个……（沉吟）。

师：别急，我相信你能说出来。

生7：它们都带一个韵母"ang"。

师：对了。汉语拼音要跟随你们整个小学阶段乃至以后的学习，所以汉语拼音还是要学好。

师：有雨字头的字，除了这个"霜"字，你还认识哪一个呀？

生8：还有"霉"，"倒霉"的"霉"。

生9：还有"露"，下面是一个走路的路。

生10：还有"霸"，"霸道"的"霸"。

师：也是"学霸"的"霸"，只有有真材实学的人才称作"学霸"。除了这两个部首之外，其他的我们都学过了吗？

生11：是的。

使用汉字部件替换法进行反复学习有利于区别形近部件，这也是布鲁纳说到的转换的一种方法。识字教学从整体上认识汉字开始，再来细细分析局部。例如先认识"花"字的整体结构是上下结构，然后拆分汉字部件。在学习了一定数量的基本笔画和部件以后，学生学习汉字字形便可以以之为基础，运用笔画和部件进行"加一加""减一减""换一换"，学习新字。这样的方法是换了一种形式的对比学习，是对汉字部件和笔画（客观知识）的一种基于思考的反复学习。教师的教学要经过自己的课程知识的生成性思考，不是让学生简单地反复读写、机械训练，而是教会学生、鼓励学生去探索汉字部件组合的内在规律。

（二）以词语情境教学汉字各语素

在汉语言的单位中，一个字或者两个及以上的字组成词，词再组成句子。字的意义的确认需要通过词汇的表达，句子的完整表达也需要词语的组合。因此，在识字教学中，组词是一种重要的教学方式。词汇提供了一种字义表达的基本情境，对具有多项字义的汉字来说，词是确定字义的基本单位。

以下为一个教学情境：

教学内容为部编版小学语文教材一年级下册"教材识字1"。田字格中的内容为要求会写的字。

师：我们先来看第一个字（展示图片，见图7-1-2），这个字怎么读呢？谁来说一说？

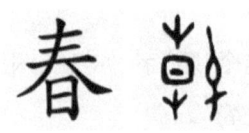

图7-1-2 "春"字的幻灯片

生1：chūn。

师：（教师在自己的语文课本上的生字田字格旁标注拼音，并投影到黑板上）同学们，请注意自己的音节标对了没有。这个字怎么组词？

生2：春天。

生3:春季、春风。

生4:春游。

生5:立春。

生6:春暖。

师:后面还差两个字。

生6:春暖花开。

师:对,春暖花开。

生7:春节。

师:我们看一看下面这个符号,大家说说它像什么?(展示幻灯片"❅")。

生8:中间那里像太阳。

生9:像太阳照在丛林里。

师:右边的符号像什么呢?(停顿)其实,右边的符号是一株嫩芽,刚刚从土地中钻出来。这是"春"字的甲骨文。春天来了,太阳照在大地上,暖暖和和的,植物的嫩芽从土里钻出来。

将汉字的意义赋予到词汇中去,学生组词的过程就是表达其在生活或者阅读中的经验的过程。不同的学生组出不同的词,就是一个经验交流的过程,即在教学情境中实现了学生之间的合作学习。

(三)以汉字部件规定的时间和空间进行相似性教学

相似性教学是指在教学中培养学生在相似性条件下进行思考,发现不同事物相似性的能力的教学。在学习中——根据桑代克、格斯里和巴普洛夫这些理论家的观点——时间或空间的接近也是最为重要的因素。比如在巴普洛夫的实验中,狗会在听到铃声时分泌唾液。因为在学习期间,铃声会在狗很快就看到食物之前或者在看到食物的同时响起来。因此食物(无条件刺激)与铃声(条件刺激)在时间上接近。也就是说,符合接近法则的两个心理过程同时发生或相继发生,"那么其中一个过程的再发生就易于引起另一个过程的发生"[1]。这种符合接

---

[1] 阿瑞提.创造的秘密[M].钱岗南译.沈阳:辽宁人民出版社,1987:121.

近法则的心理过程的运用,能促成迁移能力的生成。汉字中的标识性部件是对生活情境中典型意象的表达,这些意象表示的对象总是来自一定的情境,所以汉字部件中有类属提示、性质提示、情感提示、时间提示、空间提示、动作提示等。在这里,我们以汉字中的标识性部件的空间相似性为例。比如"风"存在于"风"可以流动的空间中,"水"存在的空间有河道中。两个同音字"飘"和"漂"就具有了区分空间的不同部件。"飘"字表达的对象就在没有遮蔽物的空间中,而"漂"字表达的对象应该在水存在的空间等等。"漂"与"飘"两个符号指称的动作的发生空间因为部件的空间区别,就可以在语言实践中被辨别开来。因此,在识字教学中结合具有标识性的部件选择语境,以之强调汉字语义的区分具有重要意义。下面案例中教师对"漂"与"飘"两个字的教学,就是运用了空间的相似性,引发学生对概念与情境相似性的思考,学生由此实现将知识运用于情境的学习环节。图7-1-3为该课生字表。

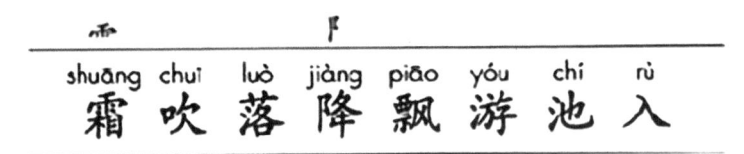

shuāng chuī luò jiàng piāo yóu chí rù
霜　吹　落　降　飘　游　池　入

图7-1-3　识字第一课要求能认的生字表

以下为教学情境:

师:齐读所有要求认的生字。

学生齐读。

师:其中的"飘"字,我们上学期学过一个和这个字相似的字,它是什么部首呢?

生1:上次我们学的是三点水的"漂"。

师:(板书"票")还记得这个字怎么读吗?

生2:piào。

生3:piào。

师:什么票呀?

生3:车票、电影票的票。

师:我们今天学的这个"飘"字左边也是一个"票"字,那右边是一个什么字?

生:风。

师:(黑板上写"漂")这个字用在什么地方?

生4:东西在水上漂的"漂"。

师:这个"飘"呢?

生5:这个"飘"是风"飘"起来的,不是水上"飘"起来的。

师:我知道你的意思了。比如说:老师站在窗子旁边,树叶随风"piāo"起来了,这里该用哪一个"piāo"?

生5:带"风"字的飘。

师:今天早晨,同学们都坐在教室里参加开学典礼,老师站在操场上,看到五星红旗随着国歌响起冉冉"piāo"起,这里该用哪个"piāo"?

生6:用带"风"字的飘。

师:今天我看到盘龙河上"piāo"着一艘小船,该用哪个"piāo"?

生6:三点水的"漂"。

师:树叶"piāo"在水面上呢?

学生有的说是三点水的"漂",有的说是风字旁的"飘"。

教师点名学生回答。

生7:用三点水的"漂",因为树叶已经沾到水了。

师:对的,因为沾到水了,所以是用三点水的"漂"。

师:老师的头发随风"piāo"起呢?

生7:风字旁的"飘"。

分析词汇,认识字义。此班级学生处在一年级下学期,学生在教师的引导下已经能熟练地运用汉字字形学习中的对比手法,自觉地进行字形的对比学习和思考,并以汉字部件区分同音字。教师运用语言(句子)创设独一无二的课堂情境,以形辨义(同音字教学/同音语素意识)。这实际上也是语言表达形式的情境对汉字意义的规定性和解释性的功能。教师以学校周围的环境(如盘龙河)、以校园中的事物——树叶、以自己身体的某些部位——头发、以开学当天发生的重要事情——升国旗为对象,给学生们营造了一个个语境,提供了一个个阐释性的情境。这种师生间的对话,其产生的意义是重大的。学生在语言实践问题的解决中获得了学习体验,并通过学习体验提升了思维能力。相似性的识别能力是创造力的重要基础。"识别出相似性,它是个人创造力的主要过程之一。这种过程是依赖于原发过程机制(本能冲动与原始自我)的一种原始过程。因此,想要提高自己创造进程的人必须要让自己沉迷于觉察和捕捉相似性的状态中。"[1]在循序渐进的相似性识别过程中,学生的整体思维能力逐步被培养起来。

第二节 由近及远:字源识字教学内容选择的原则

个性经验既指某个学生群体所共有的地域性的经验,也指每一个个体所独自拥有的经验。在这一节中我们将分别讨论两种经验的转化。个性经验可以看作通性经验的基础。在师生间以个性经验为基础展开的教学互动,易于激发学生的能动性与主动性;有利于学生将已有的生活经验、知识经验和生命感受内化为知识表达形式。因为个性经验是学生对自身生活环境和知识环境的适应性内容。教学活动常常以新的规则来强化或者修正这种个体已经适应的经验。在识字教学中,我们也不能把所有的学习建立在学生已有的经验上,只能说将部分学习建立在学生已有的认知经验上,这更有利于学生学会学习的方法,形成越来越全面的学习思维。

一、以学生直接的个性经验生成具有通性的汉字知识

以某村完小二年级学生的教学为例。该村地理位置属于半山区,距离城镇7.00公里,面积27.42平方公里,海拔1560.00米,年平均气温15.00℃,年降水量

---

[1] 阿瑞提.创造的秘密[M].钱岗南译.沈阳:辽宁人民出版社,1987:483.

1260.00毫米,适宜种植烤烟、甘蔗、玉米等农作物。该村是彝族聚居地,学校教师中有三分之一是在当地出生的,三分之二为外来汉族教师。

在下面的教学案例中,我们将会看到教师将本地生活情境中的经验与语文教材文本以及文本以外他地的生活经验进行整合的具体做法。教师在汉字教学中运用了字源情境释义、以字组词、以词造句等教学方法,并将地方生活的情境与文本学习及汉语言表达技能培养三项内容进行了整合。

教学情境:邓小平爷爷植树。

师:"茁壮"是什么意思?

生1:又大又壮。

师:"大"不对。"茁壮"是指没病、不断、不残,树苗是健康的。就像你的爸爸妈妈栽辣椒苗,会选叶子黄的吗?

生1:不会。

生2:要选健康的。

师:"茁壮"指健康的、不带病的。

师:你移栽过什么东西吗?

生3:移栽过草。

教师发纸质材料[①]:彩色打印的图片。学生惊呼很漂亮。学生指着第二幅图中移栽后的辣椒苗讨论着"它从哪里弄来的""这个地方好像去过"。(见图7-2-1、图7-2-2)

图7-2-1 移栽前密密的辣椒苗

[①] 两张图片采自学校周围的农地。

图 7-2-2　移栽后的辣椒苗

师:第一幅图中的辣椒苗有什么特点?

生1:小。

生2:绿。

生3:多。

师:辣椒苗很多,如果让它们继续长,会怎么样?

生4:长出辣椒。

师:这个辣椒苗一直在这里长,也就是在苗床上长,苗不会长好,结的辣椒果也不会多。

生4:那就要把它移到地里面。

师:把长得很密的辣椒苗拔出来栽到打好的塘里,施肥、盖上薄膜,就叫移栽。比如种玉米,如果一个玉米塘里只有两根苗,就不用移栽了(画图示意,如图7-2-3),如果苗太多(画图示意),就要移走才长得好。移出来栽就叫移栽。

图 7-2-3　教师画草图示意

师:你还可以用这个"移"字组什么词?

生5:移动。

师:你可以用这个词说一句话吗?

生5:移动东西。

师:你要说清楚,移动什么。

生5:移动桌子。

生6:移动草。

师:你爸爸的手机也叫移动电话,他无论走到哪儿都可以给他打电话。

生6:那个叫手机[①]。

师:"移"字怎么记?

生6:"禾"加"多"。

"禾",甲骨文字形 ,罗振玉《增订殷虚书契考释》:"上象穗与叶,下象茎与根。"其字形像垂穗的庄稼。这里是半山区,没有稻谷的种植。任课教师认为辣椒苗与稻谷的种植具有相似性。因为以辣椒籽繁育辣椒秧苗只需要小块的地,且辣椒秧苗长得密密麻麻,待其长到可以移栽的大小时便移栽到更宽大的地里边去,这与稻谷的种植方式具有本质上的相似性,所以教学时用当地孩子常见的辣椒苗移栽经验即可以字源为出发点讲清楚"移"字的形义关系。

在随后的教学中,教师以语言调动学生已有的生活经验,使学生理解文本中需要建构的价值观念。比如,用语言"碧空如洗,万里无云"与当地、的天气状况进行对比,形象地强化学生对"碧空如洗,万里无云"的认识,这对于学生深刻地认识课文中邓小平爷爷头顶烈日坚持植树的精神也有促进作用。

又如,教师板书"坑",引导提问:"你什么时候需要挖坑?"教师在这句问话中运用了学生已有的经验建构,居于乡村的儿童一般见过父母或者乡亲在地里或者房前屋后"挖坑"的行为。教师以这样的经验为基础重构课文中邓小平爷爷挖坑栽树的经验。接着教授种树的意义,建构新知识的方法与上一句相同。教师

---

① 李老师经历了从没有电话到有座机电话,再到有移动电话的过程。在李老师看来,移动电话是一个生活词,孩子们的生活中则没有这个经验,所以有孩子提出,那个就是手机。

问:"植树有什么好处呢? 你们家房前屋后种树为的是什么?"学生答:"让我们很凉快。"教师又问:"这是改变了什么?"学生答:"改变了生活环境。"教师问:"国家植树为什么?"学生答:"改变国家环境。"在这样的对话中,教师以每个儿童对自己家环境的认识,建构了其对于整个国家的环境的认识。

二、以学生间接的个性经验生成具有通性的汉字知识

以下是某村完小一年级学生的教学案例。该校与前一个案例中的小学相距约30公里,同属半山区。汉字所概括和反映的情境是极其广阔的,多数孩童经历并熟悉的生活情境是有限的。所以字源识字教学可以通过现代技术和网络的手段,补充学生没有见过的情境。可以发现,部分学生可能已经在网络或者电视节目中见过不常见的、生活经验外的情境,但是认知层次不够深入;部分学生还没有关注过这些情境,所以这些情境只能从浅层次上帮助学生进行知识认知,以此为基础的深层次知识扩展则不宜进行。

(一)以"观"字为例的情境运用

图7-2-4 幻灯片展示猫头鹰与字词

师:这个是什么?(见图7-2-4)

生1:猫头鹰.

生2:猫头鹰在树上。

师:看右边这个字是不是也像一只猫头鹰,这是眼睛,这是尾巴。经过汉字形体的演化,今天的"观"字写为简化了的"观",它是由哪些部件构成的?

生2:"又"和"见"。

师:猫头鹰在树上干什么?发呆?

生3:猫头鹰它白天不出来,就躲在树上睡觉,晚上才出来觅食。

师:觅食之前它要干什么?

生3:抓那些老鼠吃。

师:猫头鹰一出来就抓到老鼠了吗?

生4:它要等到晚上才能抓。

师:它一直等着就行了吗?

生3:白天睡觉,晚上出来抓。

师:它在树上干什么?闭着眼睛等吗?

生5:不是,它睁着眼睛。

生3:它睁着眼睛观察。

师:对了,它捉老鼠之前要观察。

生4:因为猫头鹰要抓老鼠,要隐蔽自己,它就飞到了树上,为了看到老鼠的窝在哪里。

师:刚才你说"看"老鼠的窝,换个词语。

生4:观察,观察老鼠的窝。

生6:站在高高的树上,看着很远的地方,观看。

师:"看"表达的意思随便一些,"观察"是有目的地看,仔细地看。猫头鹰要捕猎老鼠,需要仔细地看才能找到它们。我们用"观"字组词,除了"观察""观看"还可以怎样组词?

生7:观门。

师:(板书"关门")"关门"的"关"在这里。

生8:壮观。

师:对,"壮观"这个词是我们语文课本上的词语。

师:对生9中午吃完饭不洗碗这个事情你有什么看法?

生10:不"壮观"。

师:呵呵,应该说是不雅观。对一个事情有什么看法,就是你有什么"观点"。对生9中午吃完饭不洗碗这个事情,你觉得合适吗? 不合适。这就是你的观点。

生7:观众。

师:对,还可以组词"观众"。

在以猫头鹰的照片为情境的汉字识字教学中,"观察"是一个具体动作,教师以一个非常了解猫头鹰生活习性的学生的回答,成功引出了"观察"这一动词。但是"壮观"的"观"指的是观察的对象所具有的特点而引申出的意义,"观点"表示对看到的内容发表看法,指向抽象的内容,学生学习起来有难度。学生通过对猫头鹰捕猎过程的分析不仅认知了"观察"这一动作性的词,也认知了事物发展的过程。猫头鹰捕猎的过程中的策略决定了其捕猎的结果。之前学生都只关注结果,这个情境的学习使其在思考时注意事物发展的过程,属于一种思维方式的训练。

(二)以"急"字为例的情境运用

急 急诊 着(心)急 急流

教师展示以上字词及有"急诊"二字的医院图片。

师:大家见过这两个字吗?

生1:我见过,去年我去文山的时候见过。

师:在哪里见过?

生1:酒店,不对,好像是医院。

师:(指着"急")这个字读什么呢?

生1:学过。

师:在哪里学过呢? 我们现在来看这个字,上面是一只手,抓住了一个小朋友,下面是心,在抓的过程中,两个人的心里都很着急。那图片中的这个词读什么呢? 读"jí zhěn"。

生1:急诊室。

师:对,你说得对。急诊室是用来干什么的?

生1:是用来检查病人的,治病的。

生2:那里我见过,那里就是用来检查病人的。

师:病情非常紧急的病人要送到这里诊断病情。

生1:非常紧急的意思是如果有人生病了,要马上送到医院,这就是紧急。

生2:不急。

生3:很急。

生4:"急诊",图片里有"急诊"。

师:"急"字咱们学过了,"诊"字没有学过,那怎么写呢?书空一下。

生1:左边是言字旁。

师:请大家来书空,我来写。

生1:点,横折提,撇,捺,撇,撇,撇。

师:送病人到急诊室看病的时候我们的心情是很着急的,可以组词"心急"。现在我们已经组出了两个词语。大家又看这幅图,这是什么?(见图7-2-5,湍急水流的图片)

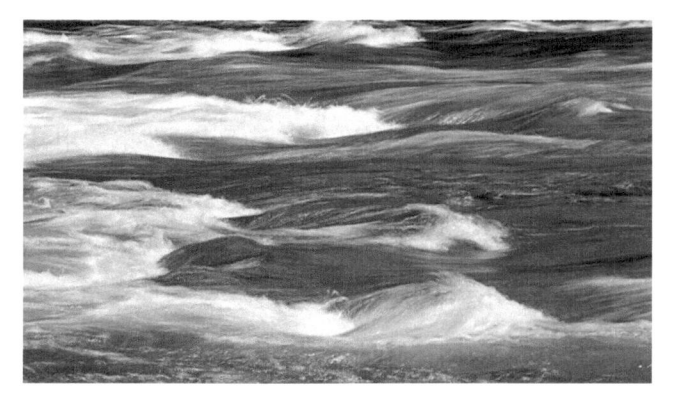

图7-2-5　湍急水流的图片

生1:大海。

生2:好像是水。

师:水在流吗?

生3：鱼在水里游来游去。

生4：龙卷风。

师：刚才生2说了，这是水。这照片里确实是水。

生3：是水，里面有鱼游来游去的。

师：有鱼吗？

生2：没有鱼。

生5：水里有雾。

师：这里水流产生的水汽，什么时候会产生水汽呢？

生5：水从高处流下来，流得很快，碰上石头，就会产生水雾，就是白色的那些。

师：对，流得很慢的时候会不会有水汽？

生5：不会。

师："急"字还有速度很快的意思。要形容流得很快的水流，可以以"急"字组什么词？

生5：叫"急水"。

师：看来对你们来说太难了。我们把它叫作"急流"。

"急"本义为内心的着急状态，引申出形势危急的意思，再引申出某种动作或者进程速度比较快的意识。全班12个学生中，有一个到医院见过"急诊"。因此，送病人到急诊室诊治，学生能基本理解，但是对于进一步的引申，即水流的速度很快，学生就不容易理解了。学生只能推断出图片与水有关，但是这里的知识学习需要与水的特征产生联系，学生拿不准，便只能将已经积累的相关知识都说出来，包括"大海""龙卷风""小鱼在水里游来游去"这些经验。"急"字基本意义引申的深度和"急流"这样的生活外情境对学生来说造成了双重性的困难。

由以上两个汉字的情境运用可以发现，将学生生活经验外的情境引入教学是有意义的，可以引导学生初步认知相关的知识，接触某种新的思维方式，并尝试运用这种新的思维方式。比如在"观"字的学习过程中，让学生知道事物发展的过程中也有许多值得关注的内容，可以帮助他们形成一些新的观察视角。又如在"急诊"的图片认知过程中,一个学生表达了曾经经历过一次医院急诊的经验,所以也影响了其他学生,使他们知道了从生活中、从新的情境中学习汉字的意义。但是学生生活经验外的情境只能在初步认知知识的层次上使用,学生难以进行基于这些情境的深化学习和引申。

第三节　寻求与思索：字源识字教学中的教师执"中"

位育包括人与自然之间的位育,个体与个体之间的位育,个体与群体之间的位育,群体与群体之间的位育。位育指向的"中"是一个实事求是的概念,这个"中"总是随着时空和人的改变而改变,不是一成不变的。在位育实现的过程中教师的首要职责便是传承和创新,因为人是符号的动物,人的文化积累可以也必须经过教育传给下一代,这是传承的意义。人类社会要获得发展与变化,要在传承的基础上去进行一些创造,这样人类才有未来[1]。在教育过程中,教师起主导作用,这是因为:"第一,教师是教育方针的执行者,他根据一定的教育目的,按照一定的教育计划对学生施加有目的有计划有组织的影响;第二,教师闻道在先,具有比学生多得多的知识,而且具有较完美的人格,无时无刻不在影响着学生;第三,学生还处于不成熟的生长时期,他们的德智体诸方面都要在教师指导下发展。"[2]在字源识字教学中还存在地方性和个体性的情境的选择,因此教师的主导作用尤其重要。

---

[1] 张诗亚,张艳.位育:教师职能的传承与创新——专访西南大学张诗亚教授[J].教师教育学报,2022,9(3):1-3.
[2] 顾明远.再论教师的主导作用和学生的主体作用的辩证关系[J].华东师范大学学报(教育科学版),1991(2):72.

一、自然与社会生活是字源解释的源泉

下面的内容源自一个教师在备课的过程中与笔者讨论的授课内容,其将要教学部编版小学语文教材二年级下册的课文《我想要的是葫芦》。

(一)科学选择字源形体,重视汉字字源形体的来源

在汉字研究的浪潮中,关于汉字字源形体的书籍、网站很多,但信息庞杂,可靠性无法保证。解决这个问题的途径可以是查阅获得学术界认可的字典,其他的作为补充参考。

这位教师找我的初衷是她查汉字"谢"的字源,找到其甲骨文字形为图7-3-1的左边,解释为:"两只手卷起坐席,准备辞别主人而去。"她认为"谢"字是一个合体字,无法理解其为何由一个看似是独体象形字的字发展而来,并且字形在甲骨文的独体象形字体后直接跨到篆体的字形。因此她对工具网站的信息产生了怀疑,于是向笔者咨询。笔者查阅《汉语大字典》后,发现其中并没有前面提到的那个甲骨文字形(图7-3-1左边),所以其实我们可以不选择使用那个字形来讲"谢"字的形义。

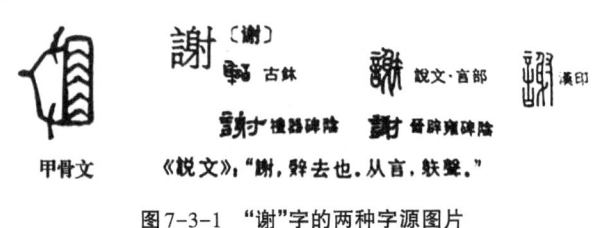

图7-3-1 "谢"字的两种字源图片

(二)紧扣文本中的汉字语素,丰富学生的生活认知

邢冬梅认为,无论是经验知识还是理论知识,其产生的空间都是与情境相关的。"一方面,在任何时候,经验知识和理论知识的功用都不仅仅是对世界是怎样的描述,同时是对世界给出社会的、学科的、概念的以及物质的综合的特定说明。"[①]另一方面,在知识实践的过程中,许多偶然的形式也会对知识的建构产生作用。

---

① 邢冬梅.实践的科学与客观性回归[M].北京:科学出版社,2008:162.

科学知识从根本上说也是一种情境化的知识,也是实践活动的结果。如果用理论性理解的方式去把握科学知识,这样的理论性理解会让我们远离日常的关怀、兴趣和活动。皮克林也认为,科学与技术的知识并非对现有知识所作的合理的和逻辑的推论,而是各种不同社会、文化和历史过程的随机的产物,这种传统已展示了一种相对主义形式的观点。知识的产生与社会实践活动的情境有关,知识运用也在实践活动的情境中,只有在情境中我们才能真正学到知识。

在字源情境认知的学习过程中,情境在教学中的正确运用可以起到"举一反三"的作用,一是帮助学生更好地解读文本,二是丰富学生对生活的认知。

接着讨论上文提到的"谢"字。教师选择了三张图片配三个语境,以让学生更好地理解"谢"字的各语素。见图7-3-2。

图7-3-2 教师第一次设计的ppt截图

教师初次选用的第三张图片是一朵"凋谢"的太阳花。笔者认为这张图片不恰当,建议教师换一张图片。因为它所显示的意义与文本表达的意义及情境不一致。语文教材的文本中写的是"花谢以后,藤上挂了几个小葫芦",此"谢"表示葫芦生长过程中的"花期"结束后,迎来新的生命发展的阶段,这是生命发展的另一个阶段,而不是生命的结束。如果种植葫芦的人给葫芦叶子除虫,那么小葫芦就会顺利地生长,开花结果,一切皆顺理成章。但是文中的种植者只是等待结果,没有注重种植过程的重要性,所以结果是种植者没有收获葫芦。"花谢"中"谢"的另一种意义是"凋谢",就是不结果的花朵,花期结束,生命结束,如图7-3-3中的太阳花。学生只有在对文本中"花谢"的准确认知上,才能更好地领会在充满希望的等待过程后迎来喜人的结果与失望透顶的区别在哪里。

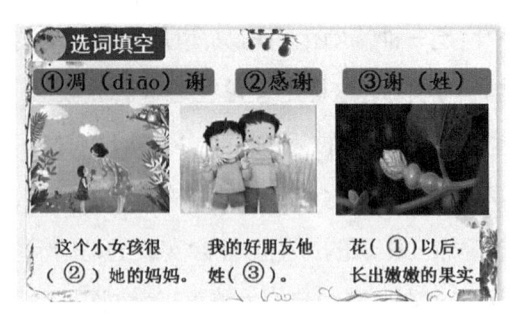

图 7-3-3　教师修改后的 ppt 截图

随后,教师将第三张图片换为葫芦花谢了开始结小葫芦的图片,并将句子改为:"花调谢以后,长出嫩嫩的果实。"如图7-2-8中的第三张图片。实际上,图7-2-8中的第一张图片下的句子还可以进一步改为:"这个小女孩用鲜花感谢她的妈妈。"

就教育课程中的知识而言,教师在教学的过程中需要呈现与知识生成具有内在一致性的地方性情境,知识不仅仅是一种表象,而且是一种互动模式。这种模式包含了被表象的对象或现象,也包含着情境安排,只有在这些情境中,表象才是可理解的,它们与其他表象和实践才能有意义地联系起来。[①]

二、以转化实现各教学要素的"和谐"

(一)以学生丰富的词汇基础深化教学

字源形体运用于识字教学的目的是为汉字形义的建构服务的,这种建构主要体现在对学生同音语素意识和同形语素意识的强化中。识字教学中运用字源的无意义教学体现在两个方面,一是字源的解释与语素没有联系,那么字源的出现仅仅只是一种"装饰";二是字源运用不能揭示各主要语素之间的内在意义。

下文案例为是一堂多媒体教室中的公开课。图7-3-4为部编版语文教材一年级下册第十二课《古诗二首》中运用到的"首"字字源。

---

① 劳斯.知识与权力:走向科学的政治哲学[M].盛晓明,邱慧,孟强译.北京:北京大学出版社,2004:02.

图 7-3-4　教师运用"首"的字源上课

教师首先进行了汉字读音、笔画、笔顺的教学,然后教学转向了字源。

师:请同学们观察"首"字右边的图片,说一说看到了什么。

生1:"头发""眼睛""嘴巴""脖子",这是我们的"头"。

师:"首"就是"头",但是它不仅指人和动物的"头",大家用这个字组组词。

生2:首领。

生3:部首。

生4:首先。

生5:元首。

生6:首都。

生7:首长。

生8:一首诗。

师:依据你们的组词,我们知道"首"有这么多意思,《古诗二首》就是"二首古诗","首"字在这里是个什么词?

生1:量词。

师:我们可以说"一首诗",还可以说一首什么?

生2:一首歌。

接下来这个生字的学习结束,进入新的学习阶段。

"首"本义为"人的头部",组词"昂首挺胸",比喻引申出"最高领导者"(首领)、"第一的、初始的"(首先、首创)。一篇文章的开头称为"题首",并引申出量词的用法,"一首"。"首"字的比喻义和引申义源自头在身体上的位置以及头在各身体器官之中的"领导"性的作用。

我们教学中展示"首"字甲骨文,以语素为核心,可以从两方面理解,即汉字字源与汉字本义的关系的揭示,汉字内部各语素关系的揭示。学生已经能组出这么多词语,也就是说词汇基础学生已经具备,教师在这个时候的教学价值应当体现于引导学生进行深化性的学习上。如果不做这些解释,字源图片的运用便只有装饰性的功能,而不能为识字教学中汉字形义的联结提供建构性的作用。

(二)紧扣文本主题,选择课程内容的过程中要注意阶段性

图7-3-5为上文案例同一课时中学习的第二个字,"采"。

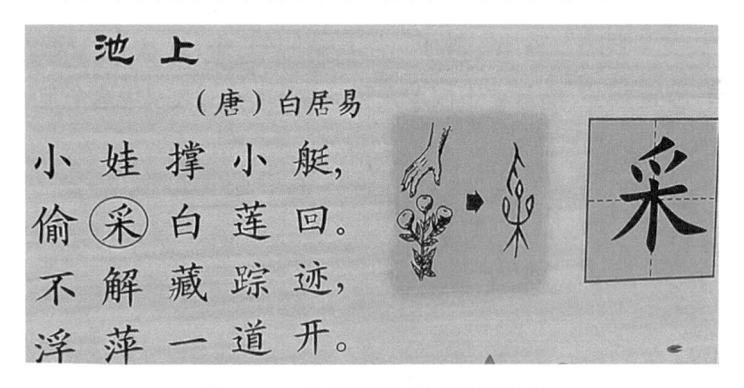

图7-3-5 教师运用"采"的字源上课

师:我们从田字格中的"采"字往左看,中间是"采"字的甲骨文字形,其左边是"采"的具体动作。"采"字的上面是个什么部件?

生:爪字头.

师:对,爪字头。下面的"木"表示长满果实的树木。那"采"的意思是什么呢?"采"的意思是指用手指或者指尖,轻轻地采摘,接下来,我请我们班的书写员小明来提醒一下同学们书写这个字要注意什么问题。

教师在教学这个字的过程中,再没有请学生组词,这个字的本义是本首诗诗句中的重要内容。"采"字的其他语素,诸如"采矿""采风""神采"等属于相对比较专业的词语,学生理解有难度,教师没有展开讲解,也没有让学生组词。

"首"的词语运用频度使学生已经熟悉其各语素的运用,学生能力的最近发展区可以定位到同一个汉字内各语素关联性的深化教学。对"采"字除了其本义"采摘"以外的各语素,学生不熟悉,其对诗文内容的理解也没有意义,故教师选择不讲,而是将这一汉字知识教学过程中学生的最近发展区定位为理解其本义,并为诗句理解服务。

汉字是汉语言表达的重要形式,其概念的丰富性和深刻性可以结合语文教材的文本讲解,丰富学生的生活认知和情感。

如以下教学情境:

师:"吹"字为什么是口字旁?

生1:因为"吹"用嘴吹,所以是口字旁。

师:你们还知道其他口字旁的字吗?

生2:还有"吃"。

师:用什么吃?

生2:用嘴吃。

师:所以它也是口字旁。

生3:还有"用品"的"品"。

生4:还有"叫声"的"叫"。

生5:还有"叶子"的"叶"。

师:"叶"子的"叶",一个"口",一个"十"。

生6:还有"古代"的"古"。

教师在教学中要运用字源信息,适当求真。汉字形义相关的特点,让人总是情不自禁地去解释它。这次也不例外,"吹"的动作的发出与"口"有关,"吃"也是这样。但是"叶"为"口"字旁,怎么解释?汉字简化和合并以前,"叶子"中的"叶",甲骨文字形为"𠮛",楷书字形为葉,汉字简化方案将"叶"(xié)与葉(yè)合并,取"叶"(xié)的字形和葉(yè)的音。"叶"的本义中"口"表示发言,"十"表示众多的"口",众多的"口"却又有一致性,与"谐""协"义近,但"叶"(xié)字后来并不常用。"品"没有问题,一口又一口地尝,那就是"品味"。在这里其他字都与"口"

的功能相关,"叶子"的"叶"也有"口"字旁,在不能类推下去的情况下,就需要以字源解释。解释可以让学生明了这个字的知识以及汉字构形规律下的特殊性。

生7:还有"说话"的"说"。

师:孩子,"说话"的"说",什么偏旁?

生7:言字旁。

师:孩子们看"落"字,什么偏旁?

生8:草字头。

师:"池"字和"游"字有什么共同点?(点名回答)

生8:都有三点水。

师:你能说对的,为什么这节课一直不举手呢?游泳要在什么地方"游"呢?

生9:水里。

师:游泳在水里,所以它是三点水,那中间是个什么字呢?

生9:方。

师:那右手边呢?上边是一撇一横,下面是个孩子的"子"。以前我班上的一个学生编了一个很有趣的顺口溜来记这个字,你们想听吗?

生9:想。

师:一个孩子去游泳,带着泳具去游泳,才安全。你们可以试着编一个。

生10:一个小孩子到方方正正的游泳池去游泳。

生11:我经常去游泳馆,看到这个字就把它记住了。

生12:有些时候"玩游戏",也会看到这个"游"字。

师:我们在家里除了做作业,还会玩游戏。玩游戏时也会认识字。

汉字语素是汉字形义解释的根据。全面的汉字语素指的是每个汉字的各个语素。第一种情况是汉字字形解释与汉字的任何一个语素都没有关系。如果依据字形的解释发现其与一个汉字的任何一个语素都不相关,则可以不使用字形解释。比如本文第二章写到的将"碧"解为"白马王子坐在石头上"或"王老头和白老头坐在石头上",这两种释义与汉字"碧"的任何一个语素都没有关系,即使能增加课堂上的某种兴趣,也不值得提倡。第二种情况是汉字字形的解释仅与汉字的某个语素有关。以汉字字源解释字源情境,在不清晰的情况下,可以根据汉字在语言中的惯用意义来确定其分析内容,选择兼顾各语素的形义解释内容。以"游"字为例。"游",古文字形如下:字(甲骨文 +)、（金文）、（篆文）。"《说文》:'游,旌旗之流也。'商承祚《殷虚文字》:'从子执旗,全为象形。从水者,后来所加,于是变象形为形声矣。"常用语素:1.渡水(游泳)。2.到多地玩乐(游玩)。3.水流(上游)。4.多地学习(游学)。5.位置不定地做事情(游记、游说)。如果仅仅扣着游泳馆的活动进行形义的解释,便会大大限制"游"字其他语素的兼顾。"游"字的各语素分布:"游鱼"(一年级),"游戏"(二年级),"游动"(三年级),"周游"(二年级),"游击"(四年级),"游泳"(四年级),"漫游"(四年级),"游丝"(六年级)。这几个词语中,"周游""游击""漫游"强调了到多个地方的意义。

在不要求书写的一年级下学期,可以不讲形义结合,等到三年级再讲,三年级学生接受能力更强,所以教师可以全面地讲或者可以引申出各语素相关意义的形义解释。比如"游"字的形义解释:"表示古代学子打着族旗,过河越境,四处学习。"为了记住字形,也可以考虑将"方"字解释为"四方",以此内容释"游",这个字的其他语素便可从这点引申出来,使各语素产生意义上的联系。"四处""四方"去游学,学习地点不固定,在"游学"的过程中不排除"游玩"的时间,走过"四方"之地,那"跋山涉水"是免不了的。在这样的形义结合中,各语素间的意义可以区分开来,而其各语素"开枝散叶"的意义关系是能被看到的。

三、个性课程的生成是教师培养人的关键

个性课程的生成有利于创造力的发展,但这样的课程不能建立在"刺激——反应的基础上,而是应当建立在有着生动的相互关系和共同体验的基础上"[1]。学生在生活和学习中获得的经验是学习产生的重要因素,教育必须"在人类社会中进行"[2]。区域性(学校或者班级)的共同经验或者学生个体的独特体验,是统编的教材和统一的教学参考书不能写出来的。这种重要的教学要素只能依靠教

---

[1] 阿瑞提.创造的秘密[M].钱岗南译.沈阳:辽宁人民出版社,1987:465.
[2] 张诗亚.惑论:教学过程中认知发展突变论[M].重庆:西南师范大学出版社,2003:9.

师去发现和整合。"书本中的文字传递的信息与图画或影片中的形象等传递的信息显然不一样。文字所构成的信息是在时间中逐渐展开的,先个别,再局部而后整体;而图画或形象(影片中的)等则是在空间中展开的,先整体、再局部、再细节。"所以,"如果传通者(信息源)要想卓有成效地进行传通,并获得自己预期的效果,那么,他就必须把接受者的态度、情绪稳定性、社会文化背景、知识、需要和兴趣等等,统统考虑进去。接受者已有阐释系统的状态是其解释信息的关键"[1]。由此,教师在字源识字教学活动中需要充分运用地方性的生活情境以及对学生的了解。任课教师与学生拥有共同的生活情境,教师要比学生更系统地掌握课程知识,才能选择性地将知识与产生知识的地方情境之间的关系揭示出来,从而提高学生的认知水平和认知能力。因为总体上的普遍性,汉字知识产生的原生语境具有广泛性,教师需要充分利用字源识字教学,在情境方面为学生提供学习支撑。"虽然信息技术、互联网改变了教育环境和教育方式,但人是要靠人来培养的,这是所有机器代替不了的。"[2]

---

[1] 张诗亚.感论教学过程中认知发展突变论[M].重庆:西南师范大学出版社,2003:174.
[2] 滕珺.教师的专业性与学生的主体性:顾明远"现代学校师生关系"思想述评[J].教师教育研究,2018,30(5):2.

第八章

"互联网+"背景下字源识字平台开发

人工智能技术的迅速发展,有力推进了各个领域与人工智能的融合,汉字字源识字领域也不例外。人工智能技术在儿童字源识字中的应用空间与发展潜力极大,可以创新字源识字的教学体系和形式。当下环境可以利用人工智能技术进行字源识字教育体系的重构。扩展人工智能技术与字源识字有机融合的范围,运用人工智能变革现有的字源识字教学体系、教学方法,将人工智能技术归入到字源识字教学和辅导之中,是目前字源识字教学领域的研究重点。

会话 AI 是指用于工程智能软件代理的 AI 技术(例如自然语言处理、机器学习、知识图),这些代理可以与人类或其他代理进行自然语言对话。它包括各种软件如语音助手和聊天机器人。这种技术的第一代功能主要集中在以任务为导向的简短对话方面,比如音乐播放(比如"Alexa,播放音乐")或者信息检索(比如"Cortana,今天雅典的天气怎么样?")。这一领域目前面临的挑战是如何进行一个持续的、连贯的、吸引人的对话,因为目前的软件还远远不能与人类进行自然的日常对话。聊天的设计方向是要达到它给人类用户的印象是让人感到是在自然地与另一个人聊天。聊天机器人可以在教育领域发挥重要作用,因为与传统的电子学习系统相比,它有一种互动机制。在其他信息通信技术中,聊天机器人被认为是安全且可访问的学习工具,可以为学习带来积极的结果。聊天机器人在各种业务中受欢迎的原因之一是提高了流程的效率。这一论点也适用于教育,因为它通过缩短响应时间来提高用户的满意度,并且可以每天24小时回答任何问题。这使得教师可以避免回答一些过于简单或重复的问题,他们可以通过聊天机器人轻松地回答这些问题,同时也为错过一节或多节课的学生提供支持。

除了简单地提供问答功能或在学生和系统之间交换信息外,聊天机器人还有助于解决管理多个学生个案的问题。在一节课中,教师通常没有足够的时间对每个学生进行形成性反馈。然而,根据Hattie的观点,学习过程中的形成性反馈是影响学生表现和动机的重要因素之一。

一、系统结构

(一)系统总体结构

从系统功能来看,字源识字平台由汉字生成子系统、字源识字资源平台、字源识字学习平台、AI聊天机器人、后台管理子系统五个子系统组成,该平台的总体结构如图8-1。

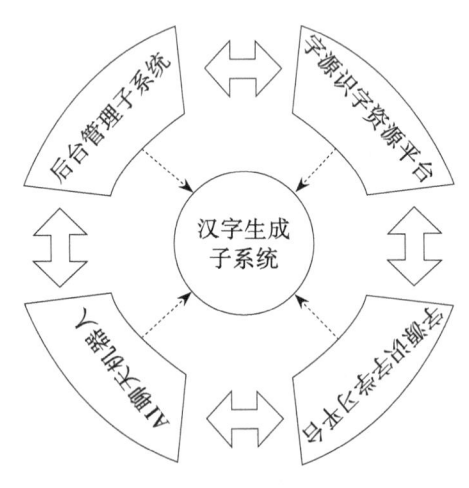

图8-1 字源识字平台总体结构

该系统总体结构设计注重每一个系统的逻辑功能区分,且每类功能对应不同用户类型。其中,后台管理子系统和其他系统相互对接,承担着管理功能。汉字生成子系统是本系统的基础,承担着系统数据生成功能,并为字源识字资源平台、字源识字学习平台和AI聊天机器人提供服务。这五个系统只是系统功能的逻辑区别,在实际功能实现中并不需要作这样的区分,只是不同类型的用户使用不同的功能时看到的内容不同而已。

(二)汉字生成子系统结构

根据汉字生成子系统在整个系统中的功能,它的结构如图8-2所示。

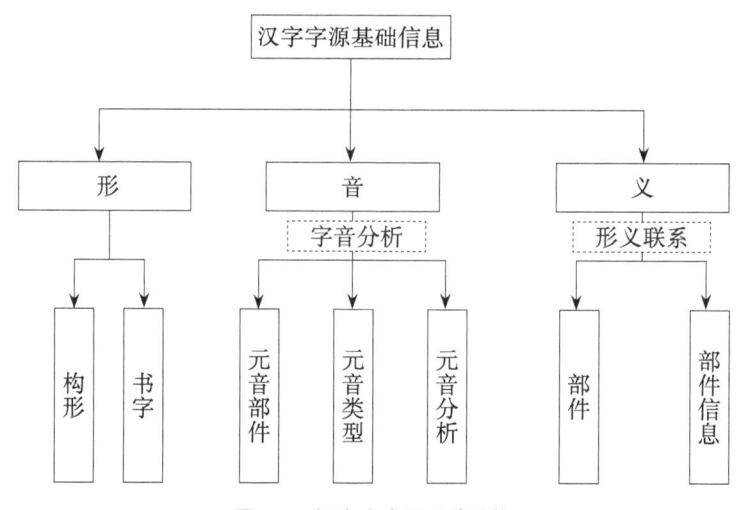

图8-2 汉字生成子系统结构

汉字生成子系统以汉字生成系统理论为指导,根据汉字基本信息、字源信息、参考信息、部件信息、构形与书写信息等内容,以汉字构形与构意分析为纲,将汉字拆分为部件,实现了汉字形音义的有机整合。

(三)字源识字资源平台

字源识字资源平台的数据来自汉字生成子系统,它为用户提供基于AI的汉字基础资源查询服务。这是一般用户使用本系统的最重要的界面,其结构如图8-3。

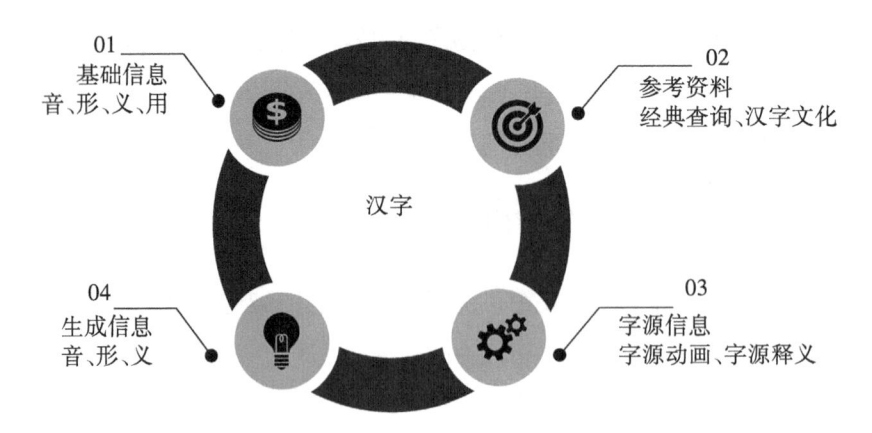

图 8-3　字源识字资源平台结构

字源识字资源平台对外提供的信息包括汉字基础信息、汉字字源信息、汉字生成信息和其他相关参考资料。这些资料可作为教学资源直接或间接服务于教学和研究。

(四)字源识字学习平台

从本质上来讲,字源识字学习平台和字源识字资源平台都是从汉字生成子系统中获得系统数据,然后利用程序为不同的用户显示不同的内容,但两者定位有明显的差别。字源识字资源平台定位于为教师和研究者提供教学和研究的材料,而字源识字学习平台定位于为学习者提供学习的工具。学习内容是字源识字学习平台的基础,其设计是一个长期而复杂的过程。为了支持学习内容的灵活设计,字源识字学习平台被设计成了一个开放的平台。一方面,学习的流程可以由教师设计,以针对不同的用户进行不同的程序教学,并且可以一边开发一边使用。另一方面,课程结构可由教师自行设计。教师可以通过层次管理功能设计多级课程层次,实现自定义课程结构的功能,例如教师可以自行添加课程内容,并指明需要学习的生字,系统将据此生成课程并自动显示生字表,学习者点击即可学习。字源识字学习平台所有数据均来自汉字生成子系统,以此保证用最小的代价实现课程的自动生成。字源识字学习平台的结构如图8-4所示。

图 8-4　字源识字学习平台结构

（五）AI聊天机器人

AI聊天机器人旨在解决之前学生在字源识字学习平台不能时时与教师沟通的问题。其主要功能就是对话，目标是遵循现实师生交流模式并实现一种代理交互。通过对话，AI聊天机器人必须能够针对问题并结合上下文，提出解决方案，基本实现在交互教育学习环境中的汉字学习与文化学习。AI聊天机器人基础结构包括：自然语言理解引擎、对话管理器、信息检索组件与知识库。AI聊天机器人平台整体框架结构如图8-5所示。

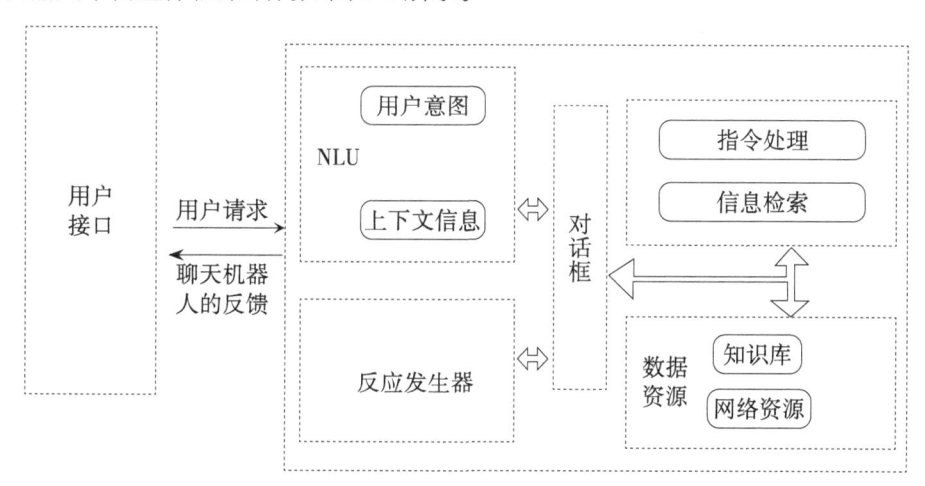

图 8-5　AI聊天机器人平台整体框架结构

(六)后台管理子系统

后台管理子系统通过用户、角色等的设计,配合控制表等实现了对用户权限的管理,保证了整个系统的有序运行。其结构如图8-6所示。

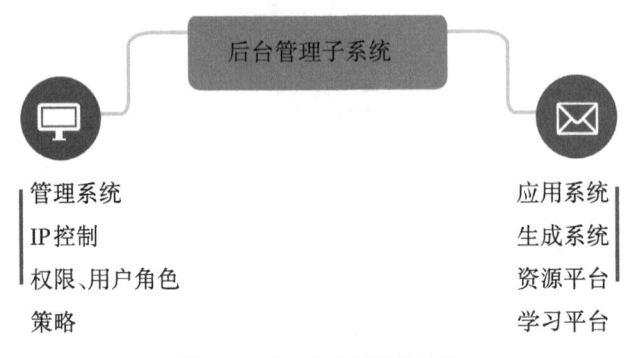

图8-6 后台管理子系统结构

二、设计原则

本系统的核心是生成字源识字教学资源,并在此基础上以资源平台和学习平台的形式对外提供服务,为此确定以下设计原则。

(一)科学

科学原则是指本系统的构建受汉字生成系统理论的指导。不同于一般资源平台,本系统是在字源识字关于汉字的科学理论,即"汉字生成系统理论"的指导下建立的,从一开始就注重科学性。这体现在设计方面是指资源的提供要以字源识字相关理论为指导,一方面要根据教学的需要,考虑需要提供哪些类型的资源,以及各种类型的资源又包括哪些种类的资源。另一方面要考虑如何整合这些资源,使之形成一个字源识字汉字教学资源体系。比如:字源信息的组织。根据字源识字的模式的需要,我们收集了各类实物图片、字源图片、汉字演变过程、字源释义等信息。单就字源阐释而言,这些内容已经足够,但根据字形分析理论,除了汉字构意分析外,我们还要注意汉字的构形分析。为此,我们根据汉字构形理论,利用汉字表达形式实现了对汉字的一级拆分,并利用此汉字的拆分信息，我们实现了对汉字部件进行组字的查询功能。这样，我们可以找到某个汉字的部件可以组成的其他汉字，从而形成以部件为中心的汉字层次结构。对于查询出来的内容，我们全部根据其字频进行了排序，以保证常用汉字在前面，并使用不同的颜色来标记，从而使用户可以方便地找到与此汉字相关的上一层次、下一层次、同一层次的汉字。这样，我们就可以全面而条理清晰地从各个方面把握与此汉字的字形有关的信息，从而更好地完成字源识字。

（二）准确

准确原则主要是指系统数据在内容上要求准确，没有错误。对于教学内容而言，知识本身的准确性至关重要。就字源信息而言，由于文字学本身就是一门复杂的学问，有些汉字的字源解释即便在文字学领域内也存在很大分歧。为求准确，我们在选择材料时注意选择权威的解说，并注意分析各家解释，力求呈现最准确的信息。为此，我们选择了一些权威的辞书，如将《说文解字》作为字源识字的有力补充。对于其他汉字教学信息，如汉字读音、汉字书写的笔顺笔画、汉字部首的处理，我们首先考虑根据国家标准来选择、组织，并检验所用材料是否准确。如果实在不能找到准确的材料，或者很难实现根据国家标准来组织材料的内容，我们会尽量选择公认的比较权威的材料。对于没有国家标准的内容，我们尽量选择比较权威的机构出版的资料。除了信息来源力求准确以外，我们还力求数据加工和处理的准确。比如对字源信息的录入，我们一般要经过计算机自动识别、人工录入、校对、审核等四个步骤，这样基本能够保证其有效性和准确性。我们同时还提供原始资料的图片，方便用户比对，以保证其准确性。当然，绝对的准确是不可能的。为此我们开辟了留言板，方便用户可以就发现的问题与管理者交流。

（三）丰富

丰富原则是指本系统力求覆盖所有汉字。经过调研，我们发现以往可用于字源识字的系统在设计和开发上虽然可以做到很适合字源识字的教学和自学使用,但其存在一个通病就是只收录了部分汉字的字源信息,这不利于常态化的字源识字使用。我们试图提出一个全面的解决方案,力求用尽可能丰富的资料,覆盖能够找到字源的所有汉字,以满足常态化的字源识字教学的需要。为此我们进行了充分的调研,选择了多本与字源有关的重要书籍,并全部进行了数字化和标注。

(四)智能

智能原则是指将AI聊天机器人作为人工智能范式的一部分,使其在许多方面增强传统计算机教学效果。通过创设一个友好的教学环境,学生有机会按照自己的节奏学习,从而不用产生过度的学习焦虑。与此同时,AI聊天机器人还承担了部分教师的角色,能够及时有效地对学生学习进行评估。AI聊天机器人还可以根据汉语文化对学习者如何理解学习内容进行建议。

(五)系统

系统原则是指本平台力求将所有的信息进行有机整合,以适应字源识字的需要。本系统力求在字源识字相关理论的指导下,提供汉字音、形、义、用等各方面的资源,并进行有机整合。本系统通过精心设计的导航,将各类汉字教学信息有机地整合在了一起。通过导航,我们可以找到与要学习的汉字的读音、构形、书写等有关的其他汉字,不需要输入即可查询这些汉字的相关信息。例如通过字音查询,我们可以方便地查找与所学汉字韵母相同、音段相同、音节相同的汉字,点击这些汉字,即可查询其基本信息和字源信息,再经由导航,我们可以直接点击查询其组词、字义、成语、部首和部件以及书写信息。这些操作基本上都基于链接的方式进行,用户不需要多次输入要查询的内容。如利用构形分析我们可能找到汉字的某个部件,点击即可查询由该部件组成的汉字,点击"字源信息"即可查找该部件的字源信息,点击"读音"则可查找到该部件的读音。

三、功能设计

根据平台总体结构和设计,我们确定字源识字平台的功能如表8-1。

表8-1 字源识字平台功能

一、汉字生成子系统	
1.信息整合	将原始数据清理、格式化后直接导入
(1)汉字信息整合	声音文件提取与命名
(2)简繁信息整合	解决了简繁字的困扰
(3)参考信息整合	《说文解字》与《康熙大字典》
2.字源信息处理	
(1)字源信息录	C/S程序实现相关书籍扫描、信息导入、标注、校对、整合、入库
(2)字源信息维护	
A.标注管理	在线编辑工具实现标注的新增、删除、修改
B.字体演变过程信息管理	在线维护,点击实现标注的排序、删除、恢复
C.字源释义信息管理	在线维护
D.字源相关图片信息管理	在线维护,点击实现标注的排序、删除、恢复
3.汉字图片数据库与汉字文化数据库	与字源信息处理方式类似,但引用了大量电子书籍
4.构形分析	
(1)部件信息整合与维护	部件信息动态生成
(2)汉字构形与构意的整合分析	利用部件信息进行分析
(3)汉字字音信息标注	记录标音部件及标音类型
5.汉字字形生成	
(1)笔画提取	C/S程序实现提取
(2)汉字字形再现	Flash实现汉字字形再现
二、字源识字资源平台	
1.对简、繁、异体等信息的处理	
2.汉字基础信息查询	
(1)读音信息查询	拼音在线朗读、按字频排序
(2)汉字部首查询	按字频排序

续表

（3）汉字字义查询	按字频排序
（4）组词查询	按词频排序、同义词词林使用
（5）相关成语查询	提供现代汉语与古代汉读解释，以相互参照
3.字源信息查询	自定义检索条件、划词翻译、点击复制、拼音在线朗读
（1）基本字源信息查询	由文字学专业研究人员系统整理过的字源释义，应用使用方便
（2）其他字源信息查询	提供近200本书的资源查询
4.部件信息查询	基于表达式的部件分析，从直接部件到单纯部件的生成，任意部件组合查询，结果按字频排序
5.基于部件的汉字字形再现	根据笔画矢量信息及部件信息，实现汉字自动根据笔画顺序绘制，不同部件用不同颜色区分
三、字源识字学习平台	
1.学习流程规划与设计	教师可自定义学习路径，支持多层次课程结构与实时调整
2.课程结构规划	支持多级课程管理与层次划分，适应差异化教学需求
3.课程内容设计	教师可自主添加课程内容，选择目标生字，系统自动生成课程及生字表
四、AI聊天机器人平台	
1.平台兼容性设计	可接入多种终端，兼容PC端、移动端及平台内嵌接口
2.大数据平台	集成用户行为数据，支撑个性化推荐与教学反馈分析
3.云计算平台	借助云端计算资源实现聊天对话管理、数据处理与智能反馈分发
五、后台管理子系统	
1.用户和角色管理	对系统用户的统一管理和分级控制
（1）用户注册	用户可通过平台自主注册，信息录入经后台审核
（2）用户信息在线维护	用户可修改个人资料，系统支持管理员监督与变更记录
（3）基于角色的访问控制	设置学生、教师、管理员等角色权限，确保资源分级使用
2.基于IP的访问控制	支持IP段过滤与访问监控，保障系统安全性
3.用户访问日志	自动记录用户行为日志，便于数据追踪与运维分析

参考文献

一、中文类

(一)研究论著

[1]蒋建白.识字学校[M].上海:商务印书馆,1937.

[2]陈昭,张治平等.识字与作文教学经验[M].北京:生活·读书·新知三联书店,1951.

[3]高元白.汉字的起源发展和改革[M].北京:五十年代出版社,1954.

[4]杜文澜.古谣谚[M].北京:中华书局,1958.

[5]沈德潜.古诗源[M].北京:中华书局,1963.

[6]魏征.隋书[M].北京:中华书局,1973.

[7]郭绍虞.汉语语法修辞新探[M].北京:商务印书馆,1979.

[8]皮亚杰.儿童的语言与思维[M].傅统先,译.北京:文化教育出版社,1980.

[9]索绪尔.普通语言学教程[M].高名凯,译.北京:商务印书馆,1980.

[10]吴华.马来西亚华族会馆史略[M].新加坡:东南亚研究所,1980.

[11]吴积才,程家枢.识字教学手册[M].昆明:云南省教育厅业余教育处,1981.

[12]丹纳.艺术哲学[M].傅雷,译.北京:人民文学出版社,1983.

[13]达尔文.人类的由来[M].潘光旦,胡青文,译.北京:商务印书馆,1983.

[14]李泽厚,刘纲纪.中国美学史[M].北京:中国社会科学出版社,1984.

[15]费孝通.乡土中国[M].北京:生活·读书·新知三联书店,1985.

[16]詹鄞鑫.汉字说略[M].沈阳:辽宁教育出版社,1991.

[17]卡西尔.人论[M].甘阳,译.上海:上海译文出版社,1985.

[18]布留尔.原始思维[M].丁由,译.北京:商务印书馆,1985.

[19]李孝定.汉字的起源与演变论丛[M].台北:联经出版社会,1986.

[20]朱智贤,林崇德.思维发展心理学[M].北京:北京师范大学出版社,1986.

[21]本尼迪克特.文化模式[M].张燕,傅铿,译.杭州:浙江人民出版社,1987.

[22]马林诺夫斯基.文化论[M].费考通,译.北京:中国民间文艺出版社,1987.

[23]陈望道.陈望道论语文教育[M].郑州:河南教育出版社,1989.

[24]高树藩.中文形音义综合大字典[M].北京:中华书局,1989.

[25]龚维英.原始崇拜纲要:中华图腾文化与生殖文化[M].北京:中国民间文艺出版社,1989.

[26]荣开明.现代思维方式探略[M].武汉:华中理工大学出版社,1989.

[27]崔贵强.新马华人国家认同的转向:1945—1959[M].厦门:厦门大学出版社,1989.

[28]冯天瑜,何晓明,周积明.中华文化史[M].上海:上海人民出版社,1990.

[29]康殷.古文字形发微[M].北京:北京出版社,1990.

[30]刘长林.中国系统思维[M].北京:中国社会科学出版社,1990.

[31]申小龙.中国文化语言学[M].长春:吉林教育出版社,1990.

[32]史景迁.文化类同与文化利用:世界文化总体对话中的中国形象[M].廖世奇,彭小樵,译.北京:北京大学出版社,1990.

[33]雅斯贝尔斯.什么是教育[M].邹进,译.北京:生活·读书·新知三联书店,1991.

[34]亨廷顿.文明的冲突与世界秩序的重建[M].周琪,刘绯,张立平,等译.北京:新华出版社,2002.

[35]暨南大学华侨研究所.华侨华人研究(第二辑)[M].广州:暨南大学出版社,1991.

[36]荣格.分析心理学的理论与实践[M].成穷,王作虹,译.北京:生活·读书·新知三联书店,1991.

[37]泰勒.原始文化[M].连树声,译.上海:上海文艺出版社,1992.

[38]郑晓云.文化认同与文化变迁[M].北京:中国社会科学出版社,1992.

[39]张诗亚.祭坛与讲坛:西南民族宗教教育比较研究[M].昆明:云南教育出版社,1992.

[40]王阳明.王阳明全集[M].上海:上海古籍出版社,1992.

[41]韦善美,马清和.雷沛鸿文集(续编)[M].南宁:广西教育出版社,1993.

[42]陈桂生.教育原理[M].上海:华东师范大学出版社,1993.

[43]王宏源.汉字字源入门[M].北京:华语教学出版社,1993.

[44]张诗亚.惑论:教育过程中的认知发展突变论[M].重庆:西南师范大学出版社,1993.

[45]孟乃昌.《周易参同契》考辩[M].上海:上海古籍出版社,1993.

[46]汪德迈.新汉文化圈[M].陈彦,译.南昌:江西人民出版社,1993.

[47]孙喜亭.教育原理[M].北京:北京师范大学出版社,1993.

[48]朱智贤.儿童心理学[M].北京:人民教育出版社,1980.

[49]张诗亚.西南民族教育文化溯源[M].上海:上海教育出版社,1994.

[50]王宁.《说文解字》与汉字学[M].郑州:河南人民出版社,1994.

[51]宋永培.《说文解字》与文献词义学[M].郑州:河南人民出版社,1994.

[52]谢栋元.《说文解字》与中国古代文化[M].郑州:河南人民出版社,1994.

[53]郑晓云.文化认同论[M].北京:中国社会科学出版社,1992.

[54]申小龙.汉字人文精神论[M].南昌:江西教育出版社,1995.

[55]李明欢.当代海外华人社团研究[M].厦门:厦门大学出版社,1995.

[56]李圃.甲骨文文字学[M].上海:学林出版社,1995.

[57]刘志基.汉字与古代人生风俗[M].上海:华东师范大学出版社,1995.

[58]彭聃龄.语言心理学[M].北京:北京师范大学出版社,1996.

[59]施良方.课程理论:课程的基础、原理与问题[M].北京:教育科学出版社,1996.

[60]卡尔文著.大脑如何思维:智力演化的今昔[M].杨雄里,梁培基,译.上海:上海科学技术出版社,1996.

[61]苏新春.汉字文化引论[M].南宁:广西教育出版社,1996.

[62]高明.中国古文字学通论[M].北京:北京大学出版社,1996.

[63]贾益民.语言与文化论集[M].广州:暨南大学出版社,1996.

[64]李玲璞,臧克和,刘志基.古汉字与中国文化源[M].贵阳:贵州人民出版社,1997.

[65]潘光旦.寻求中国人位育之道:潘光旦文选[M].北京:国际文化出版公司,1997.

[66]王建勤.汉语作为第二语言的习得研究[M].北京:北京语言文化大学出版社,1997.

[67]李秉德.李秉德教育文选[M].北京:教育科学出版社,1997.

[68]弗雷泽.金枝[M].徐育新,等译.北京:大众文艺出版社,1998.

[69]饶宗颐.符号·初文与字母:汉字树[M].香港:商务印书馆(香港)有限公司,1998.

[70]朱熹.四书集注[M].长沙:岳麓书社,1985.

[71]韦志成.作文教学论[M].南宁:广西教育出版社,1998.

[72]陈康,巫达.彝语语法(诺苏话)[M].北京:中央民族大学出版社,1998.

[73]林治金.20世纪中国小学语文教育丛书——语文教育名家评介[M].青岛:青岛出版社,2001.

[74]陈汉生.中国古代的语言和逻辑[M].周云之,张清宇,崔清田,等译.北京:社会科学文献出版社,1998.

[75]林水檺,何启良,何国忠,等.马来西亚华人史新编(第一册)[M].吉隆坡:马来西亚中华大会堂总会,1998.

[76]博尔诺夫.教育人类学[M].李其龙,等译.上海:华东师范大学出版社,1999.

[77]戴汝潜.识字教育科学化与小学语文教育新体系探索[M].北京:教育科学出版社,1999.

[78]贺友龄.汉字与文化[M].北京:警官教育出版社,1999.

[79]林治金.20世纪中国小学语文教育丛书:语文教育论文选编(上、下)[M].青岛:青岛出版社,2001.

[80]何九盈,胡双宝,张猛.中国汉字文化大观[M].北京:北京大学出版社,1995.

[81]周有光.汉字和文化问题[M].沈阳:辽宁人民出版社,2000.

[82]弗里德曼.中国东南的宗族组织[M].刘晓春,译.上海:上海人民出版社,2000.

[83]王玉新.汉字认知研究[M].济南:山东大学出版社,2000.

[84]王宏源.字里乾坤:汉字形体源流[M].北京:华语教学出版社,2000.

[85]谈大正.汉语的文化特征与国家通用语言文字[M].北京:中国法制出版社,2000.

[86]李国正.汉字解析与信息传播[M].北京:文化艺术出版社,2001.

[87]黄亚平,孟华.汉字符号学[M].上海:上海古籍出版社,2001.

[88]陈玉琨.课程改革与课程评价[M].北京:教育科学出版社,2001.

[89]申荷永.中国文化心理学心要[M].北京:人民出版社,2001.

[90]泰勒.自我的根源:现代认同的形成[M].韩震,译.南京:译林出版社,2001.

[91]刘淼.作文心理学[M].北京:高等教育出版社,2001.

[92]黄伯荣,廖序东.现代汉语[M].北京:高等教育出版社,2002.

[93]王显春.汉字的起源[M].上海:学林出版社,2002.

[94]潘乃谷,潘乃和.潘光旦教育文存[M].北京:人民教育出版社,2002.

[95]高远.对比分析与错误分析[M].北京:北京航空航天大学出版社,2002.

[96]王文彦,蔡明.语文课程与教学论[M].北京:高等教育出版社,2002.

[97]朱德全,罗志惠,谢钢.小学教育学[M].重庆:西南师范大学出版社,2003.

[98]王鉴.实践教学论[M].兰州:甘肃教育出版社,2002.

[99]刘志成.文化文字学[M].成都:巴蜀书社,2003.

[100]弗里德曼.文化认同与金球性过程[M].郭建如,译.北京:商务印书馆,2003.

[101]卓挺亚,张亿钧,李汪洋,等.教育科学研究方法[M].海口:南海出版公司,2003.

[102]祝孝先,祝振媛,祝振东.汉字溯源[M].北京:中国书籍出版社,2003.

[103]沈锡伦.中国传统文化和语言(增补本)[M].上海:上海教育出版社,2004.

[104]郑若葵.解字说文:中国文字的起源[M].四川:四川人民出版社,2004.

[105]俞理明.语言迁移与二语习得[M].上海:上海外语教育出版社,2004.

[106]郑金洲.多元文化教育[M].天津:天津教育出版社,2004.

[107]张诗亚.强化民族认同:数码时代的文化选择[M].北京:现代教育出版社,2005.

[108]唐兰.中国文字学[M].上海:上海古籍出版社,2005.

[109]王贵元.汉字与历史文化[M].北京:中国人民大学出版社,2008.

[110]王策三,孙喜亭,刘硕,等.基础教育改革论[M].北京:知识产权出版社,2005.

[111]杜威.学校与社会·明日之学校[M].赵祥麟,任钟印,吴志宏,译.北京:人民教育出版社,2005.

[112]窦文宇,窦勇.汉字字源:当代新说文解字[M].长春:吉林文史出版社,2005.

[113]韩鉴堂.汉字文化图说[M].北京:北京语言大学出版社,2005.

[114]张诗亚.强化民族认同:数码时代的文化选择[M].北京:现代教育出版社,2005.

[115]阿辻哲次.图说汉字的历史[M].高文汉,译.济南:山东画报出版社,2005.

[116]何启良,祝家华,安焕然.马来西亚、新加坡社会变迁四十年(1965—2005)[M].新山:南方学院出版社,2006.

[117]马鹏程.汉字笔迹心理学[M].沈阳:辽宁大学出版社,2006.

[118]彭聃龄.汉语认知研究:从认知科学到认知神经科学[M].北京:北京师范大学出版社,2006.

[119]王明珂.华夏边缘:历史记忆与族群认同[M].北京:社会科学文献出版社,2006.

[120]王继洪.汉字文化学概论[M].上海:学林出版社,2006.

[121]涂涛.天地化生:汉字字源语境多媒体再现之教育研究[M].桂林:广西师范大学出版社,2006.

[122]黄德宽,陈秉新.汉语文字学史[M].合肥:安徽教育出版社,2006.

[123]李香平.汉字教学中的文字学[M].北京:语文出版社,2006.

[124]尼斯贝特.思维的版图[M].李秀霞,译.北京:中信出版社,2006.

[125]陈枫.汉字义符研究[M].北京:中国社会科学出版社,2006.

[126]于泽元.课程变革与学校课程领导[M].重庆:重庆大学出版社,2006.

[127]中国教育学会教育实验研究分会汉字文化教育研究中心.识字教育科学化方法选粹[M].北京:中国轻工业出版社,2006.

[128]叶澜.教育学原理[M].北京:人民教育出版社,2007.

[129]周健.汉字教学理论与方法[M].北京:北京大学出版社,2007.

[130]朱晓斌.写作教学心理学[M].杭州:浙江大学出版社,2007.

[131]姚淦铭.汉字文化思维[M].北京:首都师范大学出版社,2008.

[132]郝士宏.古汉字同源分化研究[M].合肥:安徽大学出版社,2008.

[133]柳诒徵.中国文化史[M].北京:东方出版社,2008.

[134]孙振东.教育研究方法论探索[M].重庆:重庆大学出版社,2008.

[135]林西莉.汉字王国[M].李之义,译.北京:生活·读书·新知三联书店,2008.

[136]暴希明.汉字文化论稿[M].郑州:郑州大学出版社,2009.

[137]《汉字五千年》编委会.汉字五千年[M].北京:新星出版社,2009.

[138]黄伟嘉,敖群.汉字知识与汉字问题[M].北京:商务印书馆,2009.

[139]丁纲.文化的传递与嬗变:中国文化与教育[M].桂林:广西师范大学出版社,2009.

[140]李景生.汉字与上古文化[M].北京:中国社会科学出版社,2009.

[141]骈宇骞.汉字字源[M].沈阳:万卷出版公司,2009.

[142]施正宇.原原本本说汉字:汉字溯源六百例[M].北京:北京大学出版社,2009.

[143]王玉新.汉字部首认知研究[M].济南:山东大学出版社,2009.

[144]张诗亚.回归位育:教育行思录[M].重庆:西南师范大学出版社,2009.

[145]朱英贵.汉字形义与器物文化[M].北京:人民出版社,2009.

[146]李土生.汉字与汉字文化[M].北京:中央文献出版社,2009.

[147]郝广才.好绘本如何好[M].南昌:二十一世纪出版社,2009.

[148]陈序经.文化学概观[M].长沙:岳麓书社,2010.

[149]维果茨基.思维与语言[M].李维,译.北京:北京大学出版社,2010.

[150]胡朴安.文字学常识[M].北京:中华书局,2010.

[151]徐彩华.汉字认知与汉字学习心理研究[M].北京:知识产权出版社,2010.

[152]桑代克.人类的学习[M].李维,译.北京:北京大学出版社,2010.

[153]倪胜利.教育文化论纲[M].重庆:重庆大学出版社,2011.

[154]曹明海.本体与阐释:语文教育的文化建构观[M].济南:山东教育出版社,2011.

[155]崔增亮,张秀华,张国龙.字源识字教学手册[M].武汉:湖北少年儿童出版社,2011.

[156]黎锦熙.国语运动史纲[M].北京:商务印书馆,2011.

[157]罗建平.汉字中的身体密码[M].上海:东方出版中心,2011.

[158]布鲁纳.布鲁纳教育文化观[M].宋文里,黄小鹏,译.北京:首都师范大学出版社,2011.

[159]陆有铨.躁动的百年:20世纪的教育历程[M].北京:北京大学出版社,2012.

[160]郝文华.汉字识字教学基础教程[M].杭州:浙江大学出版社,2012.

[161]马京.位育之道:云南兴蒙蒙古族婚姻家庭的变迁[M].昆明:云南民族出版社,2012.

[162]卡西尔.人论:人类文化哲学导引[M].甘阳,译.上海:上海译文出版社,2013.

[163]费孝通.乡土中国[M].北京:中华书局,2013.

[164]黄景碧,黄纯国.教育原理与工程:信息互动系统的视角[M].北京:清华大学出版社,2013.

[165]石沧金.马来西亚华人社团研究[M].广州:暨南大学出版社,2013.

[166]李学勤.古文字学初阶[M].北京:中华书局,2013.

[167]刘永成.汉字与文化:兼论汉字教学改革[M].北京:国家行政学院出版社,2013.

[168]王道俊,扈中平.教育学原理[M].福州:福建教育出版社,2013.

[169]李索.汉字与中华传统文化[M].北京:高等教育出版社,2014.

[170]詹绪左,朱良志.汉字与中国文化教程[M].芜湖:安徽师范大学出版社,2014.

[171]王宁.汉字构形学导论[M].北京:商务印书馆,2015.

[172]伯格.观看之道[M].戴行钺,译.桂林:广西师范大学出版社,2015.

[173]唐兰.古文字学导论[M].上海:上海古籍出版社,2016.

[174]霍布斯.利维坦[M].黎思复,黎廷弼,译.北京:商务印书馆,2019年.

[175]吕思勉.中国通史[M].北京:群言出版社,2016.

[176]李晓琪.汉语作为第二语言教学的文化教学研究[M].北京:商务印书馆,2019.

(二)期刊

[1]唐建.国外对语言与思维关系问题的研究[J].复旦学报(社会科学版),1984(1):108-112.

[2]刘又辛.谈谈假借字、异体字、古今字和本字[J].西南师范大学学报(人文社会科学版),1984(2):42-48+64.

[3]费锦昌.现代汉字的性质和特点[J].语文建设,1990(4):30-35+50.

[4]姜永兴.从民族学研究世界最大的跨境民族:华人[J].东南亚研究,1990(4):21-29.

[5]施正宇.现代形声字形符表义功能分析[J].语言文字应用,1992(4):76-83.

[6]申荷永.汉字中的心理学[J].心理学,1993(6):369-370.

[7]樊明亚.从符号学看汉字特征[J].上饶师专学报,1994(1):48-55.

[8]詹绪左,朱良志.汉字的文化功能[J].天津师大学报(社会科学版),1994(1):74-80+24.

[9]王希恩.民族认同与民族意识[J].民族研究,1995(6):17-21+92.

[10]俞云平.90年代东南亚华国家文教育政策的新变动[J].南洋问题研究,1995(2):36-39+47.

[11]董光.幼儿识字特点的实验研究[J].吉林师范学院学报,1996(1):56-58.

[12]王宁.二十世纪汉字问题的争论与跨世纪的汉字研究[J].中国社会科学,1997(1):153-167.

[13]蔡振翔.从华文教育到华语教育[J].华侨华人历史研究,1996(2):31-35.

[14]张卫东.论叶氏宗祠对马来西亚华文教育事业的贡献[J].深圳大学学报(人文社会科学版),1997(2):81-89.

[15]陈舒眉.论通俗字释[J].青海师范大学学报(哲学社会科学版),1998(1):95-100.

[16]周国光.儿童语言习得理论的若干问题[J].世界汉语教学,1999(3):77-83.

[17]巴斯,高崇,周大鸣,等.族群与边界[J].广西民族学院学报(哲学社会科学版),1999(1):21-32.

[18]李蔚,祖晶.大脑两半球功能的传统观念与斯佩里观点[J].中国教育学刊,1999(1):18-20.

[19]林国灿.汉字的心理学智慧[J].心理科学,1999(3):261-262.

[20]殷寄明.汉字在文化认同中的作用[J].科技文萃,1999(10):145.

[21]河清.文化个性与"文化认同"[J].读书,1999(9):100-105.

[22]潘乃谷.潘光旦释"位育"[J].西北民族研究,2000(1):3-15.

[23]辜正坤.语文教学与中华的命运[J].语文教学通讯,2000(2):2.

[24]高岚,申荷永.汉字与心理原型[J].心理科学,2000(3):377-376.

[25]费孝通.想起潘光旦老师的位育论[J].西北民族研究,2000(1):1-2.

[26]汤润千.潘光旦与"中和位育"[J].河北师范大学学报(教育科学版),2000(3):44-51.

[27]周大鸣.论族群与族群关系[J].广西民族学院学:(哲学社会科学版),2001(2):13-25.

[28]张禹东.华侨华人传统宗教及其现代转化[J].华侨大学学报(人文社会科学版),2001(4):99-106.

[29]易洪川.从现代汉字字音看现代汉语语音的几个特点[J].语言教学与研究,2001(5):31-35.

[30]乔姆斯基.语言与脑[J].语言科学,2002(1):11-30.

[31]赵伯义.《说文解字》象形发微[J].河北师范大学学报(哲学社会科学版),2002(3):58-61.

[32]庄国土.论东南亚的华族[J].世界民族,2002(3):37-48.

[33]庄国土.略论东南亚华族的族群认同及其发展趋势[J].厦门大学学报(哲学社会科学版),2002(3):63-71.

[34]贺显斌.语言与文化关系的多视角研究[J].西安外国语学院学报,2002(3):22-26.

[35]康长运.图画故事书与学前儿童的发展[J].北京师范大学学报(人文社会科学版),2002(4):20-27.

[36]崔希亮.认知语言学:研究范围和研究方法[J].语言教学与研究,2002(5):1-2.

[37]胡蓓.浅论思维方式及其构成要素[J].科技进步与对策,2002(5):163-164.

[38]孙希磊.论潘光旦人文教育思想[J].北京建筑工程学院学报,2002(S1):22-25.

[39]刘峰.东南亚华文教育的现状及发展趋势[J].八桂侨刊,2003(5):22-23.

[40]李宇明.论母语[J].世界汉语教学,2003(1):48-58+3.

[41]孟泽.论汉字所表征的思维方式及其"诗性智慧"——兼论汉语的现代转型[J].诗探索,2003(Z1):28-46.

[42]刘建洲."位育论":一条寂寞的社会学本土化路数[J].人文杂志,2003(2):152-157.

[43]张诗亚.华夏民族认同的教育思考[J].北京大学教育评论,2003(2):99-103.

[44]廖小健.马来西亚的华人穆斯林:兼论不同文明的共存[J].世界民族,2003(4):22-28.

[45]崔新建.文化认同及其根源[J].北京师范大学学报(社会科学版),2004(4):102-104+107.

[46]杨世宏.汉、英文字与人的思维方式[J].安徽工业大学学报(社会科学版),2004(5):100-102.

[47]傅璇.全球化语境中的文化认同[J].学术探索,2004(6):114-117.

[48]彭聃龄.汉语信息加工及其认知神经机制的研究:20年研究工作的回顾[J].当代语言学,2004(4):302-320+379.

[49]涂涛.基于多媒体技术的字源识字教学的理论与实践探索[J].电化教育研究,2004,(8):62-65.

[50]彭冉龄.汉语信息加工及其认知神经机制的研究:20年研究工作的回顾[J].当代语言学,2004,6(4):302-320+379.

[51]刘以榕.马来西亚华族的文化适应与华文教育[J].西南民族大学学报(人文社科版),2004(12):83-85.

[52]周锦良,宋瑞.从汉字构形演变探析汉字文化内涵[J].和田师范专科学校学报(汉文综合版),2004(2):80-82.

[53]刘小娟,赵瑞林.语言与文化的关系及了解文化的策略[J].边疆经济与文化,2005(1):65-68.

[54]李静.汉字多元化教育:促进幼儿思维能力发展的实验研究[J].学前教育研究,2005(3):21-23.

[55]杨玉玲.论文化认同与国家统一[J].中国军事科学,2005,18(3):57-63.

[56]孙雍长,李建国.秦汉时期的汉字规范[J].广州大学学报(社会科学版),2005,4(6):34-43.

[57]张诗亚.多元文化与民族教育价值取向问题[J].西北师大学报(社会科学版),2005(6):97.

[58]张禹东.宽容:一种生存方式:以海外华侨华人的生存实践为例[J].哲学动态,2005(11):21-24.

[59]曾洪伟.文化"失语"、民族认同缺失与教育偏误[J].教育评论,2006(4):102-103.

[60]李运富,张素凤.汉字性质综论[J].北京师范大学学报(社会科学版),2006(1):68-76.

[61]李静.汉字构形特征与幼儿认知的共鸣——幼儿汉字教育的可行性研究[J].学前教育研究,2006(Z1):45-48.

[62]张诗亚."位育"之道:全球化中的华人教育路向[J].西南师范大学学报(人文社会科学版),2006,32(6):53-55.

[63]高林波.汉字:汉民族传统文化的镜像[J].吉林师范大学学报(人文社会科学版),2006(1):50-53.

[64]陈丽梅.汉字字音与汉字顽强的生命力[J].楚雄师范学院学报,2006,21(2):56-59.

[65]郭可教.汉字必将走向全世界:汉字的科学性、智能性和国际性[J].汉字文化.2006(3):9-13.

[66]唐启贵,石春英,郭长芬,等.农村彝族学生汉语表达能力训练的有效策略[J].中国民族教育,2006(04):22-23.

[67]倪胜利,张诗亚."全球化背景下的多元文化教育国际论坛"综述[J].比较教育研究,2006(7):90-82.

[68]倪胜利,张诗亚.回归教育之道[J].中国教育学刊,2006(9):5-8.

[69]涂涛.原生语境再现:多媒体字源识字教学研究[J].电化教育研究,2006(11):52-54.

[70]杨泽林.汉字与中国古代社会的祭祀与占卜[J].河北北方学院学报,2006,22(1):20-22.

[71]陈其泰.饶宗颐教授的学术风范[J].韩山师范学院学报,2007,28(2):1-3.

[72]陈运香.萨丕尔—沃尔夫语言相对论对语言文化对比研究的启示[J].西安外国语大学学报,2007,15(1):28-31.

[73]郭熙,祝晓宏.海外华语传播与《中国语言生活状况报告》[J].语言文字应用,2007(1):44-48.

[74]张剑峰.族群认同探析[J].学术探索,2007(1):98-102.

[75]张诗亚.和谐之道与西南民族教育[J].西南大学学报(人文社会科学版),2007,33(1):64-66.

[76]曹春梅.少数民族学生介词误代偏误及其原因分析[J].中南民族大学学报(人文社会科学版),2007(S1):201-203.

[77]吴若愚.少数民族学生汉语篇章时间连接成分偏误分析[J].语言与翻译,2007(2):54-58.

[78]余颖.从"萨丕尔-沃夫"假说看语言与思维的关系[J].铜陵学院学报,2007(2):93-95.

[79]韩震.全球化时代的华侨华人文化认同问题研究[J].华侨大学学报(哲学社会科学版),2007(3):85-90.

[80]耿红卫.我国识字教学的历史回顾与思考[J].语文教学通讯,2007(5):15-18.

[81]李菡幽.汉语作为第二语言学习语法偏误研究综述[J].福建师范大学学报(哲学社会科学版),2007(6):239-243.

[82]乔东华.潘光旦的自由教育思想[J].济宁学院学报,2007,28(5):85-87.

[83]李文焘.对外汉字教学中几个问题的探讨[J].学术界,2007(5):223-229.

[84]王微.汉字的符号学特征及其人文学意义[J].中国环境管理干部学院学报,2008,18(3):114-118.

[85]韩在柱,舒华,毕彦超.汉语的认知神经心理学研究[J].心理科学进展,2008,16(1):18-25.

[86]赵传海.论文化基因及其社会功能[J].河南社会科学,2008,16(2):50-52.

[87]于凌,李晓燕.从"举贤良"看汉代的选官制度[J].黄河科技大学报,2008,10(2):53-56.

[88]孙湘明,王鑫.视觉传达中汉字设计的符号学原理[J].艺术与设计(理论),2008(4):34-36.

[89]吴秋林.原始文化基因论[J].贵州民族学院学报(哲学社会科学版),2008(4):5-10.

[90]杨修平.汉英民族思维差异的文字印迹透视[J].新余高专学报,2008,13(5):105-107.

[91]贾爱媛.汉字的构形表意与远古人类思维模式[J].青海民族学院学报(社会科学版),2008,34(4):115-117.

[92]于丹丹.由神话思维研究看原始思维研究的新思路:评恩斯特·卡西尔的《神话思维》[J].文教资料,2008(10):44+89.

[93]胡立.第二语言习得中的母语负迁移[J].科技信息,2008(20):596-597.

[94]廖新玲.东南亚华文教育发展现状及趋势研究[J].八桂侨刊,2009(1):54-59.

[95]林伟健.国家凝聚力:从文化认同到政治认同[J].广东省社会主义学院学报,2009,36(3):5-7.

[96]周述波.文化认同[J].长江师范学院学报,2009,25(6):26-31.

[97]张泽渡.汉字六书指事构形法[J].贵州大学学报(社会科学版),2009,27(3):78-81.

[98]张诗亚.回归位育——汶川大地震周年祭之教育反思[J].社会科学家,2009(9):8-14.

[99]罗艳琳,王鹏,李秀军,等.汉字认知过程中整字对部件的影响[J].心理学报,2010,42(6):683-694.

[100]季中扬.论"文化研究"领域的认同概念[J].求索,2010(5):195-198.

[101]刘翔,张诗亚.汉字字源识字教学资源库的设计与实现[J].电化教育研究,2010(1):57-59+73.

[102]邓和平.从民族位育之道看现代乡土教育重建[J].武汉大学学报(哲学社会科学版),2010,63(2):301-306.

[103]余慧娟."位育":教育之最大民生[J].人民教育,2010(10):51.

[104]李工.潘光旦教育思想的重新认识[J].书屋,2010(8):12-17.

[105]田夏彪,张超.从"事物"到"人":民族教育价值取向的反思——兼论潘光旦先生教育思想之启示[J].乐山师范学院学报,2010,25(8):118-121.

[106]革兆娥.多媒体字源识字法促进小学语文教师教学技能的模式研究[J].软件导刊(教育技术),2010(10):19-20.

[107]张诗亚.文化、民族、教育漫谈[J].当代教育与文化,2010,2(6):12-14.

[108]刘云凤,王为奎.论"位育"教育思想对我国高等教育人才培养的启示[J].党史文苑,2010(24):76-78.

[109]张富翠,取比尔莲.论凉山彝语对普通话习得的负迁移[J].四川师范大学学报(社会科学版),2010,37(5):63-67.

[110]李禹阶.华夏民族与国家认同意识的演变[J].历史研究,2011(3):4-25+189.

[111]任可心.多媒体字源识字法在幼儿识字教学中的可行性研究[J].学园,2011(11):77-78.

[112]蒋春梅."位育"之道:学校教育路向[J].科教导刊,2011(6):12-17.

[113]吴晓蓉,王培.从文化位育之道看贵州省民族文化进校园[J].湖南师范大学教育科学学报,2011,10(4):29-33.

[114]陈雪虎.从"文字文化"到"识字的用途"[J].中国图书评论,2011(11):75-80.

[115]尹可,暨爱民.论潘光旦教育思想中的民族主义[J].重庆科技学院学报(社会科学版),2011(23):131-133.

[116]赵长顺.论教育的位育之道:基于对适应性教育的反思[J].重庆电子工程职业学院学报,2011,20(56):107-109.

[117]陈梅.潘光旦教育思想与我国大学生人文精神塑造[J].济南职业学院学报,2011(6):37-38+56.

[118]李战子,陆丹云.多模态符号学:理论基础,研究途径与发展前景[J].外语研究,2012(2):1-8.

[119]涂涛,李彭曦.少数民族地区双语教学新途径——藏区双语多媒体字源识字汉字教学研究[J].中国电化教育,2012(3):22-25.

[120]任可心.文化位育下的凉山彝族双语教育[J].文教资料,2012(6):144-145.

[121]小易.中华经典研读之《易经·系辞》八十[J].科技智囊,2012(8):71.

[122]周思宇.乡村教育价值取向的回归:潘光旦"位育"思想的启示[J].科教文汇,2013(13):38+47.

[123]王鸿谅.寻找汉字里的中国思维[J].三联生活周刊,2013(32):62-65.

[124]赵庆.位育:特殊教育之最大民生[J].现代特殊教育,2013(11):48.

[125]赵立博.字源法在对外汉语教学中的应用[J].学园,2013(29):66-67.

[126]钟如雄.转注字研究方法论[J].西南民族大学学报(人文社会科学版),2013,34(2):209-212.

[127]梁雪斌,毋改霞."中和位育":走向幸福教育之路[J].江西教育学院学报(社会科学),2014,35(1):24-27.

[128]王辉,涂涛.多媒体字源识字教学法应用于民族地区汉字教学中的可行性分析[J].湖北广播电视大学学报,2014,34(5):110-111.

[129]吴晓蓉,任可心.通过字源识字提高幼儿汉字理解与记忆的实证研究[J].当代教育与文化,2014,6(5):42-49.

[130]蒙冰峰.潘光旦的"位育"教育思想探微[J].兰台世界,2014(28):50-51.

[131]石凤兰.依据字理创编字谜彰显汉字自身魅力[J].吉林教育,2015(1):58.

[132]张东兴.要做"解放军"驱除"教育鬼":谈有效提升学生学习力的"道"与"术"[J].河北教育(教学版),2015(7):9-12.

[133]毛晓群.浅谈少数民族地区少数民族学生的小学作文教学[J].职业教育与区域发展,2015(4):75-77.

[134]霍仲英,张朝红,李冬春,等.数字校园环境下小学字源识字教学实践研究[J].中小学信息技术教育,2015(5):65-68.

[135]武宏伟.字源:字词教学中的拐杖[J].课程平台,2015(6):23-25.

[136]孙剑,孙宗义.基于多媒体教学手段的小学字源识字法探究[J].中国教育技术装备,2015(19):84-85.

[137]张朝红,李冬青.小学字源识字课堂教学模式[J].考试,2015(21):85-87.

[138]黎大哈.浅谈彝族孩子汉语启蒙教育[J].教育教学论坛,2015(36):269-270.

[139]高子阳.让2500个汉字在微课中滋养学生[J].小学教学设计,2016(7):8-10.

[140]关宏宇.字源识字法教学初探:以《狐狸和乌鸦》识字教学为例[J].科技经济市场,2016(4):214-215.

[141]霍仲英,张朝红,李冬青.小学字源识字教学的实施原则[J].北京教育(普教版),2016(6):64.

[142]刘易平,卢立昕.潘光旦关于青少年留学的教育思想:基于文化自觉的视角[J].当代青年研究,2016(4):61-67+86.

[143]韩雪军.论民族地区教师学习的位育转向:基于呼伦贝尔市陈旗初中教师的混合研究[J].教育学术月刊,2016(8):42-50.

[144]苏武德.这样的目标能实现吗:读《让2500个汉字在微课中滋养学生》有感[J].小学教学设计,2016(22):64.

[145]毛海燕,简爱君.浅议小学低段字源识字法教学原则[J].读与写(教育教学刊),2016,13(10):182.

[146]姬冬玲.少数民族农村小学汉语识字教学探索:以新疆农村小学为例[J].中国民族教育,2017(5):62-64.

[147]周子渊."图像驱动"与"故事驱动":少儿绘本出版的双重动力[J].编辑之友,2017(11):20-24.

[148]陈俊,刘玉君.多模态儿童绘本的读者阅读认知调查研究[J].出版广角,2017(12):60-62.

[149]黄树先.汉语文与民族语文研究的比较[J].民族语文,2018(2):70-78.

[150]李慧娟,张积家.象形字与图画的认知加工比较[J].贵阳学院学报(社会科学版),2018,13(5):40-49.

[151]风罡,刘瑞.汉字字义的网状结构[J].名作欣赏,2018(21):139-140+144.

[152]江晓红.学龄前儿童转喻能力发展实证研究[J].现代外语,2019,42(4):487-500.

[153]常安.论国家通用语言文字在民族地区的推广和普及:从权利保障到国家建设[J].西南民族大学学报(人文社会科学版),2021,42(1):1-10.

[154]邹渊,刘冬梅.甲金文器物文字字形和词义比较研究[J].重庆科技学院学报(社会科学版),2021(4):96-101+113.

[155]胡优.浅析《说文》中象形字的特点[J].汉字文化,2021(11):6-7.

[156]汤洪,张以品.从"书同文"到"语同音":语言文字规范统一与文化认同[J].社会科学研究,2022(6):190-199.

[157]李虹.他者与成全:儿童图画书文字与图像复合叙事的视觉化表达[J].编辑之友,2022(9):82-86.

[158]马晓锐.汉字形体的演变与发展探究[J].汉字文化,2022(11):1-3.

[159]吕朝霞.字形、字音、字义"三部曲"夯实识字基础[J].课外语文,2022(16):94-96.

[160]张芳,赵娜.国内甲骨文数据库的比较研究[J].漯河职业技术学院学报,2022,21(2):12-19.

[161]敬南菲.浅析中西思维方式的差异及其成因[J].安徽工业大学学报(社会科学版),2006,23(2):31-32.

(三)学位论文

[1]彭俊.华文教育研究[D].上海:上海师范大学,2004.

[2]涂涛.汉字字源语境多媒体再现之教育研究[D].重庆:西南师范大学,2005.

[3]王丽艳.潘光旦教育思想研究[D].保定:河北大学,2006.

[4]许曼.小篆生成及其对汉字改革研究[D].曲阜:曲阜师范大学,2007.

[5]乔东华.寻求中国人的位育之道:潘光旦教育思想探微[D].济南:山东师范大学,2007.

[6]李彭曦.多媒体字源识字教学系统在藏汉双语教学中的应用研究——以阿坝藏族地区为例[D].重庆:西南大学,2008.

[7]周霞.潘光旦大学德育思想研究[D].苏州:苏州大学,2008.

[8]刘军.潘光旦人文教育思想研究[D].长沙:湖南师范大学,2008.

[9]李萍.儿童读物插图中水彩表现的优势与特色[D].北京:北京服装学院,2010.

[10]刁静.多媒体字源识字法在对外汉语教学中的应用研究[D].重庆:西南大学,2010.

[11]刘翔.汉字生成系统构建探索[D].重庆:西南大学,2011.

[12]章石芳.族群文化认同视野下菲律宾华族移民母语教育发展及方略研究[D].福州:福建师范大学,2011.

[13]革兆娥.基于多媒体字源识字法的小学语文教师专业技能训练研究[D].重庆:西南大学,2011.

[14]刘宝根.4-6岁儿童图画书阅读中文字意识发展的眼动研究[D].上海:华东师范大学,2011.

[15]邹帮平.秦系正体文字发展性研究[D].重庆:西南大学,2012.

[16]曲田.面向轻度智障学生的多媒体字源识字教学研究[D].重庆:西南大学,2012.

[17]温华熙.潘光旦通才教育思想研究[D].长沙:湖南大学,2013.

[18]李晓盼.民族地区多媒体字源识字教学设计研究[D].重庆：西南大学，2013.

[19]王晓莉.儿童字源识字绘本的开发研究[D].重庆：西南大学，2014.

[20]张健.马来西亚华人文化认同之汉字影响研究[D].重庆：西南大学，2014.

[21]杨华丽.字源识字教学文化渗透研究[D].重庆：西南大学，2015.

[22]仲丽楠."位育"视角下我国教育目的实践问题研究[D].重庆：西南大学，2015.

[23]李艳莉."多媒体字源识字教学"移动学习资源设计研究[D].重庆：西南大学，2015.

[24]关宏宇.小学语文字源识字法教学研究[D].吉林：北华大学，2016.

[25]廖静.现代汉字中会意字研究[D].上海：上海交通大学，2017.

[26]杨宁.小学高年级学生语文习作困难体验研究[D].长沙：湖南师范大学，2019.

[27]尹一婷.基于字根字源的对外汉字文化教学研究[D].绵阳：西南科技大学，2022.

[28]郭雨苗.民族地区基础教育国家通用语言文字推广效果的实证研究[D].北京：中央民族大学，2020.

[29]张思燕.小学中段习作中词语运用不规范现象研究：以昆明市三所小学为例[D].昆明：云南师范大学，2020.

二、外文类

[1]SAPIR E. Language[M].New York：Harcourt Brace Press，1921.

[2]HASSAN A.Pertembungan Bahasa dan Kesannya Terhadap Bahasa Melayu[J].Jurnal Dewan Bahasa，1974，17(5)：216-236.

[3]JUNG C G. Archetypes and the Collective Unconscious[M]. Princeton：Princeton University Press，1977.

[4]KHOON T C. Without Fear or Favour[J]. The Star, 1984.

[5]Andujo. Ethnic Identity of Transethnically Adopted Hispanic adolescents[J]. Social Work, 1988,33(6):531-535.

[6]Peter Roberts. Defining Literacy: Paradise, Nightmare or Red Herring?[J]. British Journal of Educational Studies.1995,43(4):412-432.

[7]STEFFE L P, GALE J. Constructivism in Education[M].New york: Psychology Press, 1995.

[8]CHEE M W L, WEEKES B, LEE K M, et al. Overlap and Dissociation of Semantic Processing of Chinese Characters, English Words, and Pictures: Evidence from fMRI[J]. NeuroImage ,2000,12(4):392-403.

[9]NOWAK M A, KOMAROVA N L, NIYOGI P. Computational and evolutionary aspects of language[J]. Nature, 2002,417(6889):611-617.

[10]KUPERBERG G R, SITNIKOVA T, CAPIAN D, et al. Electrophysiological distinctions in processing conceptual relationships within simple sentences[J]. Cognitive Brain Research,2003,17(1):117-129.

[11]KUPERBERG G R, HOLCOMB P J, SITNIKOVA T, et al. Distinct Patterns of Neural Modulation during the Processing of Conceptual and Syntactic Anomalies [J]. Journal of Cognitive Neuroscience,2003,15(2):272-293.

[12]BOUTLA M,SUPALLA T,NEWPORT E L,et al. Short-term memory span: insights from sign language[J]. Nature Neuroscience, 2004,7(9):997-1002.

[13]KUO W-J, YEH T-G, LEE J-R et al. Orthographic and phonological processing of Chinese characters: an fMRI study[J]. NeuroImage, 2004, 21(4):1721-1731.

[14]HULL G, SCHULTZ K. Literacy and Learning out of School: A Review of Theory and Research[J]. Review of Education Research,2001,71(4):575-611.

[15]TRANEL D, MARTIN C, DAMASIO H, et al. Grabowski and R. Hichwa. Effects of noun-verb homonymy on the neural correlates of naming concrete entities and actions[J]. Brain and Language,2005,92(3):288-299.

[16] FRIEDERICI A D, BAHLMANN J, HEIM S, et al. The brain differentiates human and non-human grammars: Functional localization and structural connectivity. Proceedings of the National Academy of Science, 2006, 103(7): 2458-2463.

[17] KUPERBERG G R, LAKSHMANAN B M, CAPLAN D N, et al. Making sense of discourse: An fMRI study of causal inferencing across sentences[J]. NeuroImage, 2006, 33(1): 343-361.

[18] FRIEDERICI A D, FIEBACH C J, SCHLESEWSKY M, et al. Processing Linguistic Complexity and Grammaticality in the Left Frontal Cortex[J]. Cerebral Cortex, 2006, 16(12): 1709-1717.

[19] SUI-F, WEEKES B S. Effects of frequency and semantic radical combinability on reading in Chinese: An ERP study[J]. Brain and Language, 2007, 103: 111-112.

[20] HEDDEN T, KETAY S, ARON A, et al. Cultural Influences on Neural Substrates of Attentional Control[J]. Psychological Science, 2008, 19(1): 12-17.

[21] LIU C, ZHANG W-T, TANG Y-Y, et al. The Visual Word Form Area: Evidence from an fMRI study of implicit processing of Chinese characters. NeuroImage, 2008, 40(3): 1350-1361.